Andrea C. Schmid

Kompetent für das Studium!?

Andrea C. Schmid

Kompetent für das Studium!?

Eignung und Gesundheit im Studium der Lernbehindertenpädagogik

Verlag Julius Klinkhardt
Bad Heilbrunn • 2015

k

Die Anschubfinanzierung des Forschungsprojekts EGIS-L wurde durch die Verleihung des Förderpreises des Münchner Lehrerbildungszentrums der LMU München ermöglicht.

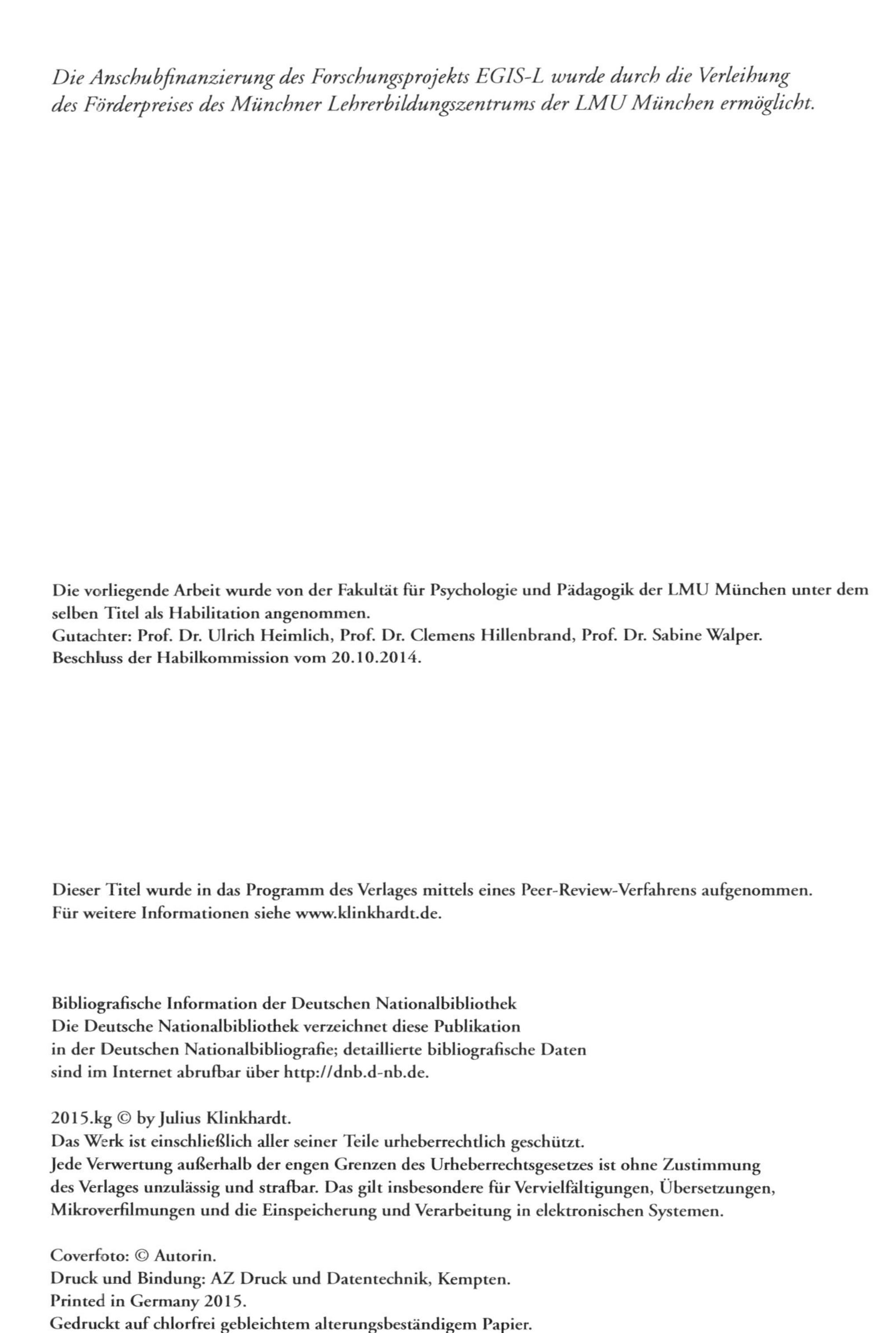

Die vorliegende Arbeit wurde von der Fakultät für Psychologie und Pädagogik der LMU München unter dem selben Titel als Habilitation angenommen.
Gutachter: Prof. Dr. Ulrich Heimlich, Prof. Dr. Clemens Hillenbrand, Prof. Dr. Sabine Walper.
Beschluss der Habilkommission vom 20.10.2014.

Dieser Titel wurde in das Programm des Verlages mittels eines Peer-Review-Verfahrens aufgenommen.
Für weitere Informationen siehe www.klinkhardt.de.

Bibliografische Information der Deutschen Nationalbibliothek
Die Deutsche Nationalbibliothek verzeichnet diese Publikation in der Deutschen Nationalbibliografie; detaillierte bibliografische Daten sind im Internet abrufbar über http://dnb.d-nb.de.

Druck und Bindung: AZ Druck und Datentechnik, Kempten.
Printed in Germany 2015.
Gedruckt auf chlorfrei gebleichtem alterungsbeständigem Papier.

ISBN 978-3-7815-2009-7

Inhalt

1 Vorwort

WHATEVER YOU THINK
THINK THE OPPOSITE.
(ARDEN 2006)

Liebe Leser und Leserinnen,

„Macht Studieren krank?" lautet der provokante Titel einer Münchner Tagung im Sommer 2008, ebenso das gleichnamige Buch von BACHMANN/BERTA/EGGLI (1999). In Kooperation mit der Hochschule München, der Technischen Universität (TU) München, der Ludwig-Maximilians-Universität (LMU) München sowie der Hochschulgemeinden und des Studentenwerks vor Ort geht aus dieser Tagung das Münchner Netzwerk *Gesunde Hochschule* hervor. Bezogen auf die Situation von Studierenden und der Lehrerbildung ergibt sich hierbei folgende Frage: *Stellt der anvisierte Lehrerberuf schon in der ersten Ausbildungsphase – im Studium – ein Gesundheitsrisiko dar?* Unter salutogenetischen Gesichtspunkten kann als gesichert gelten, dass erfolgreiche Gesundheitsförderung möglichst früh beginnt und bereits in der Ausbildungsphase von Lehrkräften aufgegriffen werden sollte. Dabei gilt für solche Überlegungen grundsätzlich, dass nicht nur bei den Studierenden selbst angesetzt wird, sondern auch die Studienbedingungen einzubeziehen sind.
Allgemein nimmt das *Erschöpfungserleben* und die Beeinträchtigung durch *psychische Erkrankungen* enorm zu: So steigt beispielsweise der Anteil von Krankschreibungen bei Arbeitnehmern wegen psychischer Ursachen im Zeitraum von 1995 bis 2008 um ca. 80 % (vgl. MECK 2010). Mit im Durchschnitt 22,5 Tagen dauert diese Art der Krankschreibung sogar am längsten (vgl. ebd.). Immer häufiger sind schon *junge Menschen* betroffen, wie etwa Studierende:

> „Viele Hochschüler schlucken Antidepressiva, von 2006 bis 2010 kletterte ihre Zahl um 44 Prozent [...] Schneller, effektiver, billiger – so sieht heute ein Traumstudium an deutschen Universitäten aus. Aber statt Traumnoten gibt es häufig einen heiklen Befund: völlige Erschöpfung [...] Stress ist an Universitäten ein Statussymbol geworden; wer keinen hat, arbeitet zu wenig [...] Der Weg zum Psychologen – das ist noch immer ein Tabuthema" (NOACK 2012, S. 55).

Das deutsche Studentenwerk veröffentlicht alle drei Jahre eine Sozialerhebung, die sowohl die wirtschaftliche als auch die soziale Lage von Studierenden beschreibt. Demnach ist der Anteil der Studierenden mit psychischen Problemen seit dem Jahr 2000 kontinuierlich gestiegen (vgl. DEUTSCHES STUDENTENWERK 2007, S. 396f.; 2013, S. 450f.). So scheint insgesamt die Stressbelastung schon im Studium zu wachsen, begleitet von finanziellen Problemen. PETRA HOLLER, die Leiterin der Psychotherapeutischen und Psychosozialen Beratungsstelle des Studentenwerks München, berichtet 2011 von einer enorm gestiegenen Anzahl von ratsuchenden Studierenden, die nicht zuletzt durch die Neustrukturierung der Studiengänge verursacht ist: „Während Studierende den Lebensabschnitt Uni vor 20, 30 Jahren noch als Moratorium für die eigene Identitätsentwicklung nutzten, muten sie uns heute viel leistungsorientierter an – auch aus Angst, auf dem Arbeitsmarkt nicht unterzukommen. Es gibt ein viel größeres Sicherheitsbedürfnis" (HOLLER 2011, S. 15). Depressive Krisen, Ängste, Prokrastination, Lernschwierigkeiten, körperliche Beschwerden, Schlafstörungen, Suchtverhalten und massive Persönlichkeitsstörungen zählen zum Spektrum der Beratungsanlässe:

> „Bemerkenswert ist vor allem der Trend, dass immer mehr Studierende aufgrund von ‚studienbezogenen Problemen' wie Prüfungsängste oder Aufschiebeverhalten zum Erstgespräch kommen. Die Zahl derer, die solche Schwierigkeiten beklagen, verdoppelte sich im Berichtsjahr auf circa 50 Prozent [...] Wieder etwas mehr angeglichen hat sich die Verteilung zwischen männlichen und weiblichen Studierenden. Waren im Jahr 2009 rund 37 Prozent der Ratsuchenden, die zum Erstgespräch kamen, männlich, so waren es 2010 etwa 42 Prozent" (STUDENTENWERK MÜNCHEN 2011, S. 29). Auch im Berichtsjahr 2012 steigt die Nachfrage nach Beratung an der LMU München: „In mehr als der Hälfte der Fälle handelte es sich dabei um studienbedingte Probleme wie Prüfungsängste, Aufschiebeverhalten oder Redehemmungen. Rund 55 Prozent der Studierenden kamen aufgrund von neurotischen und somatischen Belastungsstörungen, worunter vor allem die (depressiven) Krisen(-störungen) mit 22,7 Prozent dominieren" (STUDENTENWERK MÜNCHEN 2013, S. 29).

In meiner langjährigen Arbeit mit Studierenden verschiedener sonderpädagogischer Fachrichtungen und deren Beratung – v.a. bezogen auf die Förderschwerpunkte Lernen, sprachliche, emotionale und soziale sowie geistige Entwicklung – kristallisieren sich insbesondere die Themenbereiche der Gesundheit sowie Eignung für das Studium und letztlich auch den späteren Beruf als äußerst bedeutsam heraus. Die Verleihung des Förderpreises des Münchner Lehrerbildungszentrums der LMU München im Jahr 2008 legt hierbei den Grundstein für das Langzeitforschungsprojekt *„Eignung und Gesundheit im Studium der Lernbehindertenpädagogik" (EGIS-L)*. Im Fokus dieses Projekts liegt die Untersuchung der Entwicklungsaufgabe der Studierenden des Lehramts für Sonderpädagogik im Fach Lernbehindertenpädagogik hinsichtlich ihrer personalen Kompetenzen im Bereich des Belastungserlebens und -verarbeitens.
Besonderen Dank möchte ich meinem Fachmentorat Prof. Dr. Ulrich Heimlich, Prof. Dr. Clemens Hillenbrand und Prof. Dr. Sabine Walper aussprechen sowie Prof. Dr. Reinhard Markowetz und Prof. Dr. Ewald Kiel, ebenso den Mitarbeitern des Statistischen Beratungslabors der LMU München, dem gesamten Lehrstuhlteam der Lernbehindertenpädagogik der LMU München, den Intensivpraktikumslehrkräften an den Förderzentren vor Ort und – *last but not least* – allen beteiligten Studierenden. Ohne die aktive Mitarbeit und den wertvollen Gedankenaustausch wäre die Durchführung des Forschungsprojekts in dieser Form nicht möglich gewesen.
In der vorliegenden Ausarbeitung sind alle Personenbezeichnungen in der männlichen Form zu lesen. Dabei soll ein flüssiges Lesen ermöglicht und niemand diskriminiert werden. In Fällen, in denen speziell von Frauen die Rede ist, erscheint die weibliche Form.

Andrea Christine Schmid,
im Oktober 2014

2 Einleitung

Lernschwierigkeiten im vorschulischen, schulischen und nachschulischen Kontext kommen in erheblichem Ausmaß vor: Der Verbreitungsgrad wird insgesamt auf 10% bis 30% eingeschätzt (vgl. Hofsäss 2007, S. 118). Dennoch ist die Disziplin einer Pädagogik bei Lernschwierigkeiten kritisch als solche „nach wie vor konsequent unumstritten umstritten [...] Die Diskussionen um die (Selbst-)Auflösung der Lernbehindertenpädagogik als Disziplin [...] werden bei Erfolg die Auflösung und Qualitätsminderung des gesamten behindertenpädagogischen Bereiches nach sich ziehen" (ebd.). Der drohenden Gefahr einer fachlichen Deprofessionalisierung kann durch die kontinuierliche Qualitätsentwicklung, die sich schon auf den Ausbildungsbereich dieser professionellen Disziplin bezieht, entgegengewirkt werden. So sehen sich Studierende schon in der ersten Phase der Lehrerbildung für Sonder- bzw. Lernbehindertenpädagogik mit verschiedenen Entwicklungsaufgaben konfrontiert, die den Kompetenzerwerb im Hinblick auf das Fach, die Methoden, das Soziale und die Person selbst umfassen (vgl. Heimlich 2012b). Die vorliegende Arbeit bezieht sich besonders auf die Förderung der *personalen Kompetenzen* hinsichtlich der Gesundheit der Studierenden der Fachrichtung Lernbehindertenpädagogik und ihrer Eignung für das Studium sowie für den zukünftigen Beruf des Sonderpädagogen.
Nach der Studie von Herlt/Schaarschmidt (2007) weisen in der Tat bereits 40% aller Lehramtsstudierenden Risikoprofile auf, bei Referendaren sind es bereits 46%. Weiss/Lerche/Kiel (2011) bewerten aufgrund einer Clusteranalyse etwa ein Viertel aller Lehramtsstudenten der Universitäten München und Passau als problematisch bezogen auf ihre Entscheidung für den Lehrerberuf, also ihrer Berufswahlmotivation. So kann eine idealistische Motivation im Sinne von zu viel Idealismus und zu wenig Realismus ein Risikofaktor für den Lehrberuf sein (vgl. Sieland 2004; Kiel/Weiss/Braune 2012). Das Zusammentreffen ungünstiger Personenmerkmale, Ressourcen und Bewältigungsstile schon in der Phase des Studiums wirft daher neue Forschungsfragen auf (vgl. Nieskens 2009).
Die *zentrale Fragestellung* der vorliegenden Untersuchung befasst sich mit der *psychischen und physischen Belastungsfähigkeit von Studierenden der Lernbehindertenpädagogik* sowie deren *Kompetenzen und Eignungsvoraussetzungen* für das Studium bzw. den anvisierten Lehrberuf gegen Ende des Studiums im Vergleich zum Studienbeginn. Inwiefern ergeben sich Veränderungen hinsichtlich des Erlebens von und des Umgangs mit stressbehafteten Situationen? Wie unterscheidet sich die Selbsteinschätzung der Studierenden im Vergleich zu der Fremdeinschätzung von außen durch Praktikumslehrkräfte und Dozenten? Welche Auswirkungen hat eine Intervention zum Thema Studierendengesundheit auf die Interventionsgruppe im Vergleich zur Kontrollgruppe? Zeigen sich Unterschiede im internationalen Vergleich?
Zur Klärung der vorangestellten Fragen soll im Folgenden zunächst die in der Arbeit angewandten Fachbegriffe erläutert werden (s. Kap. 3). Dabei werden v.a. die Bereiche der (sonderpädagogischen) *Kompetenzen* und *Professionalität* untersucht und in Bezug zu verwandten Themengebieten gesetzt. Im Anschluss folgt die Darstellung verschiedener wissenschaftlicher Grundlagen zur Professionsthematik (s. Kap. 4). Dieser Abschnitt umfasst zudem einen kurzen Abriss der aktuellen Forschungslage aus der lehrerbezogenen Belastungsforschung. Dabei soll auch auf spezifische sonderpädagogische Fragestellungen eingegangen und die Bereiche mit weiterem Forschungsbedarf erwähnt werden. Die beiden darauffolgenden Kapitel widmen sich der Klärung der vorher identifizierten offenen Forschungsfragen insofern, dass *die sonderpädagogische Professionalität im Studium der Lernbehindertenpädagogik* sowohl *empirisch-quantitativ*

(Kap. 5) als auch *empirisch-qualitativ* (Kap. 6) untersucht wird. Dabei steht die Befragung zur *Eignung und Gesundheit im Studium der Lernbehindertenpädagogik* (Forschungsprojekt *EGIS-L*) und die Begleitung der Anfängerkohorte des Wintersemesters 2007/2008 im Studiengang der Lernbehindertenpädagogik an der LMU München vor Beginn des Grundstudiums bis ins Hauptstudium im Mittelpunkt des Forschungsinteresses. Es werden jeweils die Fragestellung bzw. Hypothesen, Methodik sowie Ergebnisse der durchgeführten Studie dargestellt. Daran schließt sich die Diskussion der Ergebnisse an bzw. die daraus abzuleitenden Folgerungen. Hierbei umfasst jedes Kapitel am Ende ein Zwischenfazit mit der Zusammenfassung der wichtigsten Inhalte. Den Abschluss bildet ein Ausblick und das Gesamtfazit.

3 Eignung und Gesundheit im Studium der Lernbehindertenpädagogik

Die Frage nach der Eignung, Gesundheit und Belastbarkeit explizit schon für das Studium – implizit für das spätere Berufsfeld – verlangt nach einer begrifflichen Grundlegung und Klärung. Tatsächlich stellt in diesem spezifischen Kontext die uneinheitliche Verwendung relevanter Begrifflichkeiten und Definitionen eine nicht zu unterschätzende Schwierigkeit dar.
In Analogie zum Forschungsprojekt, das das Akronym *EGIS-L* trägt, sollen die Eignung sowie Gesundheit im Studium der Lernbehindertenpädagogik begrifflich näher eingegrenzt und untersucht werden. Da *Eignung* inputorientiert in der Ausbildung vorwiegend mit dem Vorliegen bzw. Erwerb bestimmter *Kompetenzen* in Verbindung steht und operationalisiert wird, soll zunächst über die Definition des *allgemeinen Kompetenzbegriffs* und der *professionellen Kompetenz* der Begriff der *sonderpädagogischen Kompetenz* geklärt werden. Der Vollständigkeit halber ist ebenso outputorientiert auf die Einhaltung gesetzter *Standards* innerhalb der Lehrerbildung einzugehen. Im Mittelpunkt des Forschungsinteresses des Projekts *EGIS-L* liegt themeneingrenzend die Untersuchung der *Personalkompetenz*, wobei genaugenommen z.B. durch eine konstruktive Kommunikationsbereitschaft und Wertschätzung aller beteiligten Personen auch der Bereich der *Sozialkompetenz* angesprochen ist. *Probleme bei der Kompetenzmessung*, *Unterschiede in der Fremd- bzw. Selbstwahrnehmung* sowie die Beschreibung des *Studiums der Lernbehindertenpädagogik* bzw. des Personenkreises werden im Kapitel zur Untersuchungsmethodik konkretisiert.
Ein weiterer definitorischer Schwerpunkt liegt in der Klärung des *Gesundheits-Krankheits-Kontinuums* mit Blick auf die Studienzeit. In diesem Zusammenhang gilt es die Phänomene von *Stress* und *Burnout* zu beachten, ebenso wie den konstruktiven Umgang mit Belastungssituationen im Sinne des Einsatzes positiver *Copingstrategien*. Hier sollten bereits in den Ausbildungsphasen Maßnahmen der *Gesundheitsprävention und -intervention* miteinbezogen werden.

3.1 Begriffliche Grundlagen sonderpädagogischer Professionalität

Bevor verschiedene Kompetenzmodelle und Standards bezogen auf die Lehrerbildung vorgestellt werden, sollen aufgrund der sehr uneinheitlichen Verwendung des Kompetenzbegriffs dieser allgemein wie auch im Hinblick auf die spezielle Profession näher erläutert werden. Die dadurch vorgenommene Begriffsbestimmung und -eingrenzung fokussiert ausgewählte Konzepte und Definitionen, auf deren Basis im sich anschließenden Kapitel (Kap. 4) argumentiert wird.

3.1.1 Allgemeine und professionelle Kompetenzen

Um die Eignung für ein Studium und den später anvisierten Beruf festzustellen, werden bestimmte Kompetenzen vorausgesetzt und erwartet. Der Sprachwissenschaftler Noam Chomsky unterscheidet in seiner Theorie bereits 1968 zwischen Kompetenz (*competence*) und Performanz (*performance*) (vgl. Chomsky 1968). Demnach zielt der Begriff der Kompetenz auf bestimmte *Fähigkeiten und Dispositionen* ab. Der Begriff der Performanz hingegen bezieht sich auf die *gezeigte Leistung*. Meyer (2007, S. 147) spezifiziert bezogen auf auszubildende Lehrerkompetenzen analog eine Oberflächen- und Tiefenstruktur menschlicher Leistung, je nachdem ob diese gezeigt wird (Performanz) oder als Handlungs- bzw. Reflexionskompetenz quasi im Hintergrund vorhanden ist (Kompetenz). Neben den angesprochenen kognitiven und handlungsbezogenen Dimensionen des Konstrukts von Kompetenz wird in der Fachliteratur zudem eine *Wertedimension* als unabdingbar dargestellt (vgl. Wollersheim 1993; Klieme u.a. 2003;

Dlugosch/Reiser 2009). Dazu gehören Werte und Normen, die als Leitlinien des Handelns und zur moralisch-ethischen Bewertung von Problemsituationen dienen. Diese spezielle Dimension erhält im heil- und sonderpädagogischen Arbeits- bzw. Ausbildungskontext naturgemäß eine herausragende Bedeutung (vgl. Kapitel 3.1.4).
Der Spezifizierung des Kompetenzbegriffs soll die Definition der *Profession* als übergeordneter Begriff vorangestellt und kritisch hinterfragt werden: Er beschreibt allgemein die Zugehörigkeit einer Person zu einer bestimmten Berufsgruppe wie z.B. der (Sonder-)Pädagogen. Oevermann (1997, S. 151) hebt in seiner Theorie professionalisierten Handelns die *therapeutische Dimension* der pädagogischen Praxis hervor, die er speziell der Sonderpädagogik im Vergleich zur Normalpädagogik zuordnet: „Weil nämlich tatsächlich *das Selbstverständnis der Normalpädagogik* sich auf die Funktion der Wissens- und Normvermittlung beschränkt und die therapeutische Dimension ihrer Praxis ausblendet, kommt es zur bezeichnenden *Differenzierung von Normal- und Sonderpädagogik*. An letztere werden alle jene Fälle delegiert, die als auffällige oder manifeste Abweichung bzw. Störung aus der Normalpädagogik herausfallen [...] Es ist daher nicht verwunderlich, wenn *tatsächlich Tendenzen zur Professionalisierung pädagogischer Praxis am ehesten im Bereich der Sonder- und Heilpädagogik zu beobachten sind*“ (ebd., Hervorh. i. Orig.). Dlugosch/Reiser (a.a.O., S. 92) verweisen darauf, dass hier die jeweiligen Leistungen als erwünschte Beisteuerung zum Allgemeinwohl der Gesellschaft und als Ausweis der beruflichen Integrität gelten. Als problematisch können die Phänomene der *Deprofessionalisierung* sowie der *Déformation professionelle* gelten. Ersteres beschreibt die zunehmende Schwierigkeit feststehender Berufsdefinitionen mit bestimmten Merkmalszuschreibungen, da manche klassischen Berufe partiell aufgelöst und der traditionelle Berufsbegriff selbst in Frage gestellt sind (vgl. Dostal 2002, S. 466ff.). Inklusion als neue Herausforderung für Schule und Gesellschaft geht beispielsweise mit der Gefahr eines Abbaus der Unterstützung und Förderung von Kindern und Jugendlichen mit sonderpädagogischem Förderbedarf einher sowie mit einer drohenden Deprofessionalisierung der akademischen Lehrerausbildung. Sie könnte aber auch im Gegenteil zum Aufbau eines qualitativ hochwertigen Ausbildungsganges, der die notwendigen sonderpädagogischen Kompetenzen vermittelt, und zum sensiblen Aufbau von angemessenen Unterstützungsmaßnahmen für Kinder und Jugendliche mit gravierenden Lernschwierigkeiten führen. Die sog. *Déformation professionelle* zielt hingegen auf eine berufsbedingte voreingenommene Sichtweise ab, die mit einem damit verbundenen eingeschränkten Erkenntnis- bzw. Urteilsvermögen einhergeht (vgl. Fengler 1985). So wäre in diesem Kontext auf die wichtige – aber nicht immer einfache – Kooperation zwischen den verschiedenen Fachrichtungen, Lehrämtern bzw. Disziplinen zu verweisen.
Im Gegensatz zum statischen Begriff der Profession umfasst der Begriff der *Professionalisierung* einen Prozess, der sich auf der kollektiven Ebene abspielt und den allmählichen Aufstieg vom „Status des bloßen Berufs zum Status der freien Profession“ (Terhart 2005, S. 88) darstellt. Auf der individuellen Ebene bedeutet Professionalisierung die Herausbildung der professionellen Kompetenz: „Man wandelt sich qua Ausbildung und beruflicher Sozialisation vom Laien zum Professionellen“ (ebd.). Im Rahmen der Lehrerbildung beschreibt Professionalisierung also den Prozess, in dem durch die Entwicklung eines umfangreichen Kompetenzprofils sich eine professionelle Lehrkraft herauskristallisiert. Synonym wird der Begriff der *professionellen Entwicklung* verwendet, der den Vorgang der Professionalisierung aus der berufsbiografischen Perspektive bezeichnet (vgl. Dlugosch/Reiser 2009, S. 93). In diesem Zusammenhang wird in der Fachliteratur auch von der Entwicklung der *Expertise* gesprochen: Expertise beschreibt hier die Summe aus spezifischen, erlernten und schließlich zur Routine gewordenen Handlungsmerkmalen einer Person, die dem Experten die Überwindung der Kapazitätsgrenzen eines Lai-

en ermöglicht (Experten-Novizen-Paradigma, vgl. SCHNEIDER u.a. 1993). Expertise umfasst als Begriff sowohl eine prozedurale (Vorgehensweisen und Handlungsroutinen eines Experten, prozedurales Expertenwissen) als auch eine statische Bedeutungsebene (deklaratives Expertenwissen) (vgl. BROMME 1992; GRUBER 2004).
Die Experten des Deutschen Instituts für Internationale Pädagogische Forschung (DIPF), rekurrieren ebenso wie diejenigen der Fachwissenschaften (vgl. HEIMLICH 2007a; FREY/JUNG 2011) bei der *allgemeinen Definiton des Begriffs der Kompetenzen* auf WEINERT (2002, S. 27f.). Dieser definiert Kompetenzen als „die bei Individuen verfügbaren oder von ihnen erlernbaren kognitiven Fähigkeiten und Fertigkeiten, bestimmte Probleme zu lösen sowie die damit verbundenen motivationalen, volitionalen und sozialen Bereitschaften und Fähigkeiten, die Problemlösungen in variablen Situationen erfolgreich und verantwortungsvoll nutzen zu können" (vgl. ebd.). Dabei sind folgende *sieben Facetten der Kompetenz* zu unterscheiden (vgl. ebd.): *die Motivation, das Wissen, das Verstehen, die Fähigkeit, das Können, das Handeln* und schließlich *die Erfahrung*. Neben diesen *Kompetenzkomponenten* sind zusätzlich Aussagen über die verschiedenen Niveaus bzw. Ausprägungen, den sog. *Kompetenzstufen*, möglich (vgl. KLIEME u.a. 2003, S. 74). Je nach Schwerpunktsetzung ist eine *Input-* oder eher *Outputorientierung* festzustellen: Zum einen werden „Investitionen" im Bereich der Aus-, Fort- und Weiterbildung der (Hochschul-) Lehrer und deren Kompetenzen sowie Leistungen näher betrachtet, zum anderen die Kompetenzen bzw. Leistungen der Schüler oder Studierenden und deren erfolgreiche Anwendung. Ebenso kann eine weitere Schwerpunktsetzung *für eine Fachspezifität von Kompetenz* im Sinne eines domänenspezifischen Wissens und Handelns sowie die Entwicklung *fächerübergreifender Schlüsselqualifikationen* im Bildungsprozess erfolgen (vgl. FREY/JUNG 2011, S. 6).
So zeigen FREY/JUNG (a.a.O.) – bezogen auf die aktuelle Diskussion zu Kompetenzen bzw. Standards für die Lehrerbildung – die wichtigsten theoretischen Modelle aus dem amerikanischen und deutschsprachigen Raum im Überblick auf. Die Autoren stellen zunächst acht ausgewählte Kompetenz- sowie fünf zentrale Standardmodelle vor und plädieren abschließend für eine Verknüpfung von Kompetenz- mit Standardmodell im Sinne der „zehn Professionsstandards" der Pädagogischen Hochschule Zentralschweiz (PHZ) von 2007. Die folgende Tabelle veranschaulicht am Beispiel dieser acht Kompetenzmodelle unterschiedliche Schwerpunktsetzungen (vgl. a.a.O., S. 9ff.):

Tab. 1: Überblick über acht unterschiedliche Kompetenzmodelle (in Anlehnung an Frey/Jung 2011, S. 9ff.)

Nr.	Kompetenzmodell	Autoren
I	Modell professioneller Handlungskompetenz im Lehrberuf der Studie COACTIV	KRAUS u.a. 2004
II	Expertentum des Lehrens	STERNBERG/HORVARTH 1995
III	Lehrer als kompetente Erzeuger von Lerngelegenheiten	BROMME 1997
IV	Erwerb von überfachlicher Kompetenz in akademischen Bildungsgängen	GONZALES/WAGENAAR 2003
V	Kompetenzen in der Bildung für nachhaltige Entwicklung	RAUCH/STEINER/STREISSLER 2007
VI	Arbeitsbezogene Verhaltens- und Erlebensmuster	SCHAARSCHMIDT 2006
VII	Berufliche Anforderungen von Lehrkräften nach der Studie MT21	BLÖMEKE/FELBRICH/MÜLLER 2008
VIII	Hierarchisches Strukturmodell von Handlungskompetenz	FREY 2008

Im ersten *Modell professioneller Handlungskompetenz im Lehrberuf* der Studie COACTIV (KRAUS u.a. 2004) liegt die Betonung klassischerweise auf dem *Professionswissen* (weniger auf Werthaltungen, motivationaler Orientierung oder selbstregulativer Fähigkeiten) mit *fünf Kompetenzbereichen* (Fach-, fachdidaktisches, allgemein-pädagogisches Wissen sowie spezifisches Organisations-/Interaktionswissen und Beratungswissen für die Kommunikation mit Laien). Es werden dabei verschiedene *Kompetenzfacetten* beschrieben, die Elemente des deklarativen, prozeduralen oder konzeptuellen Wissens umfassen, basierend auf der PISA-Studie von 2003/2004 bezogen auf das Fach Mathematik.
Das zweite sehr kognitionspsychologisch orientierte Kompetenzmodell *Expertentum des Lehrens* (vgl. STERNBERG/HORVARTH 1995, S. 9ff.) kontrastiert den *Lehrerexperten* gegenüber dem *„Novizen"* (eine lediglich erfahrene Lehrkraft). Das *Expertentum des Unterrichts* umfasst demnach *Wissen* (Fach-, pädagogisches bzw. Praxiswissen), *Effizienz* (Automatisierung, Handlungskontrolle bzw. Überlegungen zum Re-Investment von Ressourcen) und *Erkenntnis* (sowohl gezielte Informationsverarbeitung als auch -kombination sowie gezielter Informationsvergleich) (vgl. ebd.).
Im dritten Modell gilt der *Lehrer als kompetenter Erzeuger von Lerngelegenheiten* (vgl. BROMME 1997, S. 177ff.). Ohne näher auf die Notwendigkeit der Selbstregulation einzugehen, werden folgende *vier grundlegenden Kompetenzbereiche* benannt: *professionelles Wissen* (fachliches, curriculares, pädagogisches, fachspezifisch-pädagogisches Wissen und die Philosophie des Schulfachs), die *Kompetenz zu raschem und situationsangemessenem Handeln* (Wahrnehmung von Unterrichtssituationen mit der Hilfe von Ereignisschemata), *diagnostische Kompetenz* und das *Erzeugen von Lerngelegenheiten* (Aktivitätsstruktur, Stoffentwicklung, Zeitmanagement), wobei der zuletzt benannte Kompetenzbereich als besonders wichtig betont ist (vgl. ebd.).
Das vierte Modell bezieht sich auf den *Erwerb von überfachlicher Kompetenz in akademischen Bildungsgängen* (vgl. GONZALES/WAGENAAR 2003, S. 1ff.). Nach diesem Verständnis setzt sich Kompetenz im Wesentlichen aus den drei Bausteinen *deklaratives Fachwissen* (Wissen und Verständnis), *prozedurales Anwendungswissen* (Wissen, wie man sich verhalten sollte) und den dazugehörigen *Werten bzw. Einstellungen* (Wissen, wie man sein sollte) zusammen. Der Schwerpunkt liegt hier nicht auf der Identifizierung fachspezifischer, sondern der folgenden überfachlichen Kompetenzen: *instrumentelle Kompetenzen* (kognitive, methodische, technische, linguistische Fähigkeiten), *interpersonelle Kompetenzen* (z.B. Kommunikationstechniken, Teamfähigkeit, (Selbst-)Kritikfähigkeit, Ausdruck eigener Gefühle, soziales bzw. ethisches Engagement) und *systemische Kompetenzen* (Wissen, Verständnis und Sensibilität gegenüber ganzer Systeme; Vermögen, Pläne zu ändern, Verbesserung an bestehenden Systemen vorzunehmen und neue Systeme zu gestalten) (vgl. ebd.).
Fünftens ist das Modell *Kompetenzen in der Bildung für nachhaltige Entwicklung* (vgl. RAUCH/STEINER/STREISSLER 2007, S. 141ff.) zu benennen. Es wird von der UNO für die Jahre 2005 bis 2014 angelegt und mit KOM-BiNE abgekürzt, betont v.a. die soziale Einbettung aller Lehr-/Lernprozesse und das Definieren von Kompetenzen als ethische bzw. politische Aufgabe. Das Lehrerteam agiert demnach in *drei sozialen Handlungsfeldern*: dem *Lehrsetting*, der *Institution* sowie der *Gesellschaft*. Der *Kernkompetenzbereich* bezieht sich auf individuelle Aspekte des *inhaltlichen Wissens*, des *methodischen Könnens*, des *Fühlens* und *Wertens*. Die *äußeren Kompetenzschichten* fungieren als Verbindung zum Handlungsfeld und bestehen aus Tätigkeiten wie *Planen*, *Organisieren* und *Netzwerken*. Insgesamt erhält die *Reflexion* eine zentrale Bedeutung (vgl. ebd.).
Das sechste Kompetenzmodell konkretisiert sog. *Arbeitsbezogene Verhaltens- und Erlebensmuster* (vgl. SCHAARSCHMIDT 2006, S. 59ff.). Im Mittelpunkt der Untersuchungen steht das Bewältigungsverhalten von (angehenden) Lehrkräften mit den drei Dimensionen *Arbeitsengagement* (Bedeutsamkeit der Arbeit, beruflicher Ehrgeiz, Verausgabungsbereitschaft, Perfekti-

onsstreben), *Widerstandsfähigkeit gegenüber Belastungen* (Distanzierungsfähigkeit, Resignationstendenz bei Misserfolg, Problembewältigung, innere Ruhe und Ausgeglichenheit) sowie das Erleben und die mögliche Regulation der eigenen *Emotionen* (Erfolgserleben im Beruf, Lebenszufriedenheit, Erleben sozialer Unterstützung) (vgl. ebd.). Neben den persönlichen Voraussetzungen spielen auch die Rahmenbedingungen eine hohe Rolle. Ein deutlicher Handlungsbedarf wird im präventiven und interventiven Bereich der Lehrerbildung konstatiert. Dieses Modell, das sich insbesondere auf selbstregulatorische Fähigkeiten und Belastungsbewältigung bereits während des Studiums im Rahmen der präventiven bzw. interventiven Lehrerbildung bezieht, findet im Projekt *EGIS-L* besondere Berücksichtigung (vgl. Kap. 5.2).
Im siebten Kompetenzmodell werden *berufliche Anforderungen von Lehrkräften* nach der Studie MT21 (vgl. Blömeke/Felbrich/Müller 2008, S. 15ff.) näher untersucht. Der Forschungsansatz „Mathematics Teaching in the 21st Century" (MT21) hat diesbezüglich ein fachspezifisches empirisch gesichertes Kompetenzstufenmodell hervorgebracht. Die Autoren gehen davon aus, dass die Kernaufgaben von Lehrkräften, *Unterrichten* und *Beurteilen*, als messbar eingestuft werden können. Aufgrund der Normativität hingegen würden sich die Kompetenzen *Erziehen*, *Beraten* und die *professionelle Ethik* einer eindeutigen Messbarkeit entziehen. Als zusätzliche Kompetenz wird das Mitwirken bei der *Schulentwicklung* angesehen. Das *Mehrebenenmodell* veranschaulicht die *nationale Ebene* (Gesellschafts-, Bildungs-, Lehrerausbildungssystem), die *institutionelle Ebene* (Curricula, Lehrerausbildner) und die *individuelle Ebene* (Lernvoraussetzungen, Nutzung des Lehrangebotes, erworbene professionelle Kompetenz) (vgl. ebd.).
Als achtes und letztes Modell wird das sog. *Hierarchisches Strukturmodell von Handlungskompetenz* (vgl. Frey 2008, S. 251ff.) zusammengefasst dargestellt: Hier werden die vier grundlegenden Kompetenzklassen *Fach-, Methoden-, Sozial- und Personalkompetenz* benannt. Diese unterteilen sich wiederum hierarchisch in unterschiedliche *Fähigkeitsdimensionen* mit spezifischen *Fertigkeiten*. Die *13 Fähigkeitsdimensionen der Fachkompetenz* beziehen sich hierbei auf folgende Bereiche:

- die Lehrer-Schüler-Beziehung,
- schülerunterstützendes Beobachten und Diagnostizieren,
- Bewältigung von Disziplinproblemen und Schülerrisiken,
- Aufbau und Förderung von sozialem Verhalten,
- Vermitteln von Lernstrategien
- Begleitung von Lernprozessen,
- Gestaltung und Methoden des Unterrichts,
- Leistungsmessung,
- Medien im Unterricht,
- Zusammenarbeit in der Schule,
- Schule und Öffentlichkeit,
- Selbstorganisationskompetenz und
- allgemeine Fachdidaktik.

Die *fünf Bestandteile der Methodenkompetenz* setzen sich aus Analysefähigkeit, Flexibilität, zielorientiertem Handeln, Arbeitstechniken, Reflexivität zusammen, *die sieben der Sozialkompetenz* aus Selbständigkeit, sozialer Verantwortung, Kooperations-, Konflikt-, Kommunikations-, Führungsfähigkeit, situationsgerechtem Auftreten und *die neun der Personalkompetenz* aus Hilfsbereitschaft sowie Einfühlsamkeit, Gelassenheit und Geduld, Pflichtbewusstsein, Freiheitsstreben und Genussfähigkeit, Stolz, Tapferkeit und Kühnheit, Angepasstheit, Erfolgsorientierung sowie

Neugierde (vgl. ebd.). Speziell auf die inklusive Bildung bezogen zeigt allerdings die Analyse empirischer Befunde internationaler Studien die Einschätzung der eigenen Professionalisierung von Sonderpädagogen eine eher untergeordnete Rolle: „Die eigene Professionalisierung wird lediglich in vier Studien aufgeführt. In Anbetracht der Bedeutung der eigenen Qualifizierung und des immer wieder konstatierten Fortbildungsbedarf im Hinblick auf Inklusion [...] ist dies eher als gering einzuschätzen" (MELZER/HILLENBRAND 2013, S. 199f.).
Der von den USA ausgehende Trend der Bildungsforschung weg von der Inputorientierung – mit den beschriebenen Kompetenzmodellen – hin zu einer *Outputorientierung* spiegelt sich im Begriff *Standard* wider, der im folgenden Unterkapitel näher erläutert wird. Zudem soll ein zusammenfassendes Modell in der Verbindung von Kompetenzen und Standards für die Lehrerbildung am Ende der Ausführungen vorgestellt werden.

3.1.2 Kompetenzen und Standards

Der Begriff des Standards impliziert die Definition eines erwünschten optimalen Verhaltens. So stellen beispielsweise die Standards der Kultusministerkonferenz für die Bildungswissenschaften im Lehramtsstudium eine outputorientierte Sammlung von anzustrebenden Kompetenzen dar (vgl. KMK 2004).
WILBERS (2006, S. 4) definiert Standards in der Lehrerbildung als: „dokumentiertes System von Aussagen, das primär als Norm für die Bildung von Lehrkräften dient und gleichzeitig Voraussetzungen für ein abgrenzbares, zieladäquates, effektives und ethisch gerechtfertigtes Einflusshandeln zur differenziellen Förderung von Lernen beschreibt, das durch Vorgaben für Programme bzw. Studiengänge und Institutionen ergänzt wird."
Für die Lehrerbildung können sechs bedeutsame Funktionen der Standards konstatiert werden (vgl. ebd.):

- eine Normierung innerhalb der Lehrerbildung,
- eine Unterstützung der Professionsentwicklung,
- die Förderung der Kooperation und Verzahnung zwischen Institutionen oder auch der verschiedenen Phasen der Lehrerbildung,
- die Beurteilung von Leistungen in der Aus-, Fort- und Weiterbildung von Lehrkräften,
- ein Instrument zum Personalmanagement im Schulwesen,
- eine Orientierungshilfe für die (fach-)didaktische Forschung.

In der folgenden Tabelle sollen sechs bedeutsame Standardmodelle im Überblick vorgestellt werden, wobei das der Pädagogischen Hochschule Zentralschweiz (PHZ) wegen der Verbindung von Standard- mit Kompetenzmodell eine Sonderstellung innehat (vgl. FREY/JUNG 2011, S. 35ff.):

Tab. 2: Überblick über sechs unterschiedliche Standardmodelle (in Anlehnung an Frey/Jung 2011, S. 35ff.)

Nr.	Standardmodelle	Autoren
I	Modell des Interstate New Teacher Assessment and Support Consortium	INTASC 1992
II	National Board for Professional Teaching Standards: NBPTS-Standards	NBPTS 2002
III	Standards in der Lehrerbildung nach Oser	Oser 2001
IV	Standards für die Lehrerbildung nach Terhart	Terhart 2002
V	Standards für die Lehrerbildung der Kultusministerkonferenz	KMK 2004
VI	Zehn Professionsstandards der Pädagogischen Hochschule Zentralschweiz	PHZ 2007

Die *zehn Kernstandards* des ersten *Modells des Interstate New Teacher Assessment and Support Consortium* (vgl. Intasc 1992, S. 14ff.) beziehen sich auf die Qualitätserfassung in den folgenden Bereichen: *Fachwissen und Lebensweltbedeutung, Entwicklungsprozesse und Lerntheorien, Lernstile und Differenzierung, Entwurf und Umsetzung von Unterrichtsstrategien, Motivation und Gestaltung von Lernumgebungen, Kommunikation und Medien, Unterrichtsplanung und -durchführung, Förderung und Beurteilung, Reflexion und Evaluation* sowie *interpersonale Beziehungen und Schulwelt.* Zusätzlich gelten für jeden Standard konkrete Indikatoren in Hinblick auf das Wissen (*knowledge)*, der Einstellungen *(dispositions)* und der Umsetzung *(performances)* (vgl. ebd). Diese INTASC-Standards werden häufig als Ausgangspunkt für die Entwicklung von Standards im europäischen Raum genutzt, beispielsweise auch für die der PHZ (vgl. sechstes Standardmodell).
Im Rahmen des zweiten Standardmodells, der *National Board for Professional Teaching Standards: NBPTS-Standards* (vgl. Nbpts 2002, S. 1ff.), können sich Lehrkräfte auf freiwilliger Basis beim nichtstaatlichen amerikanischen Institut NBPTS nach deren folgenden fünf Kernstandards zertifizieren lassen: *Verpflichtung gegenüber den Schülern* (Lehrer fühlen sich ihren Schülern und deren Lernen verpflichtet.), *Fachwissen und -didaktik* (Lehrer kennen ihre Unterrichtsfächer und wissen, wie man sie unterrichtet.), *Management der Lernprozesse* (Lehrer sind für die Organisation und das Monitoring des Lernens der Schüler verantwortlich.), *Selbstreflexion* (Lehrer reflektieren systematisch ihre berufliche Praxis und lernen aus ihren Erfahrungen.) und schließlich die *Kooperation und Schulentwicklung* (Lehrer sind Mitglieder von Lerngemeinschaften zum Zweck der Unterrichts- und Schulentwicklung.) (vgl. ebd.).
Drittens sind die *Standards in der Lehrerbildung nach Oser* (vgl. Oser 2001, S. 215ff.) zu beschreiben: Die aus Expertengesprächen entstandenen 88 Standards für die Lehrerbildung sind nachträglich in folgende zwölf Gruppen unterteilt worden: *Lehrer-Schüler-Beziehung, schülerunterstützende Beobachtung und Diagnose, Bewältigen von Disziplinproblemen und Schülerrisiken, Aufbau und Förderung von sozialem Verhalten, Lernstrategien vermitteln und Lernprozesse begleiten, Gestaltung und Methoden des Unterrichts, Leistungsmessung, Medien des Unterrichts, Zusammenarbeit in der Schule, Schule und Öffentlichkeit, Selbstorganisationskompetenz der Lehrkraft, allgemeine und fachdidaktische Standards.* Fachwissen gilt hierbei als Voraussetzung für die Standards. Diese Sammlung erhebt keinen Anspruch auf Vollständigkeit, sondern ist z.B. durch *Schlüsselqualifikationen* wie Abstraktions-, Reflexions- oder Kritikfähigkeit zu ergänzen (vgl. ebd.).
Als viertes Modell gelten die *Standards für die Lehrerbildung nach Terhart* (vgl. Terhart 2002, S. 31ff.). 2002 wird Terhart von der Kultusministerkonferenz deutscher Länder mit einer Expertise zu Standards in der Lehrerbildung beauftragt und erarbeitet insgesamt 35 Einzelstandards für die *universitäre Phase der Lehrerbildung* in den vier Bereichen *Wissen in den Unterrichtsfächern*, *Wissen in den Fachdidaktiken*, *Wissen in den Erziehungswissenschaften* sowie *Wissen in den schulpraktischen Studien*. Ebenso benennt er zehn Standards für die *zweite Phase im Studienseminar* und betont, dass eigene Erfahrungen mit Lehrervorbildern länger handlungsbestimmend wirken als das Erlernte in der universitären Phase (vgl. Terhart 2006, S. 42ff.). Weiter wird Kritik daran geübt, dass das Fachwissen berufsaktiver Lehrkräfte meist wenig Aktualisierung erfährt. Es sind zudem folgende *fünf Kompetenzstufen* zu unterscheiden: die *Wissensbasis, Reflexions-, Kommunikations-, Urteilsfähigkeit* und das *Können.* Die wahre Kompetenz einer Lehrkraft entsteht allerdings im ständigen Kreislauf von *Reflexion, Selbstprüfung* und gegebenenfalls einer *Korrektur* (vgl. Terhart 2007, S. 37ff.).
Fünftens können die *Standards für die Lehrerbildung der Kultusministerkonferenz* (vgl. Kmk 2004, S. 1ff.) als modellhaft gelten: So gibt die *Kultusministerkonferenz 2004 einen Katalog über*

vier Kompetenzbereiche heraus, denen Teilkomponenten und Standards zugeordnet werden. Der erste Kompetenzbereich ist das *Unterrichten* (fach-/sachgerechte Unterrichtsplanung und -durchführung, Förderung, Befähigung und Motivierung von Schülern durch Gestaltung von Lernsituationen, Förderung selbstbestimmten Lernens und Arbeitens). Danach folgen das *Erziehen* (Kenntnis über soziale/kulturelle Lebensbedingungen der Schüler und Einfluss auf deren individuelle Entwicklung, Vermittlung von Werten/Normen und Förderung selbstbestimmten Urteilens/Handelns, Lösen von Schwierigkeiten/Konflikten in Schule/Unterricht), *Beurteilen* (Diagnose von Lernvoraussetzungen/-prozessen und gezielte Förderung/Beratung von Schülern/Eltern, Leistungserfassung aufgrund transparenter Beurteilungsmaßstäbe) und das *Innovieren* (Bewusstsein für Anforderungen/Verantwortung/Verpflichtungen des Lehrberufs, Verständnis des Berufs als ständige Lernaufgabe, Beteiligung an Planung/Umsetzung schulischer Projekte/Vorhaben) (vgl. ebd.).
Schließlich sind die *zehn Professionsstandards der PHZ* (vgl. PHZ 2007, S. 6ff.) als bedeutsames Modell darzustellen: Unter Berücksichtigung der INTASC-Standards (vgl. erstes Standardmodell, Kap. 3.1.2, Tab. 2) formuliert die Pädagogische Hochschule Zentralschweiz (PHZ) kompetenzorientiert folgende *zehn Professionsstandards: Die Lehrperson*

- *versteht die Fachinhalte, Entwicklungsprozesse und Unterschiede im Lernen,*
- *verwendet und entwirft Unterrichtsstrategien,*
- *motiviert und leitet,*
- *kommuniziert und moderiert,*
- *plant und evaluiert,*
- *beurteilt und fördert,*
- *reflektiert ihre eigenen Erfahrungen und*
- *nimmt Einfluss auf das Umfeld.*

Diese Kernstandards sind noch einmal umfassend in Teilkompetenzen, Niveaustufen (insgesamt vier von null bis drei) und konkreten Beobachtungskriterien unterteilt. In der Grundausbildung von Lehrkräften ist das Erreichen der ersten, evtl. der zweiten Niveaustufe realistisch, erst im Laufe der Berufstätigkeit und Weiterbildung können die höheren Niveaustufen erreicht werden (vgl. ebd.).
Insgesamt besitzen Professionsstandards demnach eine *Orientierungsfunktion*, indem ein definierter Erwartungshorizont für die berufliche Ausbildung und weitere Entwicklungen formuliert wird. Die Standards sollen ein „in Kompetenzen übersetztes Leitbild des Lehrberufs" (Frey 2008, S. 18) darstellen und konzeptionell transparent sein, sowohl empirisch als auch normativ begründet sein sowie Entwicklungsaufgaben eröffnen.
Zusammenfassend wird deutlich, „dass mannigfaltige Forschungsansätze und Bemühungen der Standard- und Kompetenzmodellentwicklung bestehen, eine gemeinsame Basis oder einheitliche Ausrichtung bisher jedoch fehlt" (Frey/Jung 2011, S. 54). Mit der Berücksichtigung der dargestellten Modelle können zentrale Aspekte und Inhalte identifiziert werden, die sich in folgendem zusammenfassenden Modell der *jeweils vier Kompetenzen und Handlungsfelder* veranschaulichen lassen (vgl. a.a.O. 2011, S. 62f.):

Fachkompetenz: Fachwissen, pädagogische bzw. psychologische Grundlagen, (Fach-) Didaktik, Unterrichtsmethoden, diagnostische Kompetenz, Wissen über Lehrpläne bzw. Curricula;
Methodenkompetenz: Selbstorganisation, Ressourcenmanagement bezogen auf Effizienz, Routine bzw. Automatisierung, Medieneinsatz bzw. Informationstechnologien;

Sozialkompetenz: Kommunikation, Kooperation, Interaktion, Empathie bzw. Wertschätzung, Motivationsfähigkeit;
Personalkompetenz: Selbstreflexion bzw. -evaluation, Bewältigung beruflicher Belastung, Selbstbild bzw. eigene Werthaltungen und die eigene professionelle Weiterentwicklung.

Die vier Handlungsfelder bestehen aus:

1. *Unterrichtsmethodik und -management*: Makro- und Mikro-Unterrichtsplanung sowie Evaluation, Zeitmanagement, Erzeugung von Lerngelegenheiten, Management des Lernprozesses, Vermittlung von Lernstrategien, Anleiten zur Selbständigkeit;
2. *Klassenmanagement*: Lehrer-Schüler-Beziehung, Partizipation, Förderung sozialen Verhaltens, kulturelle Einflüsse bzw. Prägungen, Disziplin, Krisen- bzw. Konfliktmanagement;
3. *Diagnostik und Förderung*: Leistungsmessung bzw. -beurteilung, individuelle Förderung, Motivierung, Umgang mit Schülerfehlern, Lernschwierigkeiten bzw. -störungen;
4. *Schulentwicklung und Umfeld*: schulische Umwelt, Kooperation bzw. Netzwerk, Schulentwicklung, Öffentlichkeit, Elternarbeit bzw. Beratung.

Die Anforderungen im heil- bzw. sonderpädagogischen Arbeitsfeld lassen sich grundsätzlich im hier vorgestellten Modell der jeweils vier Kompetenzen und Handlungsfelder verankern (vgl. Moser Opitz 2009; Schumann/Burghardt/Stöppler 2009; Verband Sonderpädagogik e.V. 2009; Wember 2009a). Darüber hinaus ist jedoch im nächsten Teilkapitel zu untersuchen, welche spezifischen Merkmale ein *sonderpädagogisches Kompetenzprofil* charakterisieren, bzw. ob und wie eigene sonderpädagogische Kompetenzen durch spezielle Schwerpunktsetzungen bzw. heil-/sonderpädagogische Aufgaben besonders zu betonen sind.

3.1.3 Sonderpädagogische Kompetenzen

Nach Gehrmann (2001, S. 298f.) können erfahrene Sonderpädagogen in Deutschland zu wenig eigene (spezifische) Kompetenzen beispielsweise für den Gemeinsamen Unterricht benennen, im Gegensatz zur Fremdeinschätzung durch ihre Grundschulkollegen. International werden hier widersprüchliche Befunde sichtbar. So stellen beispielsweise Stough/Douglas (2003) fest, dass Sonderpädagogen zum einen über ein vertieftes Wissen bzw. Können verfügen und dies durch eine differenzierte Reflexion mit einem entsprechenden Menschenbild zum Ausdruck kommt. Gable u.a. (2012) konstatieren sowohl bei Lehrkräften an allgemeinen Schulen als auch bei Sonderpädagogen einen Mangel hinsichtlich der Kenntnisse und der Umsetzung pädagogischer Kompetenzanforderungen. Folglich ist es weiterhin von hoher Bedeutung, sich professionelle Kompetenz- bzw. Standardmodelle zu vergegenwärtigen und zu untersuchen.
Auch laut Benkmann (2005, S. 422) ist der Sonderpädagoge zunächst einmal ein „Unterrichtsexperte, der kompetent und zuständig für die Bewältigung klassischer Aufgaben im Unterricht ist.“ Darüber hinaus sollte eine sonderpädagogische Lehrkraft *individu-elle Lern- und Unterstützungsangebote* kreieren. Daher benötigt sie auf der Ebene der Unterrichtskonzeption *Kenntnisse über die didaktischen Prinzipien und Methoden eines lern- und entwicklungsfördernden Unterrichts* (vgl. ebd.; Koch 2012; Wember 2012). Dazu sind v.a. das Prinzip der Handlungsorientierung und Formen des offenen Unterrichts zu zählen, wie z.B. Freiarbeit, Wochenplanarbeit, Projektunterricht, kooperatives bzw. entdeckendes Lernen und Formen des direktiven Unterrichts (vgl. Benkmann 2005, S. 422). Benkmann konstatiert, dass die sonderpädagogische Lehrkraft Kompetenzen für die differenzierte Wahrnehmung und Diagnose von „Merkmalen und Ergebnissen heterogener und erschwerter Lern- und Denkprozesse“ (ebd.) benötigt und

spricht hier vom „sonderpädagogischen Blick" (ebd.). Dieser verbindet die „Kompetenz zur Wahrnehmung von Erschwernissen beim Lernen sowie die Kompetenz zu deren Behebung oder Erleichterung durch Individualisierung" (ebd.). Dadurch ergibt sich die Voraussetzung für den sonderpädagogischen *Dreischritt aus Diagnostik, Intervention und Evaluation* (vgl. Heimlich 2008, S. 520; 2009, S. 140ff.). Um das Vorhaben einer individuellen Lernförderung zu erfüllen, legt die sonderpädagogische Lehrkraft nach der Analyse der Lernausgangslage (vgl. Schrader/Heimlich 2012) die Lernziele der Schüler individuell fest. Weiter plant sie die nächsten Fördereinheiten, damit jeder im Sinne Vygotskijs (1896–1934) die *Zone der nächsten Entwicklung* erreichen kann (vgl Vygotskij 2002). Es werden verschiedene Unterrichtsmethoden angewendet, den Schülern jeweils passende Arbeits- und Lernmethoden vermittelt, individuell zugeschnittenes Lern- und Übungsmaterial zu Verfügung gestellt und unter Einsatz professioneller Motivationsstrategien zum Lernen aktiviert (vgl. Benkmann 2005, S. 422). Hierbei sind mehrere Merkmale erfolgreichen Lehrerverhaltens bei sonderpädagogischem Förderbedarf im Förderschwerpunkt Lernen zu unterscheiden (vgl. Benkmann 2010a, S. 150):

- Untergliedern des Lerninhalts,
- ständige Wiederholung und Übung,
- Zerlegen von Fertigkeiten,
- direktes Fragen,
- Kontrolle der Aufgabenanforderungen,
- schrittweises Modellieren des Problemlösungsprozesses,
- Gruppenunterricht und
- Strategiehinweise.

Aufgrund des „vergleichsweise massiven Erziehungsbedarfs der meisten Schüler mit Lernbeeinträchtigungen" (vgl. Benkmann 2005, S. 423) sind v.a. Lernbehindertenpädagogen als „Experten für Erziehung" (ebd.) einzustufen. Weil dieser Bedarf primär mit der sozioökonomischen Lage ihrer Klientel zusammenhängt, sollte sich die professionelle Tätigkeit des Sonderpädagogen ebenso auf deren außerschulische Lebenswelt beziehen und gesellschaftliche, soziale sowie individuelle Entstehungsbedingungen von Behinderung und Benachteiligung erkennen. Dafür werden Kenntnisse über soziale Ungleichheiten, Exklusion bzw. Armut und über deren Auswirkungen auf die kognitive, soziale und emotionale Entwicklung des Kindes benötigt. Also kommen auf den Sonderpädagogen nach Benkmann (ebd.) auch *sozialpädagogische Aufgaben* im Sinne der Einbeziehung der jeweiligen Lebenswelt in Unterricht, Erziehung und Förderung zu: Es bedarf also der Ermittlung und des Nachvollzugs von Lernbeeinträchtigungen in der Biografie des Kindes und der Entwicklung einer „an diesem Verständnis orientierte[n] Förderung" (ebd.). Daher können Sonderpädagogen auch als Experten für „lern- und erziehungsschwierige Interaktionen und Beziehung" (ebd.) bezeichnet werden.
Bundschuh (2010, S. 363) spricht explizit von *sonderpädagogischen Fachkompetenzen*, die aus dem spezifischen Wissen über Entwicklung, Lernen und individueller Förderung bestehen. Neben den für Sonderpädagogen spezifischen Kompetenzen der Diagnostik, Didaktik und der (quasi-)therapeutischen Kompetenzen betont er v.a. auch die nötigen beratenden Kompetenzen (vgl. ebd.). Speziell bei der *Elternarbeit* ist die *sonderpädagogische Beratungskompetenz und die professionelle Gesprächsführung* von hoher Bedeutung, um gemeinsam auf Augenhöhe die bestmögliche Förderung des Kindes zu erreichen. So kann z.B. die sonderpädagogische Fachkraft im Rahmen der Unterstützungsangebote der Mobilen Sonderpädagogischen Dienste (MSD) und

der Mobilen Sonderpädagogischen Hilfen (MSH) oder in der Kollegialen Praxisberatung beratende Funktionen einnehmen (vgl. Heimlich 2009, S. 175). Außerdem besitzen die Fähigkeiten zur *Kooperation* einen wichtigen Stellenwert im Kompetenzprofil des Sonderpädagogen: Bereits bei den Maßnahmen zur Prävention und Frühförderung sollen Sonderpädagogen mit Eltern, Kindergärtnern, Sozialpädagogen, Psychologen und Kinderärzten zusammenarbeiten (vgl. a.a.O., S. 171f.). Ebenso kooperieren sie im Rahmen der sonderpädagogischen Förderung eng mit Fachkräften aus unterschiedlichen Bereichen. Neben der interdisziplinären Teamarbeit haben auch Formen der kollegialen Zusammenarbeit und Unterstützung eine hohe Bedeutung. Zum einen zählen dazu das gemeinsame Planen, Durchführen und Evaluieren von Unterrichtsprozessen beispielsweise im Team-Teaching. Zum anderen werden Kompetenzen der professionellen Unterstützung und Beratung zwischen den Lehrkräften relevant (vgl. Schmid/Garufo 2012). An dieser Stelle ist auch auf die pädagogisch hohe Bedeutung der *kooperativen Beratung* nach Mutzeck (2008) in Theorie und Praxis hinzuweisen, die sich insbesondere durch das Befähigen des Ratsuchenden auszeichnet.
In Anlehnung an die Empfehlungen der Kultusministerkonferenz zur sonderpädagogischen Förderung (vgl. Drave/Rumpler 2000) hat sich die sonderpädagogische Förderung von der Bindung an einen besonderen Förderort gelöst und beinhaltet *Formen des gemeinsamen Unterrichts* (vgl. Bundschuh u.a. 2007, S. 244). Im Rahmen des Inkrafttretens der „UN-Konvention über die Rechte von Menschen mit Behinderungen“ (vgl. Vereinte Nationen 2010) im Jahr 2009 wird folglich die Umsetzung eines inklusiven Ansatzes in der Schulpädagogik bzw. eines *inklusiven Bildungssystems auf allen Ebenen* angestrebt. Der Artikel 24 verweist auf die grundsätzlich notwendige Bildungsgerechtigkeit und Gleichwertigkeit aller Menschen, möglichst von Anfang an – d.h. ohne vorangehende schulische Separation mit nachfolgenden Integrationsbemühungen (vgl. ebd.). Ziel der gesellschaftlichen Inklusion ist zunächst die Aufhebung der Grenzen zwischen „Behinderten“ und „Nichtbehinderten“ und bezweckt schließlich „eine umfassende gesellschaftliche Teilhabe in möglichst weitgehender Selbstbestimmung“ (Heimlich 2012a, S. 13). Eine inklusive Schule stellt im gemeinsamen Unterricht Lernangebote für *alle* Kinder und Jugendliche her, wobei die Heterogenität ihrer Schülerschaft nicht als Problem, sondern vielmehr als wechselseitige Bereicherung angesehen wird. Hier soll also eine „Gemeinsamkeit in der Vielfalt“ möglich sein (vgl. Prengel 2006). Der gemeinsame Unterricht bezieht sich auf alle Kinder und Jugendliche eines Stadtteils bzw. Wohngebiets, auch auf solche mit Migrationshintergrund und/oder sonderpädagogischem Förderbedarf. Als aktiver Bestandteil der Gesellschaft sollen sich die Schulen zu ihrem Stadtteil hin öffnen und im wechselseitigen Austausch mit dem jeweiligen Umfeld stehen (vgl. Heimlich 2011, S. 45).
Inklusive Bildung fordert einerseits weniger völlig *neue* Fähigkeiten einer sonderpädagogischen Fachkraft, sondern eine besondere Ausprägung und Weiterentwicklung *bestimmter* Kompetenzen. Andererseits stellen sich ebenfalls neue Anforderungen an die Lehrkräfte allgemeiner Schulen, was sich wiederum auf die Rolle und die Aufgaben von Sonderpädagogen auswirkt. Professionalität für inklusive Schulen versteht Reicher (2011, S. 38) „als Kompetenz zur adäquaten Gestaltung und Begleitung von Bildungsprozessen bei Kindern und Jugendlichen mit heterogenem Erziehungs- und Bildungsbedarf und zur Entwicklung von Lösungsansätzen zum Abbau vorhandener leistungsbezogener, sozialer und gesellschaftlicher Barrieren.“ Dabei ist die gelungene Kooperation im Team Dreh- und Angelpunkt für den Erfolg inklusiven Unterrichts (vgl. Benkmann 2005, S. 422). Sowohl die *Weiterentwicklung des Team-Teachings* als auch der *Ausbau des gemeinsamen Unterrichts* gehören hierbei zu den großen Herausforderungen (vgl. Heimlich 2011; Schwager 2011). Regel- und Sonderpädagogen sollen sich bei der gemein-

samen Ausführung auf der Unterrichts- und Organisationsebene detailliert absprechen und planen bezüglich der Arbeitsteilung sowie der exakten Vorgehensweise (vgl. BENKMANN 2005, S. 422). Auf der sozialen Ebene sind die Offenheit gegenüber den Sichtweisen des anderen und dessen fachlicher Kompetenz wesentlich (vgl. ebd.). Denn nur durch *wechselseitige personale wie fachliche Akzeptanz und Wertschätzung* kann der gemeinsame Unterricht professionell gelingen. Die gezielte Unterstützung und Beratung der Lehrkräfte der allgemeinen Schulen zählen ferner zu den Aufgaben der sonderpädagogischen Fachkräfte (vgl. ebd.; HEIMLICH 2011). V.a. sollten auch die Regelpädagogen über ein „inklusives Verständnis" (SEITZ 2011, S. 51) verfügen, ebenso über erweiterte diagnostische Kompetenzen im Hinblick auf die sonderpädagogische Förderdiagnostik sowie über Kenntnisse bzw. Kompetenzen der individuellen Lernförderung (vgl. FEYERER 2011). So stehen hier sonderpädagogisches Wissen und Handlungskompetenz *subsidiär* zur Verfügung, allerdings „ohne dass die Regelpädagogik aus der Verantwortung für diese Kinder entlassen wird" (BENKMANN 2005, S. 421). Wichtig ist die generelle Bereitschaft des Voneinander-Lernens: „Gelingende Kooperation hat etwas mit der Bereitschaft zu tun, sich gemeinsam mit anderen in seinen professionellen pädagogischen Kompetenzen verändern zu wollen" (HEIMLICH 2012b, S. 385). Zudem ist zu beachten, dass der inklusive Unterricht im Anspruch konzeptuell über den des integrativen Unterrichts insofern hinausgeht, dass *alle* Schüler an *sämtlichen* Phasen des Unterrichts teilnehmen sollen (vgl. KAHLERT/HEIMLICH 2012b, S. 173). In der methodisch-didaktischen Umsetzung gehören dazu Freiarbeit, Einzel- und Kleingruppenarbeit, Wochenplanarbeit, Lernen an Stationen, Gesprächskreise, Üben und das Lernen im Lehrgang und Projekte (vgl. HEIMLICH 2007, S. 361; 2009, S. 159f.). Daher benötigen die Lehrkräfte Kompetenzen zur Schaffung einer *veränderten Lernkultur*, die sich auf *alle Entwicklungsbereiche* der Kinder und Jugendlichen bezieht: „Inklusiver Unterricht darf von daher nicht nur auf Sprache und Denken abzielen, sondern steht vielmehr vor der Aufgabe, alle Lern- und Entwicklungsmöglichkeiten von Schülerinnen und Schülern auszuschöpfen" (KAHLERT/HEIMLICH 2012b, S. 174). Hierbei wird die sog. *adaptive Lehrkompetenz* im Hinblick auf das inklusive Unterrichten angesprochen (vgl. SCHNELL 2012, S. 216; RITTMEYER 2012, S. 52ff.).

Des weiteren benötigen inklusiv arbeitende Lehrkräfte eine ausgeprägte *selbstreflektive Handlungskompetenz* und ein hohes Maß an *Ambiguitätstoleranz* (vgl. BENKMANN 2010b, S. 452). Letztere dient dazu, „den Tatbestand der Bildungsungerechtigkeit für Kinder und Jugendliche aus benachteiligten Milieus durch das selektive Schulsystem mit seinen negativen Konsequenzen für diese Gruppen zu ertragen" (ebd.). Die Tätigkeiten sonderpädagogischer Fachkräfte sind in diesem Verständnis mit dem Begriff der „institutionalisierten systembezogenen Service-Leistungen" (ebd.) zu kennzeichnen.

Für die ersten beiden Ausbildungsphasen des Lehramts für Sonderpädagogik im Studium bzw. Referendariat formulieren MOSER/DEMMER-DIECKMANN (2012, S. 154ff.) Merkmale des Studiengangs *Inklusive Pädagogik* bzw. des Katalogs *Zusatzqualifikation Inklusion*. Hervorzuheben ist hier die Forderung, eine Vertiefung der Kenntnisse im Bereich *Organisationsentwicklung* zu integrieren (vgl. ebd.).

Für den sonderpädagogischen Förderbedarf im Förderschwerpunkt Lernen hat HEIMLICH (2012b) Kompetenzschwerpunkte für die erste Phase der Ausbildung formuliert. In der Betonung von kooperativen Kompetenzen zählt er folgende als besonders wichtig auf: die *Achtung der Individualität und die Wertschätzung des Kollegen*, die *Bewusstheit über die eigenen Schwächen*, die *Fähigkeit, Konflikte auszutragen*, *Einfühlungsvermögen* (Empathie) und die *Bereitschaft und Fähigkeit zur menschlichen Zuwendung* (a.a.O., S. 384). Des Weiteren werden neue Anforderungen an die sonderpädagogische Fachkompetenz in Bezug auf folgende Basiskompetenzen bestimmt: *Sachkompetenz, soziale Kompetenz, personale und ökologische Kompetenzen* (vgl. a.a.O., S. 388f.). Hinzu kommen bestimmte Ansprüche an die sonderpädagogische *Unterrichtskompetenz*. Auf Grundlage der ermittelten Anforderungen sind Standards der sonderpädagogischen Förderung für die erste Phase der Lehrerbildung zu formulieren. Ebenso sind die zweite und dritte Phase der Lehrerausbildung von Bedeutung, wobei die Entwicklung von Lehrerkompetenzen „stets in einem Spannungsfeld von Reflexion und Aktion“ (a.a.O., S. 391) abläuft. Folgende fünf Voraussetzungen sind hierbei zu beachten (vgl. ebd.):

- die stärkere Vernetzung der Studieninhalte hinsichtlich der sonderpädagogischen Basisqualifikation,
- eine stärkere Orientierung an fächerübergreifenden Zusammenhängen und die Kombination mehrerer Fachdidaktiken,
- curriculare Innovationen auf der Ebene von Prüfungs- und Studienordnungen für die unterschiedlichen Förderschwerpunkte durch die Modularisierung der sonderpädagogischen Lehrerausbildung,
- neuartige Formen der Gestaltung von Lehrveranstaltungen und der universitären Studienorte mit höherer Praxisorientierung z.B. durch Praxis-Theorie-Lehrveranstaltungen und die interdisziplinäre Vernetzung der Studienmodule sowie
- die räumliche Gestaltung der Studienorte als Beitrag zur Förderung kooperativer Kompetenzen, z.B. durch differenzierte und medial angemessen ausgestattete Lehrveranstaltungsräume zur Erprobung von Kleingruppenarbeit und Moderationstechniken.

Dementsprechend ist eine Reform der Lehrerbildung notwendig und unumgänglich (vgl. a.a.O., S. 392). Auch der Verband für Sonderpädagogik formuliert 2007 65 Standards für die Sonderpädagogische Lehrerbildung in elf Bereichen (vgl. Verband Sonderpädagogik e.V. 2009). Diese sind als Modifizierung und Ergänzung der allgemeinen Standards für die Lehrerbildung anzusehen und decken sich inhaltlich im Wesentlichen mit den in diesem Unterkapitel dargestellten sonderpädagogischen Kompetenzanforderungen. Trotzdem gibt es auch *Kritikpunkte und offene Fragen*, die sich speziell an die Formulierung von Standards für die sonderpädagogische Förderung richten. Wember (2009b, S. 16) bezieht diese v.a. auf die Bereiche der mangelnden *Vollständigkeit*, *Systematik*, *Präzision* bzw. *Operationalisierung* und *Validität*. Stinkes (2008) befürchtet zudem die *Ökonomisierung* der sonderpädagogischen Förderung und damit verbunden ihr Ende in Fällen schwerer Behinderungen, was der Verband für Sonderpädagogik mit der Formulierung von Standards möglicherweise fördere.

3.1.4 Heil- und sonderpädagogisches Berufsethos

Eine wichtige Grundlage hinsichtlich der Arbeit mit Kindern und Jugendlichen mit sonderpädagogischem Förderbedarf im Förderschwerpunkt Lernen stellt das *heil- und sonderpädagogische Berufsethos* dar. Nach Benkmann (2010b, S. 446) werden berufsethische Fragestellungen im Diskurs über Lehrerprofessionalität leider vernachlässigt und durch eine Fokussierung auf den Begriff der Kompetenzen verdrängt. Diese Kritik ist v.a. auch deshalb von Interesse, da die professionelle Moralität eines Pädagogen selbst als ein Aspekt seines Kompetenzprofils betrachtet werden kann. Worin aber besteht die Spezifität eines sonderpädagogischen Berufsethos im Vergleich zu dem der allgemeinen Pädagogik? So impliziert das professionelle Handeln eines (angehenden) Sonderpädagogen eine sog. *heilpädagogische Haltung*, die insbesondere auf einen

Ansatz von Haeberlin (1996) zurückzuführen ist. Diese ist v.a. von drei Merkmalen gekennzeichnet: der *Annahme des Partners*, dem *Vertrauen in das Potentials des Partners* und dem Prinzip der *Echtheit* (vgl. a.a.O., S. 35ff.). Außerdem zählen zu seiner heilpädagogischen Professionsethik die Prinzipien der *ideologischen Offenheit*, der *Verantwortung für das absolute Lebensrecht aller von Menschen gezeugten Lebewesen*, des *Rechts auf Erziehung und Bildung aller Menschen*, der *Selbständigkeit und Lebensqualität* sowie der Aufruf zu *pädagogischer Effizienzkontrolle bzw. Selbstkritik* (vgl. a.a.O., S. 341ff.). Hiermit wird die Theorie nach Buber (1979) ausdifferenziert, der mit seinem *Dialogischen Prinzip* eine anthropologische Begründung der Pädagogik erschafft: „Alles wirkliche Leben ist Begegnung" (Buber 1979, S. 15). Haeberlins Konzept einer *Heilpädagogik als wertgeleitete Wissenschaft* leistet ebenso die wissenschaftstheoretische Begründung einer integrativen bzw. inklusiven Pädagogik: Denn die heilpädagogische Haltung ist „von einer uneingeschränkten Solidarität für Menschen mit Behinderung als menschlicher Grundhaltung getragen" (Heimlich 2003, S. 169). Aus diesem sonderpädagogischen Berufsethos heraus lässt sich erklären, weshalb die Sonderpädagogik „immer noch als Initiatorin der Inklusionsdebatte auf den verschiedenen Arbeitsfeldern der Schulpraxis, der Schulaufsicht und der Lehrerbildung bis hin zur Forschung tätig wird" (Heimlich 2011, S. 53). Insofern handelt ein Sonderpädagoge *normativ* im Auftrag bzw. *mit einem Mandat als Anwalt für benachteiligte sowie ausgegrenzte Kinder und Jugendliche*. So gehört es zum sonderpädagogischen Förderauftrag, diesen Menschen zu ihrem Recht auf Bildung und umfassender gesellschaftlicher Teilhabe zu verhelfen und auf entwicklungshemmende Bedingungen in der Gesellschaft einzuwirken.

Weil in der früheren Geschichte der Heil- und Sonderpädagogik alle die Menschen exkludiert werden, die den gesellschaftlichen Normalitätsansprüchen nicht entsprechen, ist diese als eine der Entsolidarisierung zu charakterisieren (vgl. Benkmann 2010b, S. 445). Trotzdem bilden berufsethische Einstellungen und Werte heute das „Kernstück der Disziplin" (Antor/Bleidick 2000, S. 10). Im Spannungsfeld von Normalität und Behinderung widmen sich die aktuellen Theoriekonzepte der Frage, „wie der Pädagoge diese Probleme im Sinne einer uneingeschränkten Parteinahme für behinderte Menschen lösen" (Moser/Sasse 2008, S. 114) kann. „Letztlich ist professionelles sonderpädagogisches Handeln auch stets ethisch reflektiertes Handeln, das von einer spezifischen Haltung in der Annahme aller Kinder und Jugendlichen in ihrem jeweiligen So-Sein getragen ist" (Heimlich 2011, S. 50). In diesem Zusammenhang ist auch die Studie von Kiel/Weiss/Braune (2012) aussagekräftig, die Studierenden des Lehramts für Sonderpädagogik eine entsprechende Berufswahlmotivation attestiert. Diese äußert sich zum einen durch eine vergleichsweise hohe adressatenbezogene und pädagogische Motivation sowie einer deutlich erhöhten Motivation, Schüler zu fördern. Zum anderen befinden sich Studierende des Lehramts für Sonderpädagogik zu einem überdurchschnittlichen Anteil in der Gruppe der Idealisten (vgl. a.a.O., S. 198), was allerdings die Gefahr eines mangelnden Realitätsabgleichs beinhaltet.

Die Reichweite eines sonderpädagogischen Berufsethos ist allerdings auch von Begrenzungen gekennzeichnet. So können gesellschaftliche Strukturen sozialer Benachteiligung letztendlich nicht aufgelöst werden (vgl. Moser/Sasse 2008, S. 114). Zudem weisen „Sonderschullehrkräfte nicht immer eine positive Einstellung gegenüber ihrer Klientel auf" (Benkmann 2010b, S. 446). Ebenso lassen sich weitere Problemfelder sowohl auf theoretisch-konzeptueller als auch auf praktischer Ebene identifizieren: Z.B. ist das sog. *Etikettierungs-Ressourcen-Dilemma* zu erwähnen (vgl. Füssel/Kretschmann 1993, S. 43; Dlugosch/Reiser 2009, S. 95; Heimlich 2003, S. 110; 2011, S. 46f.). Neben personalen und sozialen Aspekten bestehen Grenzen sonderpädagogischer Professionalität außerdem in ihren strukturellen Voraussetzun-

gen hinsichtlich rechtlicher, organisatorischer oder auch finanzieller Fragestellungen. Des Weiteren dürfen die Problemfelder der professionellen Deformation (vgl. Kap. 3.1.1) wie auch der beruflichen Erkrankungen bzw. des Burnouts nicht vernachlässigt werden. Bezüglich dieser Phänomene ist häufig eine Ausklammerung zu Gunsten der Fächer und des Unterrichts – also der Sachkompetenz – festzustellen. Allerdings sind gerade die Inhalte und Fragestellungen zur *Personalkompetenz* von größter Bedeutung (vgl. Kap. 3.1.2). Denn die hohen Anforderungen bzw. Neuerungen wie auch ethischen Ansprüche an (angehende) Lehrkräfte lassen diese oftmals bereits im Studium an Grenzen der Selbstregulation stoßen.
Um diese Selbstregulierungskompetenz bezogen auf die eigene Gesundheit und Belastungsfähigkeit einer Person näher zu spezifizieren, geht es im nächsten Kapitel zuerst allgemein um die begriffliche Abgrenzung von Gesundheit und Krankheit, die Bedeutung von Stress und Copingstrategien sowie die von präventiven wie auch interventiven Maßnahmen. Im weiteren Verlauf der Arbeit wird der Bezug zum Lehrerberuf bereits in der ersten Ausbildungsphase hergestellt.

3.2 Das Gesundheits-Krankheits-Kontinuum

Als allgemein anerkannt gilt, dass sich Menschen meist nicht in einem Status vollständiger Gesundheit oder Krankheit befinden, sondern auf einen Kontinuum zwischen diesen beiden Eckpunkten. So soll in den nächsten Unterkapiteln in salutogenetischer Tradition der Begriff Gesundheit näher eingegrenzt, aber auch der Themenbereich von Krankheit und Belastung thematisiert werden.

3.2.1 Gesundheit im Studium und Beruf

Eine allgemein gültige und anerkannte wissenschaftliche Definition von *Gesundheit* existiert so nicht. Die Weltgesundheitsorganisation WHO definiert 1948 in ihrer Präambel Gesundheit als einen „*Zustand vollständigen körperlichen, geistigen und sozialen Wohlbefindens und nicht nur die Abwesenheit von Krankheit und Gebrechen*“ (zit. n. Lehr 2011a, S. 704, Hervorh. i. Orig.). Im Einzelnen gehören dazu:

- ein stabiles Selbstwertgefühl,
- ein positives Verhältnis zum eigenen Körper,
- Freundschaften und soziale Einbindung,
- eine gesunde Umwelt, ein stabiles ökologisches System,
- sinnvolle Arbeit und gesunde Arbeitsbedingungen,
- ausreichender Zugang zur Gesundheitsvorsorge und
- eine lebenswerte Gegenwart und eine begründete Hoffnung auf eine lebenswerte Zukunft (vgl. Hillert/Marwitz 2006, S. 177).

An der Gesundheitsdefinition der WHO kann zum einen kritisiert werden, dass es sich bei Gesundheit nicht um einen *Zustand* bzw. etwas *Statisches* handelt, sondern als Zielsetzung immer wieder aufrechtzuerhalten oder neu zu erreichen ist. Es handelt sich also um einen *dynamischen Prozess*, der im Verhältnis von Risiken und Ressourcen entsteht. Ressourcen sind „Faktoren, die Personen in stressenden Situationen und Ereignissen widerstandsfähiger oder weniger verletzbar (invulnerabler) machen und die somit einen stresspuffernden Effekt haben und zur Aufrechterhaltung von Gesundheit beitragen“ (Houben 1999, S. 130). Zum anderen grenzt der Ausdruck *vollständiges Wohlbefinden* an Utopie, da dies weder subjektiv noch objektiv im-

mer erreichbar ist. Trotzdem können Menschen als gesund gelten (vgl. Waller 2006, S. 9ff.). Außerdem sollte Gesundheit stets im Zusammenhang mit dem biologischen Alter betrachtet werden, da sie altersabhängig unterschiedlich ausgeprägt ist (vgl. Berk 2005, S. 577f.). So ist im Durchschnitt davon auszugehen, dass jüngere Personen wie z.B. Studierende (noch) gesünder sind als ältere Mitmenschen.
Bezogen auf das *salutogenetische* Konzept nach Antonovsky (1987) steht v.a. der Blick auf die positiven gesundheitsförderlichen Funktionen der beruflichen Bildung und Arbeit im Mittelpunkt. Sein Kohärenz-Konzept, das die drei gesundheitsstabilisierenden Faktoren *Verstehbarkeit*, *Machbarkeit* und *Sinnhaftigkeit* als wesentlich betrachtet, ist auch für den Sozialpsychologen Frey (zit. n. Gerbert 2010, S. 103) ein bedeutsames Moment hinsichtlich des Phänomens eines stressbehafteten *Kontrollverlusts* im Ausbildungs- und Arbeitsprozess: „Umso wichtiger ist es, den Menschen Erklärbarkeit, Vorhersehbarkeit und Beeinflussbarkeit zu geben. Erklärbarkeit bedeutet, man muss den Sinn vermitteln. Wer Leistung fordert und Menschen belastenden und komplexen Situationen aussetzt, muss Sinn bieten: Hintergrundinformationen geben, über den Tellerrand hinaus informieren. Vorhersehbarkeit bedeutet ein Höchstmaß an Transparenz. Und Beeinflussbarkeit heißt, eben nicht mit der ‚Bombenwurfstrategie' zu arbeiten, sondern Menschen schon im Vorfeld einzubeziehen, das Pro und Contra zu diskutieren. Natürlich kommen noch Wertschätzung und Lob hinzu. Wenn Kritik, dann konstruktive Kritik. Außerdem ein gutes Betriebsklima, Fairness, und dass die Führenden ein gutes Vorbild abgeben" (ebd.). Demnach kommt es wesentlich auf eine konstruktive und reflektierte Führungskompetenz bei Leitungs- sowie Ausbildungspersonal und Mentoren an. Die Ursachen für den objektiv und allgemein angestiegenen Druck sieht Frey (vgl. ebd.) zum einen in den verdichteten und komplexer gewordenen Anforderungen von außen, zum anderen im gestiegenen Anspruchsniveau der einzelnen Person. Andererseits ist zu bedenken, dass ein Mangel an Sinnfindung, Unterforderung und Langeweile im beruflichen Kontext zum sog. *Boreout* oder einer *inneren* Kündigung führen können (vgl. Rothlin/Werder 2009; Fritzen 2010).
Die Steigerung des eigenen Wohlbefindens hingegen wird in der aktuellen Forschung zur Lehrergesundheit zentral (vgl. Lehr 2011a, S. 704). Bereits im Studium sollten die Gesundheitsförderung im Lehrerberuf sowie psychosoziale Kompetenzen verpflichtende Ausbildungsinhalte darstellen (vgl. Döring-Seipel/Dauber 2013; Samu 2013) Auch Keupp greift in seiner Identitätstheorie das salutogenetische Konzept auf, indem *Identitätsfindung als Lebensprojekt* angesehen wird, das immer wieder neu zu konstruieren ist. Diese Identitätsarbeit soll Lebenskohärenz erzeugen, wobei es insbesondere auf die Fähigkeit der *Selbstorganisation*, dem *Selbsttätigwerden* und der *Selbsteinbettung* ankommt (vgl. Keupp u.a. 2001). Diese Entwicklungsphase der Identitätsfindung und des Erwachsenwerdens – v.a. der Ablösung vom Elternhaus – von Studierenden wird im Kapitel zu den wissenschaftstheoretischen Zugangsweisen durch den entwicklungspsychologischen Ansatz weiter zu erläutern sein (vgl. Kap. 4.3).

3.2.2 Stressbelastung und Burnout

Bereits Studierende sind von den Phänomenen der Belastung durch Stress und des Burnouts betroffen. Humanwissenschaftlich wird der Begriff *Stress* zunächst jedoch neutral definiert als „die unspezifische Reaktion des Körpers auf jede Anforderung, die an ihn gestellt wird" (Selye 1977, S. 38). Es können in einer differenzierteren Sichtweise die Formen des *Distress* und *Eustress* unterschieden werden, je nachdem ob angenehme oder unangenehme Erfahrungen stressauslösend wirken. Stress ist daher zunächst nicht negativ, wichtig ist die ausgleichende Erholungsphase. Somit ist das Stressempfinden etwas sehr individuelles, was durch die subjektive

Bewertung Bedeutung als (un-)angenehm erhält (*transaktionale Ansätze* wie beispielsweise von LAZARUS 1999). Begrifflich wird Stress im Hinblick auf *auslösende Reize* im Sinne von *Beanspruchung* (*stress*) verwendet, wohingegen *Belastung* (*strain*) für die *Reaktionsseite* Anwendung findet (vgl. SCHMID 2003, S. 51).
Wenn in diesem Zusammenhang der Fokus dennoch auf ein mögliches krankheitsförderliches Verhalten gelegt wird, erhalten die Begriffe *Burnout* und *Coping* Bedeutung. Beide Begriffe sind nicht einheitlich definiert und sehr weitläufig. Im Falle von Burnout ist geradezu eine inflationäre und unwissenschaftliche Begriffsverwendung festzustellen (vgl. JERICH 2008). Da keine eindeutigen individuellen Diagnosekriterien von Burnout vorhanden sind, ist es auch nicht in der DSM-IV aufgeführt. Ebenso stellt es nach der ICD-10-Klassifikation kein eigenes Krankheitsbild dar. Burnout wird lediglich in einer Zusatzkategorie im Kapitel XXI angeführt:

> „Faktoren, die den Gesundheitszustand beeinflussen und zur Inanspruchnahme von Gesundheitsdiensten führen
>
> Z73 Probleme verbunden mit Schwierigkeiten bei der Lebensbewältigung
>
> Z73.0 Erschöpfungssyndrom (Burnout-Syndrom)" (DILLING/MOMBOUR/SCHMIDT 2005, S. 343).

Burnout zeigt sich also als ein Faktor, der den Gesundheitszustand beeinflusst und zur Inanspruchnahme des Gesundheitswesens führt, aber nicht als klinisch bedeutsames Leiden. Wichtig ist hierbei die *Dauer* der einzelnen Symptome, da diese auch kurzfristig auftreten und eine völlig normale Reaktion der Person auf Stress und Belastung sein können. Bezogen auf Studierende ist es von großem Forschungsinteresse, ob die Reaktion auf stressbehaftete Situationen im Studium und Praktikum in einem vertretbaren Rahmen liegt oder schon in Richtung gesundheitsgefährdende Bewältigungsstrategien und Burnout weist. Insgesamt können im wissenschaftlichen Verständnis folgende *sieben zentrale Merkmale von Burnout* auf der Ebene der Persönlichkeit spezifiziert werden (vgl. zusammenfassend SCHMID 2003, S. 98f.):

- Erschöpfung,
- Depersonalisierung,
- häufig in Bezug auf die Arbeit mit Menschen beschrieben, also auf den personalen Dienstleistungsbereich (*helfende Berufe*) eingegrenzt,
- ein fortschreitender Verlauf mit verschiedenen Phasen,
- negative Veränderungen in der Reaktion auf die jeweiligen Arbeitsanforderungen,
- negative Veränderungen in der Zufriedenheit mit sich selbst und der eigenen Leistung bzw. dem eigenen Leistungsvermögen sowie
- individuelle Persönlichkeitsmerkmale.

Zum Teil werden die Symptomatiken auch mit dem *Helfersyndrom* umschrieben (vgl. SCHMIDBAUER 2007). Die aufgezeigte begriffliche Unschärfe von Burnout ist einerseits dadurch gekennzeichnet, dass keine allgemein akzeptierte Definition durch Leitsymptome, Ein- oder Ausschlusskriterien vorliegt. Andererseits stellt Burnout im Gegensatz zur Depression keine Erkrankung dar: „Vielmehr werden mit Depressivität bzw. Depression schon alle Symptome bzw. das Syndrom des Burnouts vollständig beschrieben" (LEHR 2011a, S. 697). Allerdings gilt das populäre Burnout-Konstrukt im Vergleich zur Depression als weniger pathologisch konnotiert bzw. stigmatisierend: „‚Ausgebranntsein' impliziert hohe vorherige berufliche Leistungen, sodass sich der Betroffene weiterhin als Mitglied der Leistungsgesellschaft fühlen darf" (a.a.O., S. 696).

Auch eine *psychoanalytische* Sichtweise bestätigt den Zusammenhang von depressiven Persönlichkeitsstrukturen mit „helfenden" Berufen:

> „*Depressiv Strukturierte* findet man gehäuft in den so genannten helfenden Berufen. Sie möchten für andere Menschen da sein und für sie arbeiten. In der Psychotherapie spricht man oft von einer Helferhaltung, was eigentlich nicht korrekt ist. Die Helferhaltung hat eher etwas mit der Zwangsstruktur zu tun. Der Helfer gewinnt Macht über den, dem er hilft. Bei depressiv Strukturierten wäre es richtiger, von einer „Opferhaltung" zu sprechen. Depressiv Strukturierte in den so genannten helfenden Berufen opfern ihre eigenen Interessen und ihre Freizeit im Einsatz für ihre Klienten oder Patienten [...] Depressiv Strukturierte wollen nicht nur im Privatleben geliebt werden, sondern auch im Beruf. Dafür tun sie viel. Das kann bis zur Erschöpfung führen. Depressiv Strukturierte sind besonders Burnout-gefährdet" (König 2011, S. 80f., Hervorh. i. Orig.).

Jerich (2008, S. 183) hebt neben individuellen Determinanten von psychosomatischen Erkrankungen bzw. Burnout v.a. sozialtheoretische (Fehlen eines idealistischen Sinns), institutionelle (Wertkonflikte) und interpersonelle (fehlende Fairness, keine Gemeinschaft, Mobbing) Determinanten hervor, die zu Depersonalisation und Entfremdung führen. Da das heil- bzw. sonderpädagogische Arbeitsfeld auch zu den helfenden Tätigkeiten zu zählen ist, können Burnout und Depression schon im Hinblick auf die berufliche Bildung ein Thema sein. Allerdings besteht hier außerdem die Gefahr, dass ein zuviel an Idealismus bzw. Realitätsferne zusätzlich krankheitsfördernde Wirkung zeigen kann und dann eben keinen Schutzfaktor darstellt (vgl. den Diskussionsteil der vorliegenden Arbeit, Kap. 7).

3.2.3 Coping

Mit Blick auf das Lehramtsstudium ist zu fragen, wie Studierende stressbehaftete Situationen im Rahmen ihres Studiums oder ihrer Praktika bewältigen. So wird der Begriff der *Bewältigung* im Englischen mit *Coping* übersetzt und kann für die Auseinandersetzung und Bewältigung von Belastungen, die keine automatischen Reaktionen sind, stehen. Lazarus/Folkman (1987, S. 153) unterscheiden folgende acht *Copingstile* und *-strategien*:

- Selbstkontrolle *(self-control)*,
- kognitive Distanzierung *(distancing)*,
- konfrontative Bewältigung *(confrontive coping)*,
- Suche nach sozialer Unterstützung *(seeking social support)*,
- Übernahme von Verantwortung *(accepting responsibility)*,
- Flucht-Vermeidung *(escape-avoidance)*,
- problembezogene Lösungsversuche *(planful problem-solving)* und
- positive Neueinschätzung (positive reappraisal).

Zudem ist es bedeutsam für den Bewältigungsprozess, ob er auf die *Veränderung der Problemlage* (*problem-focused coping*, insrumentell) oder einer Verbesserung der *emotionalen Befindlichkeit* (*emotion-focused coping*, palliativ) abzielt. Je nach Annäherungs- bzw. Vermeidungstendenz (*approach* versus *avoidance*) können die konkrete Informationssuche, direkte Handlungen, die Unterdrückung von Handlungen sowie intrapsychische Prozesse ausgelöst werden (vgl. Czerwenka 1996, S. 307f.). So ist schließlich zwischen gesundheitsförderlichem, dem *funktionalen Coping* und einem eher gesundheitsabträglichen Bewältigen, dem *dysfunktionalen Coping*, zu unterscheiden (vgl. Dückers-Klichowski 2005, S. 5). In diesem Sinne sind Burnout und Depression – evtl. bereits im Studium – zu einem dysfunktionalem Coping zu zählen. An dieser

Stelle könnten Maßnahmen der Prävention und Intervention (vgl. Kap. 3.2.4) als notwendig und sinnvoll erscheinen.

3.2.4 Prävention und Intervention

Die Unterscheidung nach *primärer*, *sekundärer* und *tertiärer Prävention* geht ursprünglich auf Caplan (1966) zurück: Der Entstehungskontext dieser Einteilung bezieht sich auf die Möglichkeiten der gemeindepsychiatrischen Versorgung im US-amerikanischen Raum, speziell auf die Integration von Psychiatriepatienten in ihre Gemeinde (vgl. Caplan 1982, S. 15ff.). Im Sinne der Belastungsforschung fokussiert *primäre Prävention* beispielsweise durch Gesundheitsprogramme und Vorsorgeuntersuchungen breite Zielgruppen und strebt die Senkung der Rate von Neuerkrankungen an. Um das Fortschreiten und die Manifestation gesundheitlicher Schädigungen zu vermeiden, richtet sich die *sekundäre Prävention* an gesundheitliche Risikogruppen. Erkrankungen sollen früh erkannt sowie zeitnah behandelt werden. Zielgruppe der *tertiären Prävention* sind bereits erkrankte Personen. Die Behandlung der Erkrankung, die Minimierung schon eingetretener Beeinträchtigungen und die Förderung des Umgangs mit erkrankungsbedingten Problemen im Sinne sowohl der Rückfallprophylaxe als auch der Rehabilitation stehen hierbei im Mittelpunkt (vgl. Lehr 2011b, S. 710). Festzustellen ist, dass Maßnahmen auf der Ebene der sekundären und tertiären Prävention bereits *Interventionscharakter*, also einen eingreifenden Impetus, besitzen (vgl. Sander 2007, S. 211). Intervention bedeutet eine „[a]llgemeine Bezeichnung für Maßnahmen, die durch gezieltes Eingreifen in Organismen, soziale oder technische Systeme dem Auftreten von Störungen vorbeugen, Störungen beheben und ihre Folgen eindämmen sollen. In der medizinischen und psychologischen Gesundheitsversorgung zählen hierzu neben Therapie bzw. Psychotherapie alle Maßnahmen der Prävention und Rehabilitation" (Fröhlich 2008, S. 266). Der Begriff der Intervention ist also umfassender als der der Prävention, da er auch Maßnahmen beinhaltet, die nicht nur der Vorbeugung dienen. Dementsprechend können Gesundheitsprogramme sowohl als Präventions- als auch als Interventionsprogramm gelten.

Ein solches auf den Lehrerberuf und die Lehramtsausbildung bezogenes Präventions- bzw. Interventionsprogramm wird mit *AGIL* (*Arbeit und Gesundheit im Lehrerberuf*) an der Medizinisch-Psychosomatischen Schön Klinik für psychosomatisch erkrankte Lehrkräfte entwickelt sowie evaluiert (vgl. Hillert/Koch 2007; Hillert/Koch/Hedlund 2007; Lehr/Sosnowsky/Hillert 2007; Hillert u.a. 2012). Die Eichstichproben wie auch Auswertungsnormen beziehen sich diagnostisch u.a. explizit auf Studierende des Lehramts in Deutschland bzw. Österreich und kommen daher adressatengerecht methodisch in die engste Auswahl (vgl. Kap. 5.2). *AGIL* insgesamt steht in diesem Zusammenhang für *A*rbeit und *G*esundheit *i*m Lehrerberuf und ist in die vier Module *Basismodul* (Stress-Thematik), *Modul Denkbarkeit* (Kognitionsmodul), *Modul Möglichkeiten* (Handlungskompetenz) bzw. *Modul Erholung* (Work-Life-Balance) aufgeteilt (vgl. Hillert u.a. 2012, S. 31ff.). Diese vier Module samt den *Zusatzmodulen* (vgl. a.a.O., S. 136ff.) sind im dazugehörigen Manual mit vielfältigen Arbeitsblättern aufgeführt. Eine für Studierende leicht modifizierte Version kann auch im Hochschulbereich eingesetzt werden (vgl. Weindl 2010). Im *AGIL-Basismodul* wird ein grundlegendes Wissen zum Thema *Stress* sowie *Achtsamkeit* vermittelt. Die drei inhaltlichen Module liegen auf einer Metaebene und sollen von *Undenkbarkeit* zu *Denkbarkeit*, von *Unmöglichkeit* zu *Möglichkeit* und von *Unerholung* zu *Erholung* hinführen. Die *Zusatzmodule* befassen sich v.a. mit einer positiven *Wertschätzung* und dem *Sinn* von beruflicher Arbeit (vgl. Hillert u.a. 2012). Insgesamt zeigt sich das *AGIL-Programm* bezogen auf den Lehrerberuf sowohl präventiv als auch inter-

ventiv und in einer höchst aktivierenden Weise *lösungs-* bzw. *handlungsorientiert*. Zusätzliche Anregungen bieten ebenfalls weitere Präventions- bzw. Interventionsprogramme wie z.B. das aus der Potsdamer Lehrerstudie entstandene *Potsdamer Trainingsmodell* (vgl. ABUJATUM u.a. 2007), der *Personen-in-Situationen-Ansatz* (PISA) (vgl. PAULUS/SCHUMACHER 2007) oder das *Zürcher Ressourcenmodell* (ZRM) (vgl. STORCH/KRAUSE/KÜTTEL 2007). Eine Zusammenschau praxisbezogener Präventions- und Interventionsmaßnahmen für den schulischen Bereich in Aus-, Fort- und Weiterbildung liefert auch HEDDERICH (2011, S. 69ff.).
Um Aussagen zur *Eignung* für den Lehrberuf zu treffen, sind nicht nur gesundheitförderliches Bewältigungsverhalten in beruflichen Situationen bzw. eine Widerstandsfähigkeit gegenüber Belastungen erforderlich, sondern auch bestimmte Kompetenzen bzw. das Erreichen von definierten Standards in einer Lehr-Lern-Situation.

3.3 Zwischenfazit

Die Frage nach der Eignung für das Studium wie für den späteren Beruf umfasst zum einen bestimmte Kompetenzen und zum anderen das Erfüllen bestimmter Standards. Die aus dem deutschsprachigen bzw. angelsächsischen Raum stammenden *Kompetenz- und Standardmodelle* zeigen *vier* grundlegende themenbezogen relevante *Funktionen* von Professionsstandards auf: die *Normierung* innerhalb der Lehrerbildung, die *Verzahnung und Kooperation zwischen den verschiedenen Phasen* der Lehrerbildung, die *Leistungsbeurteilung* in der Aus-/Fort- und Weiterbildung von Lehrkräften sowie die *Unterstützung der Professionsentwicklung*. Ebenso können *vier Basis-Kompetenzfelder* benannt werden: *die Fach-/Methoden-/Sozial- und Personalkompetenz*. Die vorliegende Arbeit bezieht sich auf den Bereich der personalen Kompetenz, speziell in Hinblick auf das sonder- bzw. heilpädagogische Arbeitsfeld. Weiter zeigen sich *vier (sonder-) pädagogische Handlungsfelder*: *Unterrichtmethodik bzw. -management*, das *Klassenmanagement*, die *Diagnose und Förderung* sowie schließlich die *Schulentwicklung samt Umfeld*. *Grenzen* in der Umsetzung stellen häufig die Rahmenbedingungungen vor Ort dar, z.B. bezogen auf den Hochschulbereich der Bologna-Prozess.

- Heil- und sonderpädagogische Kompetenzen sind bezogen auf das Arbeitsfeld der Schule zunächst in denen der allgemeinen (Schul-)Pädagogik verankert. Darüber hinaus ist sonderpädagogische Professionalität durch *weitere* Kompetenzbereiche und eine andersartige Gewichtung *bestimmter* Kompetenzen gekennzeichnet. Besonders kommt dies *methodisch-didaktisch* bezogen auf den *gemeinsamen bzw. inklusiven Unterricht* zum Ausdruck sowie im Bereich der sonderpädagogischen *Diagnostik, Planung, Durchführung und Evaluation der Fördermaßnahmen* beim Auftreten (gravierender) Lernschwierigkeiten. Ebenso sind erhöhte *erzieherische bzw. sozialpädagogische Kompetenzen* nötig, um konstruktiv mit sozialer Benachteiligung, Armut und Ausgrenzung umgehen zu können. In der interdisziplinären Zusammenarbeit zeigt sich außerdem ein erhöhter Bedarf sowohl an *kooperativen Kompetenzen* als auch an sonderpädagogischer *Beratungskompetenz und professioneller Gesprächsführung*. Um angesichts sozialer Bildungsungerechtigkeit handlungsfähig zu bleiben, benötigen Lehrkräfte zudem ein hohes Maß an *Ambiguitätstoleranz* und die Fähigkeit zur ständigen *(Selbst-)Reflexion*. Zum Aufbau eines inklusiven Bildungssystems ist nicht zuletzt auf das spezielle *heil- und sonderpädagogische Berufsethos* einzugehen: Heil- und Sonderpädagogen sehen sich quasi als Anwälte für benachteiligte bzw. ausgegrenzte Kinder und Jugendliche und daher mit einem *Mandat* belegt, deren Recht auf Bildung und umfassender Teilhabe an der Gesellschaft zu ermöglichen. So kann die Moralität eines Pädagogen selbst als ein Aspekt seines Kompetenzprofils gelten. Diese hohen und z.T. idealistischen Ansprüche und Anforderungen an Heil- und Sonderpädagogen können auch an deren Belastungsgrenzen gehen, weshalb die gesundheitliche Prävention bzw. Intervention zu thematisieren ist.

- Für den Begriff der *Gesundheit* gibt es keine allgemeingültige Definition. Gesundheit ist eher als ein *Kontinuum* zwischen den beiden Polen der Krankheit und des vollständigen körperlichen, geistigen und sozialen Wohlbefindens aufzufassen. Sie stellt einen dynamischen Prozess im Verhältnis von Risiken und Ressourcen dar und ist in der Bewertung äußerst subjektiv wie auch altersabhängig. Die Modediagnose *Burnout* stellt kein eigenes Krankheitsbild dar, sondern steht in Zusammenhang mit Depression und Angst. Die *individuelle Bewertung* bzw. *individuelle Bewältigung (Coping)* ist hier ausschlaggebend. *Präventive sowie interventive Maßnahmen* in Bezug auf die persönliche Gesundheit sind insbesondere für den Lehrerberuf von großer Bedeutung, möglichst schon während des Lehramtsstudiums.

4 Theoretische Grundlagen sonderpädagogischer Professionalität

In den 1980er Jahren tritt im Professionalitätsdiskurs der Erziehungswissenschaften insofern ein Perspektivenwandel ein, als dass berufssoziologische Lehren aus den 1960er und 1970er Jahren von professions- und professionalisierungstheoretischen Überlegungen abgelöst werden (vgl. Dlugosch/Reiser 2009, S. 93). Inzwischen wird eine Diskussion darüber geführt, die „nicht mehr die sozialen Probleme der Verberuflichung und die akademische Aufwertung der Tätigkeit, sondern die Strukturprobleme professionellen Handelns ins Zentrum der Aufmerksamkeit rückt" (Dewe 2005, S. 257). So stehen sich in den Bereichen des Lernens, Lehrens und der Bildung Wissenschaftstheorie und Praxisfeld häufig fremd gegenüber. Der viel beschworene Theorie-Praxis-Austausch – beispielsweise auf das Studium der Lernbehindertenpädagogik an der Universität und die Praktika an Sonderpädagogischen Förderzentren bezogen – gestaltet sich besonders mit der Erwartung der *Innovation* meist als schwierig. Reinmann (2007, S. 203) veranschaulicht dieses *Spannungsverhältnis zwischen Wissenschaft und Praxis* sehr treffend, vgl. folgende Tabelle:

Tab. 3: Beispielhafte Gegenüberstellung von Wissenschaft und Praxis (in Anlehnung an Reinmann 2007, S. 203)

Wissenschaft (Wahrheit als Maßstab)	**Praxis (Brauchbarkeit als Maßstab)**
Scientific Community als relativ geschlossene Gruppe mit explizitem Regelwerk, Zugangsbarrieren und hoher Identifikation; z.B.: Forschungs- und Lehreinheiten an der LMU München, speziell der Abteilung Präventions-, Integrations- und Rehabilitationsforschung.	*Praxisgemeinschaften* als relativ vielfältige und heterogene Gruppen mit impliziten Regeln und Offenheit für situative Anforderungen; z.B.: Sonderpädagogische Förderzentren und allgemeine Schulen in Bayern.
Fiktives Marktgeschehen mit selbst gesetzten, handlungsleitenden Normen und Kriterien ohne Kontakt zum „Endkunden"; z.B.: Weitgehend selbst festgesetzte Forschungs- und Lehrinhalte wie das EGIS-L-Projekt.	*Reales Marktgeschehen* mit dem Nutzen oder Ressourcenverbrauch als handlungsleitendes Interesse und der letztlichen Entscheidung durch den „Endkunden"; z.B.: Je nach Einstellungssituation gesunde, belastbare und für die Erziehung bzw. Bildung geeignete junge Lehrkräfte.
Wertesystem: Reine Erkenntnis versus Nutzen als Streitpunkt von Wissenschaft und Forschung mit stark ausgeprägtem Dissens; z.B.: Konkurrierende, unterschiedliche Forschungstraditionen in der (Sonder-)Pädagogik bzw. Psychologie.	*Bedarfssystem:* Praktische Problemlösung versus Reformen (Störung) als potentieller Streitpunkt mit schwach ausgeprägtem Dissens; z.B.: Je nach Bildungpolitik und schul- bzw. berufsspezifischen Anforderungen pragmatisch vorgehende Lehrkräfte.

Diese beispielhafte Gegenüberstellung wesentlicher und unterschiedlicher Kennzeichen von Wissenschaftstheorie und Praxisfeld lassen vorprogrammierte Schwierigkeiten für den erwünschten Theorie-Praxis-Austausch (und umgekehrt) vermuten. Trotzdem wird in der vorliegenden Arbeit das Ziel verfolgt, neue praxisrelevante Erkenntnisse wissenschafts- und for-

schungstheoretisch gestützt zu Gunsten aller am Hochschulbetrieb involvierter Personen zu erarbeiten, insbesondere der Studierenden der Lernbehindertenpädagogik. Im Sinne von Reinmann (a.a.O., S. 217f.) sollen unter Berücksichtigung von Natur-, Geistes- und Ingenieurwissenschaften sowohl Orientierungs-, Entwicklungs- als auch Handlungsziele (*Sense, Setting und Standards)* erforscht und innovativ formuliert werden.
Im Folgenden geht es zunächst darum, den wissenschaftstheoretischen Zugang von der Pädagogik bei Lernschwierigkeiten her unter besonderer Berücksichtigung einer ökologischen sowie integralen Sichtweise darzustellen und auf die Professionalisierung von (Lernbehinderten-) Pädagogen zu übertragen. Da sich die geplante Studie auf Studierende der Lernbehindertenpädagogik bezieht, müssen spezielle Erkenntnisse aus der Entwicklungspsychologie hinsichtlich der Lebensphase, in der sich die Studierenden zum Befragungszeitpunkt gerade befinden, als inhaltliche Ergänzung aufgeführt werden. Außerdem kann es während der Ausbildung zum Sonderpädagogen in dieser ersten Professionalisierungsphase zu Blockaden, Verzögerungen und Umwegen kommen. Deshalb ist auf aktuelle Ansätze der Belastungsforschung möglichst schon im Bereich des Studiums einzugehen.
Die im Folgenden angeführten wissenschaftlichen Zugangsweisen aus der Lernbehindertenpädagogik, Entwicklungspsychologie und Belastungsforschung dienen als Grundlage für die Hypothesenstrukturierung, die Auswahl der Untersuchungsmethodik und die Diskussion der Ergebnisse dieser Arbeit.

4.1 Professionstheorie in der Pädagogik bei Lernschwierigkeiten

Die theoretischen Grundlagen und Begründungszusammenhänge einer Pädagogik bei Lernschwierigkeiten rekurrieren v.a. auf das materialistische, interaktionistische, systemtheoretische und ökologische Paradigma (vgl. Heimlich 2009, S. 207). Auch die Thematik der Gesundheit und Eignung von Studierenden der Lernbehindertenpädagogik kann auf die benannten Paradigmata bezogen werden.
Das *materialistische Paradigma* lässt sich auf Ludwig Feuerbach (1804–1872) zurückführen, in der Weiterentwicklung auf Karl Marx (1818–1883) und Friedrich Engels (1820–1895) (vgl. ebd.). Diese philosophischen Richtung untersucht die materiellen Grundlagen des menschlichen Denkens und der gesellschaftlichen Entwicklung (vgl. a.a.O., S. 206f.). Bezogen auf die Lehrerbildung lässt sich unter materialistischer Perspektive beispielsweise die Tatsache aufgreifen, dass in Deutschland nach wie vor Studierende aus bildungsfernen bzw. Arbeitermilieus an Universitäten unterrepräsentiert sind (vgl. Müller/Pollack 2010; OECD 2012). Diese materialistische Perspektive stellt für das Forschungsprojekt *EGIS-L* jedoch keinen wesentlichen Faktor dar, weshalb hier nur kurz auf dieses wissenschaftstheoretische Modell eingegangen wird. Allerdings sollen sich Studierende im Sinne der *Zone der nächsten Entwicklung* (ZNE) nach Lev S. Vygotskij (1896–1934) (vgl. Vygotskij 2002) professionstheoretisch und -praktisch nach ihren persönlichen Möglichkeiten weiterentwickeln. Daher beleuchtet das Unterkapitel 4.3 v.a. die spezielle Situation von *Menschen im frühen Erwachsenenalter* in der Ausbildungsphase zusätzlich aus der entsprechenden *entwicklungspsychologischen Perspektive.*
Das *interaktionistische Paradigma* ist auf den amerikanischen Soziologen George Herbert Mead (1863–1931) zurückzuführen und befasst sich explizit mit zwischenmenschlichen Beziehungen (vgl. Heimlich 2009, S. 211). Im Vordergrund steht hierbei die Kommunikation als ein Spezialfall der Interaktion, wobei die Menschen gesellschaftliche Rollen übernehmen und mit den Erwartungshaltungen anderer konfrontiert werden. Hier sind unter Professionalisierungsaspekten die Interaktionen von Studierenden in ihrem beruflichen wie auch privaten

Umfeld zu analysieren, z.B. die Peers bzw. Kommilitonen, das Hochschulpersonal, die Praktikumslehrkräfte, Schüler, Beratungspsychologen. Zur Herausbildung einer eigenständigen Persönlichkeit hat eine Person zudem die Aufgabe, ein *Gleichgewicht zwischen Fremd- und Selbstansprüchen* herzustellen. Wer sich allein nach den Erwartungen Fremder richtet, dem bereitet die Entwicklung der eigenen Identität Schwierigkeiten. Würde man aber nur die eigenen Erwartungen beachten, wäre die Sozialfähigkeit und damit die zwischenmenschlichen Kontakte in Frage gestellt. Daher unterscheidet der (symbolische) Interaktionismus zum einen die *personale Identität*, die ein Werk der Person selbst ist und zum anderen die *soziale Identität*, die durch Fremdwahrnehmung entsteht (vgl. a.a.O., S. 212f.). So benötigen auch Studierende die Fähigkeit, sich in andere Menschen hineinzuversetzen (*Emphatie*), mit paradoxen Erwartungshaltungen umzugehen (*Ambiguitätstoleranz*) sowie sich von eingenommenen Rollen auch wieder zu lösen (*Rollendistanz*) (vgl. a.a.O., S. 213). Aus der Perspektive des Interaktionismus spielen die interaktiven Prozesse professionellen Handelns eine große Rolle, was wiederum einfacher für eine empirische Erkenntnisgewinnung ist (vgl. Lindmeier/Lindmeier 2007, S. 215). Wie im Methodikteil dieser Arbeit in Kapitel 5.2 näher zu entnehmen ist, wird im Forschungsprojekt EGIS-L sowohl die Fremd- als auch die Selbstwahrnehmung untersucht, damit beide Perspektiven Berücksichtigung finden können.

Weiter ist – bezogen auf das Forschungvorhaben – das System der Schule sowie Hochschule näher zu betrachten. Als ein Hauptvertreter des hierbei angesprochenen *systemtheoretischen Paradigmas* gilt Niklas Luhmann (1927–1998) (vgl. Heimlich 2009, S. 215). Der Begriff des Systems umfasst hier die sozialen Einheiten einer Gesellschaft, die durch Ausdifferenzierung entstehen und bestimmte Zwecksetzungen verfolgen, wie beispielsweise die Bildung und Erziehung zukünftiger Generationen. Moderne Gesellschaften bringen zahlreiche soziale Teil-/Systeme hervor, die die Komplexität gesellschaftlicher Prozesse erhöhen. Die daraus entstehenden vielfältigen Informationen, Verflechtungen und Wechselwirkungen stellen einen bedeutenden Unsicherheitsfaktor dar, was Vorhersagen zukünftiger Geschehnisse und Entwicklungen betrifft (vgl. a.a.O., S. 216). Tendenziell kommt es zur Ausdifferenzierung eines Systems in weitere Teilsysteme, wobei es fortlaufend der Reduktion gesellschaftlicher Komplexität auf übersichtliche und vertraute Teilgebiete bedarf. Die Teilgebiete allerdings sind in sich geschlossen, entwickeln eine Eigendynamik und werden als *selbstreferentielle Systeme* bezeichnet (vgl. ebd.). Das Bildungswesen und die Ausbildung von (Sonder-) Pädagogen ist somit als ein gesellschaftliches Teilsystem anzusehen, bei dem v.a. „face-to-face-Interaktionen" (Lindmeier/Lindmeier 2007, S. 215) eine Rolle spielen, also der direkte Kontakt zwischen Personen und deren Kooperation. In Bezug auf die Professionsdebatte wird demnach eine Vermittlung zwischen dem Professionellen (und dessen Zwecksetzung), dem Klienten (und dessen Einstellung) sowie dem sachlichen Gehalt notwendig (vgl. ebd.). Im Studium der Heil- bzw. Sonderpädagogik sind hier insbesondere der Aufbau des Studiengangs und die Auswirkung des Bologna-Prozesses auf die Situation der Lehrerbildung an Universitäten von großem Interesse (vgl. Kap. 7).

Das *ökologische Paradigma* ist wegen der Berücksichtigung von sozialen Situationen insgesamt für Forschungsvorhaben als sehr bedeutsam zu bewerten und geht auf den amerikanischen Psychologen Urie Bronfenbrenner (1917–2005) zurück (vgl. Heimlich 2009, S. 219f.). Dessen Umweltstrukturmodell unterscheidet folgende Interaktionssysteme (Bronfenbrenner 1989, S. 38ff.):

- *Mikrosystem*: Interaktion eines Menschen mit seiner unmittelbaren Umwelt (z.B. Familie, Wohngemeinschaft, in Seminaren an der Universität, in der Praktikumsklasse);

- *Mesosystem*: Wechselbeziehungen zwischen den wichtigsten Lebensbereichen mit unmittelbaren Interaktionen mit Personen (z.B. Theorie-Praxis-Austausch von Seminaren an der Universität mit dem konkreten Handeln vor Ort an der Praktikumsschule);
- *Exosystem*: Lebensbereiche, an denen die Person in der Regel nicht mehr aktiv beteiligt ist (z.B. öffentliche Institutionen wie Schule und Hochschule, Behörden oder Massenmedien);
- *Makrosystem*: gesamtgesellschaftliche Ebene (kulturelle Maßstäbe, Weltanschauungen, Ideologien etc.);
- *Chronosystem*: Zeitebene (Veränderung der jeweiligen Konstellation der Umweltebenen bezogen auf eine Person im Verlauf der Biografie).

Auch die Professionalisierung angehender Sonderpädagogen kann umfassend auf der Grundlage dieser Einteilung untersucht und reflektiert werden. Daher sind die Fragestellungen und Hypothesen im Forschungsteil dieser Arbeit entsprechend auf das Umweltstrukturmodell nach Bronfenbrenner (1989) bezogen. Wie bereits vorher beschrieben, geht es in dieser Arbeit besonders um die berufliche und persönliche Entwicklung von Studierenden, die neben den objektiven Ausschnitten der (Hochschul-)Umwelt *(setting)* v.a. auch auf die Wahrnehmung *sozialer Situationen* (sog. *Interaktionssysteme*) abhebt. Für Bronfenbrenner ist Entwicklung eine „dauerhafte Veränderung der Art und Weise, wie die Person die Umwelt wahrnimmt und sich mit ihr auseinandersetzt“ (a.a.O., S. 19). Bezogen auf das Makrosystem ist festzustellen, dass hier spirituelle Aspekte oder auch eine integrale Sichtweise verortet werden können. Allerdings liegt die Betonung des ökologischen Ansatzes auf den Umweltaspekten in der Außenperspektive, weniger in der Innenperspektive der einzelnen Person. Diesem Defizit soll in Kapitel 4.2 zum sog. *integralen Ansatz* begegnet werden.
Der erkenntnistheoretische Diskurs in der Pädagogik bei Lernschwierigkeiten ist insgesamt zwischen Realismus und Konstruktivismus anzusiedeln (vgl. Heimlich 2009, S. 223). Daher sind sowohl die möglichst realen Bedingungen für universitäres Lernen samt den Belastungen, als auch die Perspektive des einzelnen Subjekts, respektive des Studierenden, im Sinne eines *kritischen* Pragmatismus (vgl. a.a.O., S. 225) zu erfassen.

4.2 Integraler Ansatz

Im Studium wie auch in der beruflichen Ausbildung erweitern junge Erwachsene optimalerweise ihre sogenannten *Möglichkeitsräume* (vgl. Kiel 2007, S. 57). Die Entwicklung und Erforschung dieser Möglichkeitsräume liegt auch hier im besonderen wissenschaftlichen Interesse. Für die Systematisierung von Handlungsmöglichkeiten bzw. -räumen bietet sich das epistemologische Konzept des amerikanischen Philosophen Ken Wilber (1999, S. 42ff.) an. Er unterscheidet entsprechend einer langen philosophischen Tradition zunächst zwischen einer inneren und einer äußeren Welt. Zur *inneren Welt* hat nur das Subjekt, das „Ich“ Zugang, weshalb darunter individuelle Ziele, Motive, Emotionen oder Wissensbestände zu verstehen sind (vgl. Tab. 4: 1. Quadrant, linke Seite oben). Im Sinne von Ko-Konstruktionen umfasst diese innere Welt nicht nur die subjektive Konstruktion von Wirklichkeit, sondern auch die innere Welt verschiedener Subjekte, d.h. die inter-subjektive bzw. „kollektive“ Welt des „Wir“, die z.B. alle kulturellen Übereinkünfte und Normen beinhaltet (vgl. Tab. 4: 2. Quadrant, linke Seite unten). Die *äußere Welt* ist ebenfalls in eine individuelle sowie kollektive, also mehrere Subjekte betreffende Welt, eingeteilt. Im Bereich des „Es“ der objektiven Welt sind alle mess- und beobachtbaren individuellen Phänomene angesprochen (vgl. Tab. 4: 3. Quadrant, rechte Seite oben). Unter der interobjektiven äußeren Welt ist das kollektive „Es“ zu verstehen, das „funktionelle Passen“

in ein System (vgl. Tab. 4: 4. Quandrant, rechte Seite unten). Dieses funktionelle Passen wird meistens als Erkenntnisperspektive vernachlässigt. Zusammenfassend veranschaulicht WILBER (1999, S. 43) die vier unterschiedlichen Zugangsweisen zur Wirklichkeit in seinem Quadrantenmodell (vgl. Tab. 4).
Auch für die Wissenschaft und Forschung wäre die Berücksichtigung aller vier Quadranten bzw. Erkenntnisperspektiven wünschenswert – der individuell-subjektiven und objektiven Welt ebenso wie der kollektiv intersubjektiven sowie kollektiven interobjektiven Welt des funktionellen Passens. WILBER (1999, S. 37) nennt dies einen *integralen Ansatz*.
Dieser integrale epistemologische Ansatz kann auch als eine Ergänzung der „Theorie kommunikativen Handelns" von JÜRGEN HABERMAS (1995) gelten, in der er zwischen einer „subjektiven", „sozialen" und „objektiven" Welt unterscheidet, aber die Welt des funktionalen Passens vernachlässigt (vgl. KIEL 2007, S. 58). ZIERER (2009, S. 933) ordnet den integralen Ansatz von KEN WILBER als einen „aktuellen philosophischen, wenn auch streitbaren Ansatz zur Eklektik" ein. Daraus können folgende Grundhaltungen eines Eklektikers abgeleitet werden: die *Offenheit, Toleranz, Mäßigung und Bescheidenheit* (a.a.O., S. 941f.). In KEN WILBERS Worten ausgedrückt: *„Niemand ist also im Besitz einer Wahrheit*, sondern lediglich von graduellen Unwahrheiten"(WILBER 2007, S. 340; Hervorh. i. Orig.).
Was bedeutet das Konzept WILBERS (1999) nun konkret für das Erforschen von Studierenden bzw. des Studium der Lernbehindertenpädagogik?

Tab. 4: Forschungsbeispiel bezogen auf den Studienkontext der Lernbehindertenpädagogik, strukturiert im Sinne des Vier-Quadranten-Modells nach Wilber (1999, S. 42ff.)

1. Quadrant: Individuell-Innen („Ich", subjektiv: das Innere des Individuums z.B. Absicht, Selbst, Bewusstsein) z.B.: Motive und Intentionen des Studierenden sowie der Dozenten oder Schüler im Praktikum sind unbekannt und können variieren.	**3. Quadrant:** Individuell-Außen („Es", subjektiv: das Äußere des Individuums, z.B. Verhalten, Gehirn, Organismus) z.B.: Die Anzahl der mündlichen Beiträge im Seminar sind beobacht- und messbar. Das Feedback des Dozenten varriiert je nach Kontext und kann nicht als allgemeingültig abgeleitet werden.
2. Quadrant: Kollektiv-Innen; („Wir", inter-subjektiv: das Innere des Kollektivs, z.B. Kultur, Weltanschauung) z.B.: Das Leistungsprinzip in Konkurrenz zum Prinzip des Förderns und Nicht-Selektierens innerhalb westlicher Bildungseinrichtungen.	**4. Quadrant:** Kollektiv-Außen („Es", inter-objektiv: das Äußere des Kollektivs, z.B. Soziales, soziale Systeme, Umwelt) z.B.: Wenn Studierende Schwierigkeiten haben, sich mit dem Dozent zu duzen, ist es fraglich, ob das Angebot passt.

Die *subjektiven* Aspekte (erster Quadrant) betreffen individuelle Intentionen und Motivationen, wie die von Studierenden, Dozenten, Prüfern oder Praktikumsschülern. *Intersubjektive* Aspekte (zweiter Quadrant) beziehen sich auf kollektive Wertvorstellungen, die sehr unterschiedlich ausfallen können. So ist beispielsweise für die USA als gesellschaftlich-kulturelle Erwartung festzustellen, dass möglichst viele junge Erwachsene ein Studium antreten sollen. Dagegen gilt bisher für Deutschland eher die Auffassung, dass nur vergleichsweise wenige, aber dafür sehr gut geeignete und zu platzierende junge Erwachsene ein Hochschulstudium aufnehmen sollten. *Objektive* Aspekte (dritter Quadrant) umfassen von außen beobachtbares und messbares Ver-

halten, d.h. alle vorher definierten empirisch messbaren Verhaltensweisen und Wirkungen etwa von Lehrkräften und Schülern oder Studierenden und Dozenten. Unter *intersubjektiven* Aspekten (vierter Quadrant) ist der Bereich unterschiedlicher Systemebenen angesprochen, bei dem es um Passung und Anpassung geht. Hier könnte im Zuge der Bologna-Reform z.B. die Funktion des Studiums zu diskutieren sein. Soll es in erster Linie für den Beruf des Sonderschullehrers qualifizieren und/oder vor allem auch der Persönlichkeitsbildung dienen?
Das Quadrantenmodell kann auch für das Verständnis von Gesundheit bzw. Krankheit herangezogen werden (vgl. Wilber 2007, S. 46ff.). Folgende vier Bereiche wären demnach zu differenzieren:

- *1. Quadrant*: Innere Zustände einer Person – d.h. Emotionen, psychologische Einstellungen, innere Bilder und Absichten – spielen eine Rolle sowohl hinsichtlich der Ursache wie auch der Behandlung von Krankheiten;
- *2. Quadrant*: Einstellungen, die eine Kultur einer bestimmten Krankheit entgegenbringt (z.B. Anteilnahme, Mitgefühl und z.T. Bewunderung oder Verachtung sowie Spott gegenüber dem Überengagementsprofils im Vergleich zum Burnouttyp), auch gegenüber der Kommunikation zwischen Arzt und Patient, den Einstellungen von Familie und Freunden.
- *3. Quadrant*: Klassische Medizin, die sich auf den physischen Organismus konzentriert, wie z.B. Chirurgie, Schmerzbetäubung, medikamentöse Behandlung und Verhaltensmodifizierung.
- *4. Quadrant*: Materielle, ökonomische und soziale Faktoren, die sich sowohl auf die Krankheit als auch auf die Behandlung auswirken (z.B. fragliche Verbeamtung bei Inanspruchnahme einer Therapie, Kassenzugehörigkeit und Behandlungsart, Frühpensionierungspraktiken).

Insgesamt ist Wilber (a.a.O., S. 51) der Auffassung, dass alle vier Quadranten in den Ich-, Wir- und Es-Bereichen zu berücksichtigen sind – also die physische, emotionale, mentale und spirituelle Ebenen des Seins im Selbst, in der Kultur und Natur. Diese epistemologische Konzeption kann als ein Prozess verstanden werden, in dem *Möglichkeitsräume in der pädagogischen Interaktion* beschrieben, analysiert und konkret eröffnet werden können. „Konstruktiv sind diese Quadranten auch, wenn im Sinne Luhmanns Erwartungen in Hinblick auf eine Handlung enttäuscht werden, denn es lässt sich fragen: Wo liegt die Enttäuschung – auf einer subjektiven, intersubjektiven, objektiven oder interobjektiven Ebene? Wo ist ein Lernbedarf, um Handlungen glücken zu lassen?“ (Kiel 2007, S. 61; Hervorh.: A.C.S.).
Als Komponenten einer integralen Lebenspraxis – mit dem Fokus auf ein gelungenes (auch beruflichen) Lebens – entwickelt Wilber (2007, S. 279) folgende neun Module, die in vier Kernmodule (eins bis vier) plus fünf Zusatzmodule (fünf bis neun) unterteilt sind:

1. Körper (physisch, subtil, kausal),
2. Verstand (Denkschema, Sichtweise),
3. Geist (Meditation, Gebet),
4. Schatten (Therapie),
5. Ethik,
6. Sexualität,
7. Arbeit,
8. Emotionen und
9. Beziehungen.

Festzustellen ist, dass im universitären Bereich v.a. das Kernmodul zwei, die Schulung des Verstandes, Berücksichtigung findet. Ebenso ist im Intensivpraktikum (vgl. Punkt 5.2.2) das Zusatzmodul sieben angesprochen, die Arbeit. Für die restlichen sieben Bereiche sind Studierende selbst für Erfahrungen und bei Bedarf auch für die Suche von Unterstützung verantwortlich.
Neuere, auch empirische Forschungsarbeiten, zielen auf den dritten Bereich der Meditation bzw. des Gebetes ab (vgl. GIORDANO/KOHLS 2008). Unabhängig von der religiösen oder auch säkularen Motivation wird die hohe Bedeutung von *Spiritualität* bzw. *Achtsamkeit* als stressmindernde Ressource betont: „With the rise of modern medicine, spiritual approaches to coping with pain and understanding distress have been largely abandoned. However, there is meanwhile sufficient empirical evidence available that shows the importance of spiritual experiences, beliefs and practices for self- and pain perception as well as coping. Hence, this paper argues that the assessment of patients' spirituality, acknowledgment of the effects of and effects upon pain, and utilization of pluralist ressources to accommodate patients' spiritual needs reflect our most current understanding of the physiological, psychological and socio-cultural aspects of spirituality and spiritual experiences (regardless of religious or secular expression)" (a.a.O., S. 179).
Als grundlegende empirische Evidenzen können themenbezogen die Forschungsarbeiten von CHERNISS/KATZ (1983) gelten: In qualitativen Interviews beispielsweise von Ordensschwestern und Montessoripädagogen finden sie heraus, dass ein übergeordneter Sinn- bzw. Bedeutungsrahmen mit spirituellen sowie ideologischen Aspekten als Schutzfaktor für diese Personen fungiert. Auf den deutschen Sprachraum sowie auf Studierende bezogen wird das Forschungsergebnis in den Studien von NIKO KOHLS bestätigt. Er arbeitet aktuell am *Generation Research Program* (GRP) des Humanwissenschaftlichen Zentrums der LMU München in Bad Tölz. Durch angeleitete Meditation, speziell durch *Mindfulness-Based-Stress-Reduction* (MBSR), weist er salutogenetische Wirkung auf Studierende nach (vgl. LYNCH u.a. 2011). Ursprünglich wurde MBSR vom US-Mediziner JON KABAT-ZINN entwickelt, um Stress mit der Hilfe von Achtsamkeit zu reduzieren (vgl. MEIBERT/LEHRHAUPT 2010). Insgesamt kann die Integration von Spiritualität in die Wissenschaft als ein bedeutsames Aufgabenfeld angesehen werden: „We argue that reconnecting science and spirituality yields the best rational understanding of the world [...] Specifically, science could and should more freely study spirituality in its beneficial impact on individuals' attempt to attain personal wholeness, overcome substance abuse, achieve a more communal society, and safeguard the environment" (WALACH/REICH 2005, S. 423).
ECKHARD FRICK (2005) – Inhaber der Professur des seit 2010 neu eingerichteten Lehrstuhls für *Spiritual Care* der LMU München – betont ebenfalls die hohe Bedeutung der Spiritualität für den physischen wie psychischen Heilungsprozess. Insgesamt bezieht sich eine ganze Reihe von Ratgeberliteratur auf Spiritualität und Achtsamkeit (vgl. z.B. GRÜN 2005; WILBERS 2005; DEVILLARD 2010; MEIBERT/LEHRHAUPT 2010; GOTTSCHLING 2011; WEISS/HARRER/DIETZ 2011). STROSS (2009) plädiert im interdisziplinären Kooperationsbereich von Pädagogik, Medizin und Gesundheitswissenschaften für eine sog. *reflexive Gesundheitspädagogik*.
STEINMANN (2008, S. 84) hält im Rekurs auf VIKTOR E. FRANKL *Spiritualität* – neben der physischen, sozialen und psychischen – *als eine eigenständige, vierte Dimension von Gesundheit*. Spiritualität kann hierbei „als positiver Grundwert, als eigene, existentielle Dimension des Menschseins definiert werden, die getragen ist von der Sehnsucht nach Lebenserfüllung und Sinnerfahrung jenseits von Leben und Tod. Sie manifestiert sich in einem individuellen dynamischen Entwicklungs- und Bewusstseinsprozess in allen Lebensphasen und Lebensbereichen, in verschiedenen Lebensweisen und Lebensorientierungen und verbindet über die innere Erfahrung einer transzendenten Wirklichkeit mit Umfeld und Umwelt" (a.a.O., S. 64). *Spirituelle Gesundheit* kann

aus Sicht der Gesundheitsförderung und Prävention definiert werden „als für die Gesundheit konstitutive Basisressource und Determinante, als Schutzfaktor in der Krankheitsprävention, als Coping-Strategie im Umgang mit allen Wechselfällen des Lebens in allen Lebensphasen und Lebensbereichen einschliesslich [sic] der Krankheitsbewältigung sowie als therapeutischer Faktor im Heilungsprozess“ (a.a.O., S. 77). So kristallisieren sich die existentielle Sinn-Suche sowie transpersonale Bezüge als Hauptdimensionen der Spiritualität heraus: „Viele Zivilisationskrankheiten, wie z.B. Burnout, Anorexie, Bulimie und verschiedene Süchte, sind seelische Krankheiten bzw. Ausdruck der nach Lebenssinn hungernden Seele. Oder positiv ausgedrückt: Spirituelle Sinnsuche und Sinnfindung sind protektive Faktoren für die genannten Krankheitsbilder – und sogar Suizid – bzw. Prädiktoren für umfassendes Wohlbefinden“ (a.a.O., S. 88). „Die Auseinandersetzung mit Sinnfragen ist schliesslich [sic] auch ein Schutz vor den Folgen einer einseitig materialistischen Lebenshaltung, die i.d.R. einhergeht mit Sinnleere und mangelnder innerer Unabhängigkeit [...] Die Gegenüberstellung von Kategorien spiritueller Erfahrung einerseits und dem so reduktionistischen wie überhöhten Krankheits- und Gesundheitsbegriff westlicher Zivilisationen anderseits [sic] führt zu dessen notwendiger Neubewertung und Relativierung. Diese können im Kontext der modernen Gesundheitsgesellschaft mit krank machendem Potenzial, Gesundheit als Religionsersatz und der Verdrängung bzw. Leugnung von Schwäche, Krankheit und Tod heilsam sein“ (a.a.O., S. 90). So ist letztlich der Aufbau bzw. die Etablierung einer interdisziplinär-interkulturell-integrativen *Wissenschaft der Spiritualität* zu fordern, die den Aspekt der spirituellen Dimension von Professionalität miteinbezieht.
Unter Bezugnahme auf Wilber (1999) beschreibt Girg (2007) eine sog. *Integralpädagogik*:

> „Kinder und Erwachsene lernen gemeinsam in den ungetrennten, nicht-dualistischen Situationen des Lebens aus und in der Tiefe des universellen Einen. Sie erfahren dabei im permanenten Wandel der kosmischen Relationen über die individuell und gemeinsam zu gehenden Wege ihre spezifischen Aufgaben. Im Eingebundensein in diesen Horizont sind Schulen Orte, in denen die integrale Ganzheit des Lebens immer wieder neu berührt, gelebt, erkannt und kreativ als Bildungspraxis gestaltet wird. Kinder, Jugendliche und Erwachsene können dann zu ihrem Menschsein erblühen und ihren ganz spezifischen, einzigartigen Beitrag in der Einen Welt leisten“ (Girg 2007, S. 230, Hervorh. i. Orig. kursiv u. fett).

Als *integrale Grundkulturen* sind hier folgende acht zu unterscheiden:

- die Achtsamkeit,
- das Wachsen lassen,
- das Annehmen und Nichturteilen in der Lebenssituation,
- das vielschichtige bzw. intuitive Wahrnehmen,
- das unmittelbare Handeln,
- der fließende Dialog,
- das Zusammenwirken sowie
- die integrale Handlungskultur (a.a.O., S. 239).

Demnach ist für die Persönlichkeitsbildung bzw. -entwicklung – auch bezogen auf die Schule und Hochschule – dieser Ansatz einer Integralpädagogik, der Achtsamkeit bzw. Spiritualität explizit umfasst, für bedeutsam zu erachten und weiter zu elaborieren. Methodisch lassen sich Fragen nach der eigenen Spiritualität und dem dahinter stehenden Menschenbild vertieft angemessener qualitativ erfassen, weshalb im Rahmen von *EGIS-L* ein triangulatives Vorgehen gewählt wird (vgl. Kap. 5.2).

4.3 Entwicklungspsychologischer Ansatz und Professionalisierung

Die geplante Untersuchungsgruppe bezieht sich auf Studierende im Alter von 19 bis 34 Jahren, d.h. im *frühen Erwachsenenalter* (vgl. LEVINSON 1978; 1996). Die Entwicklung der eigenen Persönlichkeit, partnerschaftliche Beziehungen und die Berufswahl bzw. -ausbildung stehen im Mittelpunkt dieser Phase. Ebenso charakterisiert das Verlassen bzw. schrittweise „Abnabeln" vom Elternhaus diesen Lebensabschnitt.

Körperlichen Veränderungen gehen mit einer sich wandelnden Denkstruktur einher: Es entwickelt sich das sog. *postformale Denken*, das über die Stufe des formalen Denkens nach PIAGET hinaus geht (vgl. BERK 2005, S. 614). Die erwachsene Kognition kann ein Bewusstsein mehrerer Wahrheiten widerspiegeln, Logik mit Realität integrieren und Lücken zwischen dem Idealen und dem Realen tolerieren. Studierende bewegen sich weg vom *dualistischen Denken* (richtig *oder* falsche Informationen), hin zum *relativistischen Denken* (dem Bewusstsein mehrerer Wahrheiten). Der reine Erwerb von Wissen (*erwerbendes Stadium*) verlagert sich verstärkt auf die Anwendungsmöglichkeiten (*Anwendungsstadium*). Es folgen im *mittleren Erwachsenenalter* (40–65 Jahre) die Stadien der *Verantwortlichkeit* und das *exekutive* (leitende) Stadium (vgl. SCHAIE/WILLIS 2000, S. 175ff.). Das Bedürfnis nach Spezialisierung motiviert (junge) Erwachsene, sich von der idealen Welt der Möglichkeiten hin zu einem *pragmatischen Denken* zu entwickeln. Logik wird dabei als Werkzeug benutzt, Probleme der realen Welt zu lösen und Unvollkommenheiten, Widersprüchlichkeiten sowie Kompromissbereitschaft zu akzeptieren.

Durch die Hochschulerfahrung machen Studierende Entdeckungen, die einen Zugewinn in Wissen bzw. Urteilskraft, in revidierten Haltungen und Werten, ein gestärktes Selbstwertgefühl sowie eine bessere Selbsterkenntnis bedeuten. Sie werden „besser im Urteil über Probleme, die keine klare Lösung haben und im Identifizieren von Stärken und Schwächen sich widersprechender Aspekte komplexer Themen" (BERK 2005, S. 604). So umfasst die Berufswahl im Lebenslauf von Studierenden die drei Phasen der *Phantasie*, des *Ausprobierens* und der *realistischen Periode* (vgl. a.a.O., S. 615). Kinder entdecken erst einmal Berufsmöglichkeiten durch das Spiel, Teenager wägen verschiedene Berufe mit ihren Interessen, Fähigkeiten und Wertvorstellungen ab und probieren sich aus. Zuletzt legen sich junge Menschen in einer beruflichen Kategorie fest und suchen sich einen spezifischen Beruf wie beispielsweise den des Sonderpädagogen aus.

Lehrerbildung und Professionalität im Lehrerberuf kann auch als ein *berufsbiografisches Entwicklungsproblem* angesehen werden, da sie ein kontinuierliches Weiterlernen im Beruf erfordern. Im Sinne des *Modells der professionellen Entwicklung* (vgl. HERICKS 2006, S. 27) sollte zur ersten Phase der Lehrerbildung bereits kollegiale Kooperation samt (Praxis-) Reflexion und aktiver Einsatz in der Praktikumsschule gehören. Die Sozialisation als Lehrkraft ist nicht lediglich als eine Anpassung an die Berufswirklichkeit zu verstehen, sondern als ein Entwicklungsprozess einer beruflichen Identität. Dieser verläuft nicht glatt und problemlos, sondern ist als Ergebnis der Interaktion von situations- sowie personenspezifischen Faktoren komplex und auch krisenhaft. Hier können folgende drei Stufen unterschieden werden: als erste Entwicklungsstufe das *survival stage* (das reine ‚Überleben' im Klassenzimmer), die zweite des *mastery stage* (Übergang vom Ich- zum Situationsbezug) und schließlich die des *routine stage* (Eingehen auf individuelle Probleme mit der Übernahme erzieherischer Verantwortung) (vgl. HUBERMAN 1991). Die *Bildungsgangforschung* versucht die Entfaltung von Bildungsbiografien in der Zeit als inhaltlich variantenreiche Auseinandersetzung mit *Entwicklungsaufgaben* zu beschreiben und zu rekonstruieren: Entwicklungsaufgaben sind hierbei „gesellschaftliche Anforderungen an Menschen in je spezifischen Lebenssituationen, die individuell als Aufgaben eigener Entwicklung gedeutet werden können. Entwicklungsaufgaben sind unhintergehbar, d.h. sie müssen

wahrgenommen und bearbeitet werden, wenn es zu einer Progression von Kompetenz und zur Stabilisierung von Identität kommen soll" (Hericks 2006, S. 60).
Auf folgende vier Bereiche zielen die Entwicklungsaufgaben von (angehenden) Lehrkräften (vgl. a.a.O., S. 92):

- Entwicklungsaufgabe *Kompetenz*: Rollenhandeln und Handeln als ganze Person ausbalancieren und dabei die eigenen Möglichkeiten und Grenzen in den Blick nehmen; Nähe und Distanz, diffuse und spezifische Anteile der Lehrer-Schüler-Beziehung ausbalancieren und zum eigenen Stil des Umgangs mit den Schülern finden; über fallrekonstruktive Kompetenzen insbesondere im Bereich des Unterrichts verfügen;
- Entwicklungsaufgabe *Vermittlung*: die eigene Rolle als Fachexperte und als Vermittler von Fachinhalten klären und die Frage der Auswahl der Fachinhalte bzw. Fachaspekte bearbeiten;
- Entwicklungsaufgabe *Anerkennung*: In einer Haltung der pädagogischen Fremdwahrnehmung die Lernenden als fachliche Laien anerkennen und über ein eigenes Konzept der Bedeutung sowie Relativität der schulischen Bewertungsfunktion verfügen;
- Entwicklungsaufgabe *Institution*: das eigene Handeln als eingebunden in institutionelle Strukturen erkennen und die Möglichkeiten und Grenzen gestalterischen Handelns innerhalb der Institution ausloten.

Aus professionssoziologischer Sichtweise sind folgende Dimensionen von Kompetenzen zu unterscheiden (vgl. Schmidt 2008, S. 839ff.):

- *Kompetenzdimension*: Rekurs auf wissenschaftliches Wissen, spezifische Handlungskompetenz, Spezialisierung und eigenständige Fachlichkeit, z.B. der Lernbehindertenpädagogik;
- *Leistungsdimension*: ein Zentralwertbezug, die Kollektivorientierung beispielsweise in helfenden Berufen im Dienstleistungssektor, Verwaltung ‚legitimen Wissens' zur Problemdeutung und Lösung, soziale Kontrolle bzw. Gesellschaftsintegration sowie eine das Theoriewissen anwendende Tätigkeit;
- *Äußere horizontale Strukturdimension* (Beziehung zu anderen sozialen Einheiten): Staatsautonomie (wobei Hochschul-Lehrer als Beamte staatsabhängig sind), Klientenautonomie (mehr oder weniger freie Entscheidung des Aufsuchens von Professionellen), Entscheidungsautonomie aufgrund des vorliegenden Sachverhalts;
- *Äußere vertikale Strukturdimension* (Prestigegefälle in Relation zu ‚einfachen Berufen'): staatliche Lizensierung aufgrund anerkannter Qualifizierung, Exklusivität und hohes Prestige;
- *Innere Strukturdimension* (interne Organisation bzw. Strukturen): berufliche Autonomie und kooperative Organisation und die
- *Handlungs- und Habitusdimension*: sachgebundener Habitus, Sachorientierung zum Wohle des Klienten sowie das Eingehen einer temporären Vertrauensbeziehung.

Schmidt (2008, S. 842) grenzt den Begriff der *Professionalität* zur einfachen Berufsförmigkeit je nach Erfahrungs- bzw. Kompetenzzuwachs durch den Zustand einer *gesteigerten Berufsförmigkeit* ab. Für das heil- bzw. sonderpädagogische Arbeitsfeld sind im Bereich der Kompetenzdimension wie schon vorher beschrieben v.a. die *pädagogische Dimension* (Erziehen, Unterrichten, Beraten, Beurteilen und Innovieren) und die des *reflektiven Selbst* (Reflexion über das eigene Selbst, die Individualität und der eigenen Biografie) hervorzuheben. Der Ausgangspunkt für eine Bestimmung pädagogischer Professionalität ist „a) ihre *Berufsförmigkeit* (als notwendiges Moment der Abgrenzung von Primärerziehung und Laienschaft) sowie b) der *Erziehungsanspruch* (als regulative Leitidee) pädagogischen Handelns. Als Folge sind (notwendige) Widersprüchlichkeiten zu veranschlagen, welche im *Spannungsfeld von Ganzheitlichkeitsansprüchen und Fragmentierungen* (in Hinblick auf die pädagogische Beziehung) bzw. *von erzieherischen Ansprüchen auf Normvermittlung und Prozessen der Wertepluralisierung* (in Hinblick auf die Erziehungsziele) ‚aufbrechen'" (a.a.O., S. 852, Hervorh. i. Orig.). Hierbei lassen sich folgende drei idealtypische ‚Gefahren' einer Professionslogik identifizieren:

- die Gefährdung durch zu große Nähe zur Lebenswelt im Sinne einer *Pädagogik als Berufung* (‚Proletarisierung' und Rekurs auf intuitives, wissenschaftsfernes Wissen; prototypische Figuren: der ‚geborene Erzieher', der ‚professionelle Altruist');
- die Gefahr durch Technologisierung und Bürokratisierung im Sinne einer *Pädagogik als Sozialtechnologie* (expertokratische Wissensanwendung; prototypische Figur: der ‚Sozialengenieur') sowie
- die Gefahr durch zu große Nähe zum Markt im Sinne einer *Pädagogik als Dienstleistung* (Klientel wird zur Kundschaft und bestimmt selbst, welche Angebote es erwerben möchte; der Professionelle wird zum bezahlten ‚Erfüllungsgehilfen') (vgl. a.a.O., S. 853).

Möglichst ohne sich von den oben benannten Konstellationen beeinflussen zu lassen, besteht also die Aufgabe, eine *professionelle Berufskultur* zu etablieren. Auch durch Fallstudien kann dieses heuristische Konzept (sonder-/heil-) pädagogischer Professionalität konkretisiert und inhaltlich präzisiert werden (vgl. Kap. 5.2).
Mit Blick auf die aktuelle Belastungsforschung wird im folgenden Unterkapitel auf den Aspekt von problembehafteten Situationen während der Professionalisierungsphasen für den Lehrerberuf näher eingegangen.

4.4 Ansätze aus der Belastungsforschung

Die Situation von angehenden Lehrkräften, speziell auch die im Förderschwerpunkt Lernen, ist noch nicht ausreichend erforscht. Es fehlen fundierte (repräsentative) Forschungsergebnisse zu Belastungen, Ressourcen und v.a. auch zur Prävention sowie Intervention. Die wenigen Studien, die vorliegen, werden im Folgenden dargestellt.
Zunächst wird die gesundheitliche Situation von Lehrkräften untersucht, die bereits die Entwicklungsaufgaben der ersten beiden Phasen der Lehrerbildung erfolgreich gemeistert haben. Danach sollen erste Befunde aus den Ausbildungsbereichen Studium und auch Referendariat thematisiert werden.
Aktuelle Studien, die sich auf *harte Gesundheitsdaten* beziehen (d.h. nach der ICD-10 der WHO wie beispielsweise Depressionen, koronare Herzerkrankungen, Schlafstörungen), liegen für den deutschen Sprachraum lediglich für das Ende der Lehrerlaufbahn vor. Im Jahr 1999 erfolgt die Versetzung in den Ruhestand aufgrund einer erkrankungsbedingten Dienstunfähigkeit bei 92% aller verbeamteten Lehrkräfte. Nur sieben Prozent aller deutschen Lehrkräfte arbeiten bis zur Regelarbeitsgrenze von 65 Jahren. Momentan erreichen 65% aller deutschen Lehrkräfte nach den Daten des Statistischen Bundesamts von 2007 nicht die normale Pensionsgrenze. Diese sog. „Verbesserung" gegenüber den Zahlen von 1999 sind hierfür nicht etwa auf eine verbesserte Gesundheitslage zurückzuführen, sondern auf die Erhöhung der Versorgungsabschläge im Falle einer Frühpensionierung (vgl. Sosnowsky 2007). Den Hauptgrund für die krankheitsbedingte Pensionierung stellt in einem Jahr v.a. die Kategorie *Psychische- und Verhal-*

tensstörungen dar (vgl. LEHR 2011a, S. 694): „Ausgehend von den amtsärztlichen Gutachten wurden depressive Zustandsbilder als häufigste Ursache für krankheitsbedingte Frühpensionierungen identifiziert" (ebd.). *Weichere Gesundheitsdaten* wie Hörprobleme, Erschöpfungszustände, Niedergeschlagenheit, Nervosität, Reizbarkeit, Schlafstörungen und Burnout werden von Lehrkräften ebenfalls überproportional häufig angegeben – alle Symptome, die im Rahmen depressiver Störungen und Überlastung auftreten. LEHR/SCHMITZ/HILLERT (2008) bezeichnen diesen Typ als *ruminativ-isolierend*, d.h. als reaktiv-grübelnd, sich zurückziehend mit einer Tendenz zum passiven Aus- bzw. Durchhalten.

Die bisher umfangreichste deutschsprachige Untersuchung zur Lehrergesundheit an 16000 Lehrkräften stellt die sog. *Potsdamer Lehrerstudie* (vgl. SCHAARSCHMIDT/KIESCHKE 2007). Lediglich 17% der befragten Lehrkräfte können hier dem AVEM-Gesundheitstypus (vgl. Punkt 5.2.3) zugeordnet werden, wohingegen für 29% das Burnout-Syndrom diagnostiziert wird. Bei 40% der Lehramtsstudierenden wird bereits ein Risikomuster festgestellt (vgl. HERLT/SCHAARSCHMIDT 2007, S. 158). „Ein großer Verdienst der ‚Potsdamer Lehrerstudie' ist sicherlich, dass sie die Notwendigkeit und das Anliegen der Gesundheitsförderung im Lehrerberuf gegenüber einer breiten Öffentlichkeit kommuniziert hat. Dies dürfte nicht zuletzt damit zusammenhängen, dass der AVEM eine Typologie benutzt (Gesundheitstyp, Schontyp, Risikomuster A, Risikomuster B/Burnout-Typ), die über eine hohe intuitive Plausibilität und Kommunizierbarkeit verfügt" (LEHR 2011a, S. 695). Trotz der großen Stichprobe kann die Studie keine *Repräsentativität* beanspruchen, da ein sog. *stichprobenimmanenter Effekt* (*selection bias*) aufgrund der Basis der freiwilligen Teilnahme und der unsystematischen Rekrutierung auftritt (vgl. SCHMID 2003, S. 183f.; LEHR 2011a, S. 696). Allerdings stellt sich die Frage, ob sich im Hinblick auf die untersuchte Thematik überhaupt repräsentative Ergebnisse erfassen lassen, was sich wegen mangelndem Interesse oder der *sozialen Erwünschtheit* von (angehenden) Lehrkräften als schwierig herausstellen dürfte.

Die Popularität des Burnout-Konstruktes samt dessen begrifflicher Unschärfe liegt besonders an der im Vergleich zur Depression wenig stigmatisierenden oder pathologischen Konnotation. *Ausgebranntsein* impliziert hohe vorherige berufliche Leistungen, weswegen ein Betroffener sich weiterhin als Mitglied der Leistungsgesellschaft fühlen darf. Genau betrachtet beschreibt die Diagnose der Depression bereits alle Symptome des Burnouts umfassend. Wegen der Multikausalität ist es allerdings nahezu unmöglich, einen Hauptrisikofaktor zur Entstehung dieser Art von Erkrankung zu identifizieren (vgl. a.a.O., S. 698). Lehrkräfte mit depressiven Störungen reagieren auf berufliche Belastungssituationen eher mit sozialem Rückzug und Grübeln, wohingegen das AVEM-Risikomuster A verstärkt mit einem überhöhten beruflichen Engagement sowie einer *Gratifikationskrise* (*effort-reward-imbalance modell*; vgl. SIEGRIST 2002) einher geht. Mangelnde Anerkennung wird jedoch auf Dauer leistungsmindernd wirken (vgl. HUBER 2011a). Das von SCHAARSCHMIDT/FISCHER (2006, S.12) dargelegte Profil A wird hier in Analogie zum Typ-A-Verhaltenskonzept aus der Psychologie verwendet. So entsprechen sich die spezifische Konstellation von übersteigertem Arbeitsengagement und negativen Emotionen in Verbindung mit Herz-Kreislaufrisiken und dem Workaholic-Phänomen bei beiden Typisierungen. KLUSMANN u.a. (2006) weisen zudem einen eindeutigen Zusammenhang zwischen dem Belastungserleben und der Unterrichtsqualität von Lehrkräften nach.

Die Bedeutsamkeit der hohen Evidenz für den Einfluss der Arbeitsbedingungen auf die Gesundheit ist nicht zu vernachlässigen: „Für den Lehrerberuf vorliegende Befunde sprechen sowohl für den Einfluss personaler Faktoren (z.B. individuelle Stressbewältigungsstrategien) als auch situativer Faktoren (z.B. Gratifikationskrise, aggressive Schüler)" (LEHR 2011a, S. 702).

Für die Professionsforschung schlägt Lehr (ebd.) Kohortenstudien im *Längs- bzw. Querschnitt* vor, die *Selbst- und Fremdbeurteilung* unterscheiden sowie den *Selection-Bias* berücksichtigen (vgl. methodisches Vorgehen im Rahmen des Projekts *EGIS-L)*.
Insgesamt werden wissenschaftliche Forschung zu Belastung und Burnout im Lehrberuf auch in Deutschland immer häufiger durchgeführt. Weniger Untersuchungen gibt es im sonderpädagogischen Bereich, speziell zum Förderschwerpunkt Lernen oder im Kontext der ersten Ausbildungsphase im Studium.
Exemplarisch für relevante Forschungsarbeiten der letzten Jahre im Hinblick auf das Schulsetting sollen die Arbeiten von Schaarschmidt (2005), Hillert/Marwitz (2006), Schaarschmidt/Kieschke (2007) und Bauer (2008) vorgestellt werden. Diese Studien liegen in der engen Auswahl, da sie zum einen eine repräsentative *Größe* vorweisen können bzw. zum anderen explizit auf die Bereiche der *Sonderpädagogik* und das *Studium* eingehen.
Die erste Untersuchungswelle der sog. *Potsdamer Lehrerstudie* (vgl. Schaarschmidt 2005) befasst sich mit der psychische Gesundheit von Lehrkräften und ist damit diesbezüglich *deutschlandweit die bisher größte Studie*. In den Jahren 2002–2003 werden 7693 Lehrkräfte aller Schulformen aus elf deutschen Bundesländern mit Fragebögen untersucht (u.a. dem AVEM). Diese zeigen in der Auswertung insgesamt knapp 60% an krankheitsförderlichen Bewältigungsmustern (A/B etwa zu gleichen Teilen). Die Lehrkräfte besitzen im Vergleich zu anderen Berufen diese ungünstigsten Musterkonstellationen (vgl. a.a.O., S. 42). Die zweite Erhebungswelle bestätigt die Ergebnisse der ersten, insbesondere in der vorhergesagten leichten Verschlechterungstendenz von zwei Prozent (vgl. ebd.). *Auch wird eine Gesundheitsgefährdung nicht erst in der langjährigen Berufstätigkeit, sondern schon für das Referendariat und das Studium bescheinigt* (vgl. Schaarschmidt/Kieschke 2007, S. 15).
Hillert/Marwitz befragen im Frühjahr 2003 63 Lehrkräfte, die sich wegen Burnout in stationärer Behandlung der Psychosomatischen Klinik Roseneck in Prien a. Ch. befinden (gesunde Kontrollgruppe: N=104). 79% der Patienten fühlen sich ausgebrannt aufgrund von Stress, Sorgen, Überarbeitung, Disziplinproblemen mit Schülern, Konflikten im Kollegium, privaten Problemen und Perfektionismus. Als Symptome werden v.a. Erschöpfung und Kraftlosigkeit benannt. In der Kontrollgruppe geben lediglich 6% an, ausgebrannt zu sein, aber 45,5% haben Furcht vor Burnout in der Zukunft (vgl. Hillert/marwitz 2006, S. 27ff.).
Bauer (2008) erhebt sowohl Belastungs- als auch protektive Faktoren an 438 Gymnasiallehrkräften in Südbaden (AVEM, med. SCL90R-Inventar). Als Hauptbelastungsfaktoren kristallisieren sich offene Feindseligkeit, schwere Beleidigungen, Aggressivität von Schülern, erlebte Aggressivität und die Unzufriedenheit von Eltern heraus. Protektive Faktoren sind dagegen positive Rückmeldungen von Schülern oder Eltern, gegenseitige Unterstützung im Kollegium und von Seiten der Schulleitung (Bauer 2008, S. 34). Leider wird in den meisten Untersuchungen zu wenig oder gar nicht auf den Bereich der Förderschulen eingegangen (vgl. Poschkamp 2008; Käser/Wasch 2009).
Die aktuelle Forschung zu Belastung und Burnout bezogen auf die Sonderpädagogik spiegelt sich in den Arbeiten von Hüfner (2003a/2003b), Schmid (2003), Stein (2007), Schmid/Höfler (2010), Weiss/Lerche/Kiel (2011) und Kiel/Weiss/Braune (2012) wider.
Mit der Hilfe von Fragebögen erhebt Hüfner im März und April 2003 das Ausmaß der Belastungen, deren Bereiche und Entlastungspräferenzen an 208 Lehrkräften an Förderschulen. Diese weisen hier die höchste Belastungsrate auf: 37% geben an sehr stark, 49% stark belastet zu sein (Hüfner 2003a, S. 17). Stärkste Belastungsfaktoren sind v.a. das Lernverhalten der Schüler, danach folgen die Heterogenität der Lerngruppen und die Notwendigkeit der permanenten Präsenz im Unterricht. Als dringlichste Entlastungserfordernisse werden kleinere Klassen, da-

nach die Festsetzung der Ruhestandsgrenze auf 60 Jahre sowie ein zu erhöhender Stundenpool für Fördermaßnahmen benannt (Hüfner 2003b, S. 29ff.).
Zwischen März und Juli 2000 werden 92 Lehrkräfte an Schulen zur Erziehungshilfe in Oberbayern zu ihrer Gesundheit befragt (AVEM, IPS, FBH, BVND). Dabei zeigen fast 30% krankheitsförderliche Bewältigungsprofile (vgl. Schmid 2003, S. 125f.).
Stein (2007) befragt insgesamt 345 Lehrkräfte für Sonderpädagogik aus Rheinland-Pfalz zu ihrem beruflichen Selbstverständnis und Burnout (mit Teilen der Überdruss-Skala bzw. des FEBS-LS). Hier erweisen sich 10% der Lehrkräfte als besonders gefährdet, wobei Lehrkräfte für Lernbehindertenpädagogik hohe Erschöpfung zeigen (vgl. Stein 2007, S. 351f.).
2007 beteiligen sich 50 Lehrkräfte zweier Münchner Sonderpädagogischen Förderzentren (SFZ) an einer Fragebogenerhebung (AVEM, BVND) zum Thema Lehrergesundheit. 41% weisen dabei krankheitsförderliche Musterkonstellationen auf (vgl. Schmid/Höfler 2010, S. 188).
Kiel/Weiss/Braune (2012) befragen 131 Studierende des Lehramts für Sonderpädagogik an der LMU München mit dem Ergebnis, dass diese im Vergleich zu anderen Lehramtsstudierenden eine deutlich höhere Motivation, Schüler zu fördern sowie insgesamt eine höhere adressatenbezogene und pädagogische Motivation besitzen. Allerdings gehören sie als Ergebnis einer Clusteranalyse zu über 40% in die Gruppe der *Idealisten*, die sehr hohe Erwartungen an Studium und Beruf stellen, was den realistischen Anforderungen wie den Grenzen des pädagogischen Handelns widerspricht bzw. gesundheitliche Risiken impliziert. Ansonsten unterscheiden sich die Studierende des Lehramts für Sonderpädagogik nicht wesentlich von denen anderer Lehrämter. Die zunächst äußerst wichtige Bewertung der Integration ihrer Schülerschaft sinkt im Verlauf des Studiums auf durchschnittliches Niveau (vgl. Schramm u.a. 2012). Weiss/Lerche/Kiel (2011) weisen in ihrer Studie darauf hin, dass die befragten Lehramtsstudierenden der LMU-München insgesamt im Durchschnitt zu etwa einem Viertel ein Motivationsprofil besitzen, das durch eine geringe sowohl pädagogische als auch fachbezogene Motivation zu charakterisieren ist. Trotz ihrer pädagogischen Vorerfahrungen sind diese Lehramtsstudierenden folglich als weniger geeignet für ihr Studium und den späteren Beruf einzuschätzen.
Die Erforschung der Gesundheit und Eignung von Referendaren oder gar Studierenden – speziell auch der für Sonderpädagogik – findet bisher in der *scientific community* wenig Beachtung. Im Sinne einer Lebenslaufforschung in beruflicher Hinsicht und aufgrund der auftretenden Belastungssituation bereits im Studium muss hier ein Forschungsdefizit konstatiert werden.

4.5 Zwischenfazit

- Allgemein ist ein *Spannungsverhältnis zwischen Wissenschaft und Praxis* auch bezogen auf das sonder- bzw. heilpädagogische Arbeitsfeld feststellbar. Dennoch sollte das Ziel eines konstruktiven Theorie-Praxisaustausches angestrebt und verwirklicht werden, d.h. zwischen (Förder-) Schulen und universitärer Forschung. Die wissenschaftstheoretischen Zugangsweisen aus der Pädagogik bei Lernschwierigkeiten können auch auf das Themengebiet der Professionalisierung bezogen werden. Nach dem *materialistischen Paradigma* kann das Studium mit Blick auf den späteren Beruf mit dem Zweck zu lösender Entwicklungsaufgaben bewertet werden. Um Veränderungen bzw. Fortschritte zu dokumentieren, erscheint hier eine *Langzeitstudie* neben der Querschnittserfassung als methodisches Design sehr sinnvoll. Ergänzend sollte bei der Untersuchung von Studierenden deren spezielle Lebensphase im *frühen Erwachsenenalter* aus *entwicklungspsychologischer Sicht* Berücksichtigung finden. Das *interaktionistische Paradigma* befürwortet u.a. als methodische Vorgehensweise neben der Erhebung der *Selbstwahrnehmung* zudem die der *Fremdwahrnehmung*. In Anlehnung an das *systemtheoretische Paradigma* sind gesellschaftliche Teilsysteme wie die (Hoch-) Schulen besonders zu berücksichtigen. Aus *ökologischer Forschungsperspektive* lassen sich *fünf verschiedene Interaktionssysteme* unterscheiden: das *Mikro-, Meso-, Exo-, Makro- und Chronosystem*. In dieser Untersuchung ist mit Eruierung der Situation von Studierenden der Lernbehindertenpädagogik im Längsschnitt v.a. das Mikro- sowie das Chronosystem angesprochen. Hinsichtlich des Makrosystems gilt es, ebenso *Spiritualität* und *Achtsamkeit* in die gesellschaftlich-kulturelle Erkenntnisgewinnung einzuschließen. Dies bietet v.a. der sog. *integrale Ansatz* als wissenschaftlicher Zugang mit dem Ziel der *Erweiterung der persönlichen Möglichkeitsräume* innerhalb der beruflichen Ausbildung. Neben *quantitativen Erhebungen* zeigen sich hier v.a. *Fallstudien* bzw. ein *qualitatives Vorgehen* als methodisch zielführend. Schwierige bzw. problembehaftete Situationen während der ersten Ausbildungsphase werden insbesondere durch Ansätze aus der *Belastungsforschung* thematisiert.

- Insgesamt lässt sich ein erhebliches *Forschungsdefizit* im Hinblick auf die Eignung und Gesundheit bereits im Studium beanstanden, insbesondere für Studierende der Lernbehindertenpädagogik und deren personalen Kompetenzen. Bezogen auf die Ergebnisse der *Belastungsforschung* sind beunruhigende Befunde vorzufinden (vgl. Potsdamer Lehrerstudie nach Schaarschmidt 2005). Demnach weisen *schon im Studium 40% aller Lehramtsstudierenden risikobehaftete Bewältigungsstile* auf. Dies zeigt die *Notwendigkeit der Gesundheitsförderung und der Feststellung der Passung zum Lehrerberuf so früh als möglich*, d.h. bereits zu Beginn des Studiums. Als *Hauptbelastungsquellen* werden von Lehrkräften nach den beiden Ausbildungsphasen in der Schulpraxis am häufigsten ein *schwieriges Lernverhalten der Schüler*, eine *heterogene Schülerschaft* sowie die *Notwendigkeit einer permanenten Präsenz* angegeben, neben ungünstig empfundenen *Rahmenbedingungen* wie *große Klassen*, *mangelnde Förderstunden* etc. Für das Fach *Lehramt für Sonderpädagogik der LMU München* gilt z.B., dass deren Studierende überproportional zu über 40% der Gruppe der *Idealisten* zuzuordnen sind. Dieser Befund lässt auf mangelnde realistische Erwartungen schließen, was die Gefahr von psychosomatischen Erkrankungen steigen lässt. Das wiederum weist auf die große Bedeutung von gesundheitsförderlichen Inhalten und angestrebten Verhaltensänderungen bereits im Studium hin.

5 Sonderpädagogische Professionalität im Studium der Lernbehindertenpädagogik – Eine empirisch-quantitative Studie

Die vorliegende Untersuchung greift mit der Bewältigung von arbeitsbezogener Belastung im Studium der Lernbehindertenpädagogik v.a. den Aspekt der *Personalkompetenz* als Untersuchungsgegenstand auf (vgl. sechstes Kompetenzmodell in Kapitel 3.1.1), der leider immer wieder zu Gunsten der Erhebung der Fachkompetenz in der Professionsforschung vernachlässigt wird. Sie umfasst dabei vertiefte Fragestellungen, um sehr konkrete und zentrale Ansatzpunkte für die Lehreraus- bzw. -weiterbildung zu eruieren (vgl. SCHAARSCHMIDT/KIESCHKE 2007). Dass deren Umsetzung „aufgrund der neuen Bachelor-Master-Strukturen wiederum nur begrenzt möglich ist" (FREY/JUNG 2011, S. 57), kann bereits im Vorfeld kritisch als zwar wünschenswert, aber auch als fraglich festgestellt werden.
Analog zu den beschriebenen relevanten wissenschaftstheoretischen Modellen im vierten Kapitel bezieht sich das methodische Vorgehen sowohl auf eine *quantitative wie auch qualitative Befragung* im *Quer- und Längsschnitt* sowie auf die Erhebung der *Selbst- als auch Fremdwahrnehmung*. Auch ERPENBECK/VON ROSENSTIEL (2003, S. XV) befürworten eine methodisch vielfältige Vorgehensweise innerhalb der Kompetenzforschung und strukturieren den komplexen und vielfältig definierten Begriff der Kompetenz grundsätzlich nach zwei *Kompetenztypen*: die *aus Selbststeuerungssicht* (fachlich-methodische Kompetenzen sind zentral) und die aus *Selbstorganisationssicht* (personale, sozial-kommunikative und aktivitätsorientierte Kompetenzen dominieren). Sie unterscheiden jeweils vier *Kompetenzgruppen* (Kompetenzen als *Kommunikationsvoraussetzungen*, *Qualifikationen*, *Tätigkeits- bzw. Arbeitsdispositionen* und als *Persönlichkeitseigenschaften*) und kontrastieren die *Augenblickssicht* mit der *Entwicklungssicht* (vgl. a.a.O., S. XXIII, Hervorh. i. Orig.). „*Kompetenzforschung* kann sowohl als *quantitative Kompetenzforschung*, die sich primär auf quantitative Messmethoden von Psychologie, Sozialwissenschaften, Pädagogik usw. stützt, wie auch als *qualitative Kompetenzforschung*, die sich insbesondere der Methoden moderner qualitativer Sozialforschung bedient, ausgeführt werden. Qualitative Untersuchungen können auch quantitativ, quantitative Untersuchungen müssen auch qualitativ ausgewertet werden" (vgl. a.a.O., S. XXI, Hervorh. i. Orig.). Daher gilt als Anspruch an die moderne Kompetenzforschung, dass sie sich aller dieser Methoden bedient in die Richtung eines pluralistischen Netzwerks von Forschungsprogrammen (vgl. ebd.).
Das hier geforderte Vorgehen umfasst also die sog. *Methodentriangulation*. Darunter ist die komplexe Verschränkung qualitativer und quantitativer Methoden zu verstehen (vgl. LAMNEK 2005, S. 281ff.). Die Resultate sollten sich gegenseitig stützen: „Triangulation meint immer, dass man versucht, für die Fragestellung unterschiedliche Lösungswege zu finden und die Ergebnisse zu vergleichen [...] die Ergebnisse der verschiedenen Perspektiven können verglichen werden, können Stärken und Schwächen der jeweiligen Analysewege aufzeigen und schließlich zu einem kaleidoskopartigen Bild zusammengesetzt werden" (vgl. MAYRING 2002, S. 147f.). Im Sinne des möglichen Erkenntnisfortschritts und der praktischen Anwendbarkeit wird wie im Mixed-Methods-Ansatz in dieser vorliegenden Untersuchung triangulativ – also qualitativ *und* quantitativ – gearbeitet, (vgl. FLICK 2011, S. 76f.).
Für zukünftige Forschungsvorhaben wäre die Untersuchung folgender weiterer (sonder-) pädagogischen Kompetenzfelder von großem Interesse. So steht unter verstärkter Berücksich-

tigung integrativer bzw. inklusiver Schulsettings auch weiterhin das Unterrichten und Erziehen im Mittelpunkt der Lehrtätigkeit, allerdings unter besonderen Bedingungen in einer sog. *erschwerten Lern-/Lehrsituation*. Dies erfordert eine sozusagen *verfeinerte Methodik*, die darauf abgestimmt ist, das gemeinsame Spielen und Lernen von Kindern und Jugendlichen mit und ohne gravierenden Lernschwierigkeiten oder Behinderungen zu ermöglichen. Neben den besonderen methodischen Kompetenzen werden zudem *vertiefte Kenntnisse in den Bereichen der Diagnostik und Beratung* nötig: „Darüber hinaus müssen Studierende in der ersten Phase der sonderpädagogischen Lehrerbildung ebenfalls erweiterte Kompetenzen im Bereich der Förderdiagnostik (Gutachtenerstellung) und Förderplanung (Förderplanerstellung) erwerben. Schließlich werden im Rahmen moderner sonderpädagogischer Förderung Kompetenzen im Bereich Beratung und Gesprächsführung immer wichtiger" (Heimlich 2012b, S. 384). Neben der ständig notwendigen begleitenden *berufsethischen Reflexion* erhält ein spezielles Augenmerk die *interdisziplinäre Kooperation* beispielsweise mit Kinder- und Jugendpsychiatern, Psychologen, Ärzten, Mitarbeitern des Jugendamts bzw. der Sozialen Dienste oder auch Politikern. Zu fordern ist schließlich eine gute Vernetzung mit der zweiten Ausbildungsphase, da Studierende im Referendariat schon vom ersten Ausbildungstag an einen eigenverantwortlichen Unterricht durchführen müssen. Allerdings wäre an dieser Stelle „der Systemfehler, der darin besteht, dass Seminarleiter gleichzeitig beraten und beurteilen" (Tietz 2012, S. 407) zu beseitigen. Auch die Potsdamer Studien zum Referendariat empfehlen dringend Änderungen der zweiten Ausbildungsphase (vgl. Schubarth/Speck/Seidel 2007, S. 229ff.).
In den nun folgenden Kapiteln werden ausgehend von den zugrunde liegenden Fragestellungen der Untersuchung das methodische Vorgehen und die Ergebnisse dargestellt. Das Zwischenfazit gibt schließlich eine Zusammenschau der wichtigsten Aussagen der durchgeführten quantitativen Studie.

5.1 Die eigene Untersuchung: Entwicklung der Fragestellung

Die Untersuchung befasst sich mit Fragestellungen zur Gesundheit und Eignung von Studierenden für das Studium „Lehramt für Sonderpädagogik" mit der Fachrichtung „Lernbehindertenpädagogik" an der Ludwig-Maximilians-Universität (LMU) in München (Deutschland/Bayern). Die Studie soll arbeitsbezogene Verhaltens- und Erlebensmuster von Studierenden aufdecken und somit den individuellen Umgang mit Anforderungen im Studium und gesundheitsförderliche bzw. gesundheitsgefährdende Verhaltensweisen sowie persönliche Ressourcen ermitteln. Der wichtige Zusammenhang zwischen körperlicher und psychischer Gesundheit soll durch einen Überblick über körperliche und psychische Beschwerden aufgezeigt werden. Außerdem werden berufsbezogene Motive und Ziele der Studierenden beleuchtet, ebenso in einer weiteren Befragung ihre persönliche Eignung für das gewählte Lehramtsstudium wie auch für den angestrebten Beruf.
Die beiden leitenden Ausgangsfragen dieser Untersuchung lauten hierbei:

Frage 1:	Welche *Bewältigungsstile* gegenüber dem Studium einschließlich des Intensivpraktikums weisen *Studierende der Lernbehindertenpädagogik* als *personale Kompetenzen* auf?

Frage 2:	Spiegeln sich diese individuellen Profile an weiteren Merkmalen wie den *körperlichen bzw. physischen Beschwerden* oder der Anzahl an *Krankheitstagen* wider?

Darüber hinaus soll folgende Fragestellung erläutert werden:

Frage 3:	Worin besteht die persönliche *Motivation* für das Studium der Lernbehindertenpädagogik?

Daran schließt sich die sekundäre Überlegung an:

Frage 4:	Entsprechen die *Selbstwahrnehmungen der Studierenden* bezogen auf ihre professionellen Kompetenzen *den Fremdwahrnehmungen ihrer Mentoren*?

Abschließend wird folgende Frage gestellt:

Frage 5:	Lassen sich *Veränderungen* hinsichtlich der untersuchten personalen Kompetenzen *im Studienverlauf* feststellen, insbesondere im Vergleich der *Interventions- bzw. Treatmentgruppe* zur *Kontrollgruppe*?

Bezogen auf das *Mikrosystem* soll überprüft werden, zu welchen Bewältigungsmustern die einzelnen Studierenden im Studiengang Lehramt für Sonderpädagogik mit der sonderpädagogischen Fachrichtung Lernbehindertenpädagogik an der LMU in München zuzuordnen sind. Da junge Erwachsene im Studium untersucht werden, ist anzunehmen, dass die Zugehörigkeit zu den Risikomustern A (Überengagement) und B (Burnout) anteilsmäßig niedriger ausfällt als die zu den gesundheitsförderlichen Mustern G (Gesundheit) und S (Schonung). Neben der Erfassung der Zugehörigkeit zu diesen arbeitsbezogenen Verhaltens- und Erlebensmustern wird ein Zusammenhang mit folgenden individuellen Persönlichkeitsmerkmalen angenommen:

- dem Geschlecht,
- dem Alter,
- spezifisch körperlich-funktioneller und psychischer Beschwerden, wie z.B. Migräne oder Grübeln,
- der körperlichen und psychischen Verfassung im Allgemeinen,
- den einzelnen berufsbezogenen Motiven und Zielen, z.B. Helfen als Motiv, Sicherheit eines anzustrebenden Beamtenstatus,
- den Kompetenzen, insbesondere: der Freude am Umgang mit Kindern und Jugendlichen, der Fähigkeit zur offensiven Verarbeitung von Misserfolgen, der Anstrengungs- und Entbehrungsbereitschaft, der Erholungs- und Entspannungsfähigkeit, der Stabilität bei emotionalen Belastungen und der Stressresistenz,
- der Krankentage,
- der Entspannung in der Freizeit,
- dem Grund für die Wahl des Studienganges Lehramt für Sonderpädagogik (Lernbehindertenpädagogik).

Bei den – z.T. auch offenen – Fragen können hinsichtlich des *Mesosystems* beispielsweise Angaben zur Situation an der Universität, Unterstützung durch den Freund oder die Freundin, Wohnsituation in einer Wohngemeinschaft o.ä. erfasst werden. Zudem können tendenzielle Unterschiede zwischen Studierenden, die an einem Interventionsprogramm teilgenommen haben, im Vergleich zu solchen ohne speziellem Input erhoben werden. In Bezug auf das *Exosystem* sind Angaben zum Umgang mit Behörden, zu Erfahrungen mit Praktikumsschulen oder im Nebenjob etc. zu berücksichtigen. Auf der Ebene des *Makrosystems* werden z.B. das selbst eingeschätzte Prestige in der Gesellschaft sowie die Platzierung auf dem Arbeitsmarkt sowie die eigene

religiöse bzw. spirituelle Zugehörigkeit erhoben. Im Rahmen dieser Longitudinalstudie können sich Unterschiede in Hinblick auf den ersten Untersuchungszeitpunkt zu Beginn des Studiums im Wintersemester 2007/2008 und dem zweiten im Sommersemester 2010 ergeben. Allerdings wird die Zugehörigkeit zu einem bestimmten Profil als relativ stabil angesehen (vgl. ALBISSER/KIRCHHOFF 2007; SCHAARSCHMIDT/KIESCHKE 2007). Ebenso werden Erwartungen an die Zukunft – an die nächsten fünf bis zehn Jahre – im Hinblick auf die eigene körperliche bzw. psychische Verfassung erfragt. Diese Untersuchungspunkte sind dem *Chronosystem* zuzuordnen.
Bezogen auf die Ergebnisse des Pilotprojekts (vgl. Kapitel 5.3.1) und der vorher dargelegten Fragestellungen werden im Rahmen der verschiedenen Systeme folgende grundlegende Hypothesen überprüft:

1. Schon Studierende der Lernbehindertenpädagogik weisen risikobehaftete Bewältigungsprofile auf.
2. Diese persönlichen Muster spiegeln sich an weiteren Merkmalen wie beispielsweise an körperlichen bzw. psychischen Beschwerden oder der Anzahl an Krankheitstagen wider.
3. Die Motivation für das vertiefte Studienfach ist sehr adressatenbezogen und teilweise idealistisch.
4. Es lassen sich Diskrepanzen zwischen der Selbstwahrnehmung der Studierenden und der Fremdwahrnehmung der Mentoren feststellen.
5. Im Studienverlauf zeigen sich Veränderungen bezogen auf die personellen Kompetenzen und auf die Gesundheit, was sich besonders für eine Interventionsgruppe bestätigen lässt.

5.2 Wahl der Methode

Das methodische Vorgehen lehnt sich an die Potsdamer Lehrerstudie an (vgl. SCHAARSCHMIDT 2005; SCHAARSCHMIDT/KIESCHKE 2007; SCHAARSCHMIDT 2009; SCHAARSCHMIDT 2010b), die in Kapitel 4.4 genauer bzw. kritisch erläutert wurde.

5.2.1 Stichprobe und Untersuchungsablauf

Die ersten Ergebnisse des Pilotprojekts (vgl. Kap. 5.3.1) weisen darauf hin, dass schon Studierende bezüglich ihrer arbeitsbezogenen Verhaltens- und Erlebensmuster sowie der Eignung für das Studium kritisch zu hinterfragen sind. Speziell für das Lehramt für Sonderpädagogik mit der Fachrichtung Lernbehindertenpädagogik liegen hierzu nur wenig empirische Befunde vor.
Daher umfasst die *Stichprobe* der vorliegenden Untersuchung eine *Statuserhebung* aller *Studienanfänger der Lernbehindertenpädagogik* an der Ludwig-Maximilians-Universität München zum *Wintersemester 2007/2008* in einer *Längsschnittanalyse*. Im Rahmen der Einführungsveranstaltung vor Beginn des Studiums werden im *Oktober 2007 (T1) 60 Fragebögen* verteilt. Die *Rücklaufquote* beträgt mit 54 Bögen *90%* und ist in Hinblick auf die freiwillige und anonymisierte Teilnahme sehr erfreulich. Der *Frauenanteil* liegt bei *76%*. Das *Durchschnittsalter* der Studierenden beträgt *21 Jahre* (SD: 2.181; Min./Max.: 19/30).
Nach dem Intensivpraktikumsjahr wird die Befragung am Ende des Sommersemesters im *Juli 2010* wiederholt, d.h. nach drei Jahren *am Ende des sechsten Semesters (T2)*. Zusätzlich werden die *Fremdwahrnehmungen* der jeweiligen *Betreuungslehrkräfte im Intensivpraktikum* wie auch der *Dozentinnen im jeweiligen praktikumsbegleitenden Seminar* erfragt. So können mögliche Unterschiede zu Studienbeginn im Vergleich zum Hauptstudium sowie in der Eigen- bzw. Fremdwahrnehmung erhoben werden. Zu diesem zweiten Untersuchungszeitpunkt beträgt das Durchschnittsalter der Stichprobe 24 Jahre (SD: 2,158; Min./Max.: 22/33) (vgl. Abb. 1).

Stichprobe	Anzahl		Geschlecht		Alter		
	N	%	männl. %	weibl. %	M	(SD) max.	min.-
gesamt	53	100	26	74	M1: 21 M2: 24	2 2	T1: 19/30 T2: 22/33
Interventionsgruppe	14	26	14	86	M1: 21 M2: 24	2 2	T1: 19/27 T2: 22/30

Abb. 1: Übersicht zur Untersuchungsstichprobe (Zahlen gerundet)

In dieser Abbildung sind auch jene 15 Studierende aufgeführt, die im Hauptstudium (fünftes und sechstes Semester: Wintersemester 2009/2010 bzw. Sommersemester 2010) im Rahmen des Begleitseminars zum Intensivpraktikum an einem *Interventionsprogramm* in Anlehnung an Hillert/Koch (2007) teilnehmen (vgl. Weindl 2010). Ein Studierender kann bei den Auswertungen nicht berücksichtigt werden, da er nachrückt und den ersten Messzeitpunkt versäumt (Durchschnittsalter T1/T2: 21 J./24 J.; Standardabweichung T1/T2: 2,410/2,273; Min./Max. T1 bzw. T2: 19/27 bzw. 22/30).
Der *Untersuchungsablauf* wird wie folgt durchgeführt:

- *Juli 2004 – Oktober 2008:* Pilotprojekt;
- *Oktober 2007:* Erster Zeitpunkt der Statuserhebung im Längsschnitt (Studienanfängerkohorte des Lehramts für Sonderpädagogik mit der Fachrichtung Lernbehindertenpädagogik zu Beginn des Wintersemesters 2007/2008);
- *Juni 2009:* Sieben (von acht geplanten) offenen Leitfadeninterviews im Sommersemester 2009 (vgl. Kapitel 6);
- *Oktober 2009 – Februar 2010:* Durchführung des Interventionsprogramms mit einer Teilgruppe der Studierendenkohorte im Rahmen des Begleitseminars zum Intensivpraktikum (einmal wöchentlich mit zwei Semesterwochenstunden) im Wintersemester 2009/2010;
- *April 2010:* Erhebung der Fremdeinschätzung der begleitenden Lehrkräfte im Intensivpraktikum sowie der Dozentinnen im Rahmen der Begleitseminare zum Intensivpraktikum;
- *Juli 2010:* Schlusserhebung der Studierendenkohorte (Oktober 2007) im Sommersemester 2010.

5.2.2 Der Studiengang Lernbehindertenpädagogik an der Ludwig-Maximilians-Universität (LMU) München

Um die Ausbildungssituation der befragten Studierendenkohorte näher zu bestimmen, werden in diesem Kapitel sowohl die Struktur als auch Inhalte des Studiengangs Lehramts für Sonderpädagogik mit dem vertieften Hauptfach Lernbehindertenpädagogik an der Ludwig-Maximilians-Universität (LMU) München näher beschrieben. Der untersuchte Personenkreis befindet sich in der herkömmlichen Form der Lehramtsausbildung, bei der die Bologna-Reform durch Modularisierung noch nicht umgesetzt ist. Trotz des nun zu beschreibenden verpflichtenden Studienangebots, gibt es hier noch mehr Freiheiten und Wahlmöglichkeiten. Am Ende des Studiums wird durch Ablegen des ersten Staatsexamens die Eignung für das Referendariat bzw. den späteren Beruf grundlegend festgestellt.
Das Studium des Lehramts für Sonderpädagogik und speziell der Lernbehindertenpädagogik kann in Bayern an zwei Orten studiert werden, der Julius-Maximilians-Universität Würzburg

und der Ludwig-Maximilians-Universität München. Es umfasst folgende drei Teilbereiche: das erziehungswissenschaftliche Studium mit 32 Semesterwochenstunden (SWS), das Studium der sonderpädagogischen Fachrichtung Lernbehindertenpädagogik (84 SWS) und wahlweise das Studium der Didaktik der Grundschule oder der Didaktiken einer Fächergruppe der Hauptschule einschließlich der fachwissenschaftlichen Grundlagen mit 44 SWS (vgl. Bayerische Staatsregierung 2008). Außerdem ist eine Erweiterung mit folgenden Schwerpunkten möglich:

- der pädagogischen Qualifikation als Beratungslehrkraft,
- einer weiteren sonderpädagogischen Qualifikation (z.B. der Sprachheilpädagogik oder der Pädagogik bei Verhaltensstörungen),
- der Didaktik der Grundschule bzw. den Didaktiken einer Fächergruppe der Hauptschule, wenn diese nicht bereits Teil des Studiums sind,
- einem geeigneten Unterrichtsfach (Deutsch, Mathematik, Informatik, Ethik, Kunst, Musik etc.),
- der Didaktik des Deutschen als Zweitsprache.

Zudem ist es möglich, mit Psychologie bei schulpsychologischem Schwerpunkt, durch das Studium einer fremdsprachlichen Qualifikation, durch das Studium der Medienpädagogik oder aber auch durch das Studium des darstellenden Spiels zu erweitern (vgl. ebd.).
Für das Studium der Lernbehindertenpädagogik sind mehrere Praktika zu absolvieren, die wie folgt im § 38 der Lehramtsprüfungsordnung I (LPO I, vgl. Bayerisches Staatsministerium für Unterricht und Kultus 2002) beschrieben sind:

- Betriebspraktikum (acht Wochen),
- Orientierungspraktikum (zweimal zwei Wochen),
- studienbegleitendes fachdidaktisches Praktikum (einmal pro Woche über ein Semester),
- pädagogisch-didaktisches Schulpraktikum (drei Wochen),
- sonderpädagogisches Blockpraktikum (vier Wochen) und ein
- studienbegleitendes sonderpädagogisches Praktikum (einmal pro Woche über zwei Semester) bzw. alternativ das Intensivpraktikum (zweisemestrig, als bevorzugte Variante).

Die studienbegleitenden Praktika werden jeweils mit den entsprechenden Begleitveranstaltungen der Fachrichtung Lernbehindertenpädagogik angeboten und können im Zusammenspiel mit der Blockphase auch in der Variante als Intensivpraktikum gewählt werden. Insbesondere gut begleitete und betreute Intensivpraktikumsphasen bzw. Praktikumsjahre werden im Hinlick auf die eigene Kompetenzentwicklung als äußerst zielführend angesehen (vgl. Müller 2010). In der Regel erfolgt nach dem dritten Semester die Absolvierung der Zwischenprüfung und nach neun Semestern die des ersten Staatsexamens (vgl. ebd.).
Aufgrund der Kulturhoheit der Länder variiert das Studium der Lernbehindertenpädagogik in den einzelnen Bundesländern sehr (vgl. Streidl 2010). Es existieren folglich sehr große Unterschiede bezüglich der Studiengänge in der Lernbehindertenpädagogik als Fachwissenschaft. Bayern hält mit 84 SWS den höchsten Anteil bzw. die stärkste fachliche Vertiefung. Dem gegenüber steht Berlin mit lediglich 30 SWS. So stellen diese zwei Bundesländer die beiden Pole dar, die übrigen liegen mit ihrem fachwissenschaftlichen Anteil dazwischen (vgl. Bellenberg/Thierack 2003). Unterboten werden kann Berlin noch von dem Bundesland Thüringen, da

dort nach § 5 der Studienordnung lediglich 52 SWS für insgesamt zwei sonderpädagogische Fachrichtungen veranschlagt sind. Hier können je nach der Entscheidung der einzelnen Studierenden weniger als 30 SWS auf die Lernbehindertenpädagogik entfallen (vgl. Universität Erfurt 2009). Die diskutierte und z.T. in Umsetzung befindliche Abschaffung eines eigenständigen Studiums des Lehramts für Sonderpädagogik ist jedoch unter Berücksichtigung der hohen Anforderungen sowie der Komplexität der Fächer eher als kontraproduktiv einzuschätzen, insbesondere mit Blick auf eine inklusive (Lehrer-)Bildung.
Im Zuge der Bologna-Reform werden die Studiengänge umgestellt und modularisiert. An der Ludwig-Maximilians-Universität München (LMU) ist dies für den Studiengang seit dem Wintersemester 2010/2011 der Fall. Die in dieser Arbeit untersuchte Studienkohrte fällt demnach noch unter die „alte“ Studienordnung der LPO I, die mindestens noch bis Herbst 2016 Gültigkeit haben wird. Aufgrund der Überlast in der Antragstellung – bezogen auf einen Studienplatz – bei den Lehramtsstudiengängen gibt es an der LMU München einen Numerus Clausus (NC), wobei momentan auch der fachspezifische NC für das Lehramt für Sonderpädagogik/Lernbehindertenpädagogik diskutiert bzw. eingeführt wird. Der NC für das Fach Lernbehindertenpädagogik liegt etwa bei einem Notenwert von 2,3 (vgl. LMU 2012). Die Abbrecherquote bezogen auf die untersuchte Kohorte des Wintersemesters 2007/2008 ist relativ gering und liegt nach den Angaben des Referats für Struktur und Entwicklung der LMU München ca. bei sieben Prozent. Die Abiturdurchschnittsnote gilt weiterhin als zuverlässigstes sowie effektivstes Mittel der Wahl sowie als Prädiktor für den Studienerfolg: So weist sie anerkanntermaßen eine prognostische Validität für den Studienerfolg von Zwischenprüfungs- und Endnoten auf (im Schnitt r=.39), ebenso für den Studienabschluss (r=.32) (vgl. Rindermann/Oubaid 1999). Gerade in den Geisteswissenschaften und in der Pädagogik erreicht die Abiturdurchschnittsnote bezogen auf die Ergebnisse von Metaanalysen eine höhere prognostische Validität als beispielsweise Einzelfachnoten (vgl. ebd.).
Mittlerweile sind Selbsterkundungsverfahren zur Eignungsabklärung für den Lehrerberuf verbreitet und stehen teilweise auch online zur Verfügung. Am etabliertesten sind hier das Verfahren *Fit für den Lehrerberuf* (FIT) (vgl. Herlt/Schaarschmidt 2007), das Laufbahnberatungsprogramm *Career Counselling for Teachers* (CCT) (vgl. Nieskens/Müller 2009) sowie das Self-Assessment-Verfahren *Feedback-Inventar zur berufsbezogenen Erstorientierung für das Lehramt* (FIBEL) (vgl. Kanning/Herrmann/Böttcher 2011). Neben Unsicherheiten hinsichtlich der Validität der Verfahren kann v.a. die Nähe mancher Skalen zum Persönlichkeitstest *NEO-Fünf-Faktoren-Inventar* (NEO-FFI) (vgl. Borkenau/Ostendorf 2008) festgestellt werden. Hier werden Bezüge zu den fünf Persönlichkeitsfaktoren hergestellt, die international als *„Big Five“* erfasst werden. Diese fünf stabilen Persönlichkeitsmerkmale sind *Neurotizismus* (positiv: Belastbarkeit bzw. emotionale Stabilität), *Extraversion*, *Offenheit*, *Verträglichkeit* und *Gewissenhaftigkeit* (vgl. McCrae/Costa 2008, S. 159ff.). Diese allgemeinen Persönlichkeitsfaktoren sind neben einer ausgeglichenen Lebensführung und einer aktiven gesellschaftlichen Teilhabe nicht nur für den Lehrerberuf bedeutsam, sondern für alle Berufssparten. „Problematisch wäre es, wenn sich eine Konzentration auf allgemeine Persönlichkeitsvariablen im Kontext der Eignungsabklärung für den Lehrerberuf auch im Rahmen von Selbsterkundungsverfahren verstetigt [...] so würde sich die Eignungsabklärung tatsächlich auf eine schlichte Unterscheidung von aufgrund ihrer *Persönlichkeit* geeigneter oder ungeeigneter Kandidaten reduzieren [...] Allerdings deuten Items, die ein didaktisches (FIT) oder pädagogisches Geschick (FIBEL) erfassen, darauf hin, dass auch hier der Wirkung der Lehrerbildung nicht allein vertraut, sondern auf eine ‚gegebene‘ oder angeborene, personengebundene Veranlagung gesetzt wird. Eine solche Gabe explizit zum Eignungsmerkmal zu erheben, erscheint

tatsächlich höchst bedenklich" (ROTHLAND/TIRRE 2011, S. 669f.; Hervorh. i. Orig.). Ob aufgrund der Durchführung der Selbsterkundungsverfahren wie FIT, FIBEL und CCT tatsächlich geeignete Studierende ausgewählt werden, ist derzeit empirisch noch nicht belegt und zeugt von einem erheblichen Forschungsbedarf: „Inwiefern es den Selbsterkundungsverfahren gelingt, die später beruflich Erfolgreichen bereits vor Aufnahme des Studiums zu identifizieren, ist eine bislang offene empirische Frage. Ebenso gibt es aktuell keine Angaben darüber, ob die erfassten Merkmale über die im Studium vermittelten generischen und fachspezifischen Kompetenzaspekte hinaus einen Zusammenhang zu Maßen des Berufserfolgs aufweisen" (KLUSMANN/KÖLLER/KUNTER 2011, S. 716). In Finnland werden trotzdem flächendeckend für die Lehrerbildung Auswahlverfahren vor Beginn des Studiums eingesetzt (vgl. KOHONEN 2007). Dabei „erwies sich die Leistung im Probeunterricht als bester Prädiktor, während die Interviewbeurteilung kaum zur Vorhersage beitrug" (PÄSSLER/HELL/SCHULER 2011, S. 644). Auch in England wird an Auswahlverfahren festgehalten, wobei hier das Hauptproblem nicht mehr bei der Auswahl der Kandidaten besteht, sondern darin, hochqualifizierte Absolventen im Lehrerberuf zu halten (vgl. KROATH/TRAFFORD 2007).

Eignungen allgemein „bezeichnen die Erfolgswahrscheinlichkeiten, mit denen Personen bestimmter individueller Merkmalsausprägungen vorgegebene berufliche oder andere Handlungsanforderungen erfüllen [...] Eignungen sind ebenfalls *handlungszentriert* und erfassen auch vor allem das Verhalten in *konvergent-anforderungsorientierten* Handlungssituationen" (ERPENBECK/VON ROSENSTIEL 2003, S. XXVIII, Hervorh. i. Orig.). Für die Berufseignungsdiagnostik können drei Ansätze unterschieden werden: der biografische, der simulationsorientierte und schließlich der eigenschafts- oder konstruktorientierte (vgl. PÄSSLER/HELL/SCHULER 2011, S. 639f.). BIERI BUSCHOR/SCHULER BRAUNSCHWEIG (2011, S. 702ff.) schließen aus ihren empirischen Untersuchungen, dass ein Assessment Centre (AC) wie es in der Pädagogischen Hochschule Zürich (PHZ) durchgeführt wird, „ein recht zuverlässiges Verfahren darstellt, um die überfachlichen Kompetenzen der angehenden Studierenden zu überprüfen" (ebd.). Dieses AC stellt allerdings ein zeitliches wie personelles sehr aufwändiges Verfahren dar.

Die Eignung für den Studiengang Lernbehindertenpädagogik respektive für das spätere Tätigkeitsfeld an Förderzentren oder allgemeinen Schulen wird als Zugangskriterium über die Abiturdurchschnittsnote festgelegt. Im Studiumsverlauf wie in der vorliegenden Untersuchung finden insofern alle drei Ansätze Berücksichtigung, da neben der Anwendung standardisierter Fragebögen das Unterrichten an Intensivpraktikumsschulen und für den Lehrerberuf biografisch relevante Merkmale bzw. Tätigkeiten erfasst werden. Interessant wäre es insgesamt durch eine biografiebezogene Langzeitstudie der Eignung für den Beruf des Lehramts für Sonderpädagogik auf den Grund zu gehen.

5.2.3 Forschungsmethode

Zur Überprüfung der konkreten Fragestellungen wird ein sechsteiliger Fragebogen erstellt, der sich aus folgenden Teilen zusammensetzt:

1. aus dem diagnostischen Verfahren *AVEM* von SCHAARSCHMIDT/FISCHER (2006),
2. einem Fragebogen zu möglichen *Beschwerden* von SCHAARSCHMIDT (2005),
3. der allgemeinen und zukünftigen *körperlichen und psychischen Verfassung*, einem Bogen von SCHAARSCHMIDT (2005),
4. einer Einschätzung zu eigenen *berufsbezogenen Zielen und Motiven* (Bogen von SCHAARSCHMIDT 2005),

5. einem Fragebogen zur *Selbsteinschätzung „Fit für den Lehrerberuf"* (Herlt/Schaarschmidt 2007) und
6. der Erfassung *persönlicher Daten*.

Bei der Zusammenstellung des Fragebogengehefts wird v.a. auf die Expertise des Forscherteams um Schaarschmidt rekurriert, da hier zum einen die Ergebnisse der größten deutschen Lehrerstudie und zum anderen die Gruppe der Studierenden explizit in den Fragestellungen bzw. Auswertungen Berücksichtigung finden. So bildet das diagnostische Instrument *AVEM* die Basis der vorliegenden Untersuchung. Sein Einsatz ist im deutschsprachigen Raum weit verbreitet – auch bei groß angelegten Studien – und ist gut kommunizierbar (vgl. Pässler/Hell/Schuler 2011, S. 645 Lehr 2011a, S. 695). An der Kontingenzstichprobe ist allerdings der stichprobenimmanente Effekt, wie in Kapitel 4.4 beschrieben, zu bemerken. Die befragten Studierenden können dadurch in vier Verhaltens- und Erlebensmuster eingeordnet und anhand dieser mit den Ergebnissen der weiteren fünf Bögen in einen möglichen Zusammenhang gebracht werden. Das diagnostische Verfahren besteht aus 66 Items, die sich auf elf Dimensionen erstrecken (1. Bedeutsamkeit der Arbeit, 2. beruflicher Ehrgeiz, 3. Verausgabungsbereitschaft, 4. Perfektionsstreben, 5. Distanzierungsfähigkeit, 6. Resignationstendenz, 7. Problembewältigung, 8. Ausgeglichenheit, 9. Erfolgsstreben, 10. Lebenszufriedenheit, 11. soziale Unterstützung). Diese elf Dimensionen lassen sich wiederum drei umfassenden Bereichen zuordnen, die wie folgt näher beschrieben werden können: Den ersten Bereich stellt das *Arbeitsengagement* dar, zu dem die ersten fünf Dimensionen zählen. Hier geht es v.a. darum, wie wichtig den Studierenden ihre Arbeit erscheint, welche Schwerpunkte sie setzen und ob das richtige Maß dabei gefunden wird. Der zweite Bereich greift die *Widerstandskraft gegenüber Belastungen* auf, die sich in den Dimensionen sechs bis acht widerspiegeln. Im dritten Bereich geht es um die *Emotionen*, die durch die letzten drei Dimensionen repräsentiert werden und eine gewisse stabile Grundlage für die Auseinandersetzung mit der universitären bzw. Arbeitswelt bilden.
Das diagnostische Instrument AVEM ermöglicht Aussagen über die oben benannten Bereiche und Dimensionen. Durch die Betrachtung der elf Dimensionen in einem bestimmten Verhältnis bietet es eine *Einteilung in vier Verhaltens- und Erlebensmuster* in der Bewältigung beruflicher Situationen (vgl. Schaarschmidt 2005, S. 24). Die vier Muster, auf die sich diese Untersuchung stützt, sollen im Folgenden kurz erläutert werden.
Das *Muster G* steht für Gesundheit und beschreibt ein gesundheitsförderliches Verhalten im Bereich der Arbeit. Derjenige, der zu diesem Muster gehört, kann sich für seine Arbeit engagieren, ohne sich zu verausgaben. Zudem hat er ein gutes Lebensgefühl sowie eine hohe Widerstandskraft gegenüber Belastungen. Er besitzt einen hohen beruflichen Ehrgeiz und ist in der Lage, sich von der Arbeit gut zu distanzieren. Weiterhin sind hohe Werte im Bereich der aktiven Problembewältigung, der inneren Ruhe und Ausgeglichenheit auszumachen, dagegen geringe Werte in der Resignationstendenz gegenüber Misserfolgen (vgl. a.a.O., S. 24f.). Menschen mit diesem Muster sind fähig, das richtige Maß an Engagement zu finden. Sie können gut mit Belastungen umgehen und nehmen sich ihre Ruhephasen, die sie brauchen. Wenn es darauf ankommt, haben sie das richtig Gespür, sich zu distanzieren. Insgesamt sind sie in einem guten, „gesunden" Gleichgewicht.
Das *Muster S*, kurz für Schonung, ist durch ein schonendes Verhalten gegenüber der Arbeit gekennzeichnet. Hier sind die geringsten Ausprägungen in den Bereichen der Resignationstendenz, des Perfektionsstrebens, des beruflichen Ehrgeizes, der subjektiven Bedeutsamkeit der Arbeit sowie der Verausgabungsbereitschaft festzustellen. Bei den Dimensionen der Wi-

derstandsfähigkeit gegenüber Belastungen bzw. der inneren Ruhe und Ausgeglichenheit findet man vergleichsweise hohe Werte (vgl. SCHAARSCHMIDT 2005, S. 25). Da Angehörige dieses Musters kaum berufliche Erfolge erleben, ziehen sie das zufriedene Lebensgefühl aus dem Bereich außerhalb ihrer Arbeit. Diese Menschen ziehen sich ein Stück weit zurück, ohne zu resignieren. Sie zeigen wenig Aktivität im Beruf, legen aber im Gegenzug viel Wert auf ihre Freizeit. Es ist zu vermuten, dass diese Menschen kaum berufliche Herausforderungen sehen bzw. wenig Vorankommen. Auch sind schlechte Arbeitsbedingungen oder ein schlechtes Arbeitsklima mögliche Ursachen ihrer Schonungshaltung und gegebenenfalls „weise Voraussicht" oder auch eine Schutzhaltung (vgl. SCHRÖDER 2006, S. 26).
Das *Risikomuster A* beschreibt ein überhöhtes Arbeitsengagement. Das Perfektionsstreben, die Verausgabungsbereitschaft und die subjektive Bedeutsamkeit der Arbeit sind hier am stärksten ausgeprägt. Ein hoher Wert ist ebenso im Bereich der Resignationstendenz gegenüber Misserfolgen erkennbar. In den Dimensionen der inneren Ruhe und Ausgeglichenheit, der Distanzierungsfähigkeit sowie der Widerstandsfähigkeit gegenüber Belastungen sind geringe Ausprägungen zu finden (vgl. SCHAARSCHMIDT 2005, S. 26).
Menschen mit diesem Muster können sich am wenigsten von ihrer Arbeit distanzieren. Sie sind ruhelos bzw. unausgeglichen und arbeiten exzessiv. Vermutlich haben sie durch einen relativ hohen Wert im Bereich des beruflichen Erfolgserlebens noch die Kraft, sich so zu verauszugaben (vgl. SCHRÖDER 2006, S. 27). Der Zusammenhang mit negativen Emotionen, wie geringe soziale Unterstützung, geringe Lebenszufriedenheit und eine krankheitsförderliche Lebensweise werden daher verdeutlicht. Es ist kein gesundes Gleichgewicht mehr vorhanden.
Auf der einen Seite verausgaben sich die betroffenen Personen, auf der anderen Seite vernachlässigen sie die benötigte Entspannung und Erholung. Daher werden sie im Verlauf ihre Bewältigungsressourcen aufgebraucht haben und keine Kraft mehr besitzen, den Belastungen standzuhalten. Es besteht die Gefahr, dass sich ein Übergang zum folgenden Risikomuster B vollziehen könnte (vgl. SCHAARSCHMIDT 2005, S. 27).
Das *Risikomuster B* steht für Burnout und ist durch eine generelle Lebensunzufriedenheit, durch innere Unruhe sowie Unausgeglichenheit, eine hohe Resignationstendenz, eine geringe Ausprägung der offensiven Problembewältigung wie auch des beruflichen Erfolgserlebens gekennzeichnet (vgl. SCHRÖDER 2006, S. 27). Personen dieses Musters weisen einen geringen beruflichen Ehrgeiz, wenig Arbeitsengagement und geringe Werte im Bereich der subjektiven Bedeutsamkeit der Arbeit auf. Sie ähneln bezüglich des Arbeitsengagements dem Muster S, das aber eine hohe Distanzierungsfähigkeit als Schutz besitzt. Dagegen können Angehörige des Musters B sich nicht distanzieren und sind somit belasteter. Die Merkmale des B-Musters (negative Emotionen, Motivationseinschränkung, hohe Resignationstendenz) zählen zum Kern des Burnout-Syndroms. Sie verdeutlichen so eine enge Beziehung zwischen Risikomuster und Burnout-Syndrom. Personen des Musters B zeigen viele Gemeinsamkeiten mit den Symptomen eines Burnout-Prozesses. Das Erschöpfungserleben bei gleichzeitiger Unfähigkeit zu Erholung und die hohe Resignationstendenz sind hier besonders prägnant. Auch sehen diese Menschen wenig Sinn in ihrer Arbeit und zweifeln an ihren beruflichen Fähigkeiten. Sie weisen ein erhöhtes Gesundheitsrisiko auf (vgl. SCHMID 2003, S. 94).
Doch muss nicht jede Person, die zum Risikomuster B zu zählen ist, einen Burnout-Prozess durchlaufen. Ebenso ist dieses Muster Ausdruck eines Ungleichgewichts zwischen persönlichen Ressourcen und den beruflichen Anforderungen.
Nachdem die Angaben einer Person mit dem AVEM ausgewertet sind, wird jeder Einzelne einem bestimmten Muster angehören. Jedoch ist eine Person nicht immer ausschließlich

einem Muster zuzuordnen. Eine völlige Zugehörigkeit liegt nur dann vor, wenn sich der Betreffende mindestens zu 95% von den anderen Profilen abhebt. Meistens treten Mischkombinationen auf, sodass in diesen Fällen Tendenzen zu einem Muster angenommen werden (vgl. SCHAARSCHMIDT 2005, S. 28). Der Vorteil bei vorliegendem Mischmuster besteht darin, dass in der Beratung an den gesundheitsförderlichen Anteilen angeknüpft und somit präventiv gearbeitet werden kann.
Der *Fragebogen zu den Beschwerden* ermöglicht es, ein konkretes Bild über die körperlichen und psychischen Beeinträchtigungen zu erhalten. Die Studierenden müssen sich hier entscheiden, ob sie die vorgegebenen Beschwerden in den letzten zwei bis drei Jahren nie (1), selten (2), gelegentlich (3), häufig (4) oder aber ständig (5) erlebt haben (vgl. a.a.O., S. 46). Die Angaben der Studierenden über die aufgezeigten Beschwerden lassen sich in einen Zusammenhang mit ihren Bewältigungsmustern bringen. Insgesamt sind 42 Beschwerden aufgeführt.
Die Studierenden können in dem *Fragebogen zur Selbsteinschätzung der körperlichen und psychischen Verfassung* von SCHAARSCHMIDT (2005, S. 169f.) ihren momentanen Zustand durch Ankreuzen eines ihnen entsprechenden Gesichtes veranschaulichen (davon sieben zur Auswahl). Danach sollen sie ihre zukünftigen Erwartungen für die nächsten fünf bis zehn Jahre einer diesbezüglichen Verbesserung (1), Verschlechterung (3) oder keiner Veränderung (2) kennzeichnen. So ermöglicht dieser Bogen eine Selbsteinschätzung der psychischen und körperlichen Beschwerden. Es wird aufgezeigt, wie sich die Studierenden fühlen und ob sie an ihrer persönlichen Verfassung etwas ändern können bzw. eine Veränderung erwarten.
Die Ergebnisse dieses Bogens können in einen guten Zusammenhang zum Beschwerdefragebogen gebracht werden. Es lassen sich die tatsächlichen Beschwerden mit dem gefühlten Befinden vergleichen. Somit entsteht ein noch genaueres Bild des körperlichen und psychischen Zustandes der einzelnen Studierenden.
Der *Fragebogen* setzt sich aus einer Liste *mit 22 berufsbezogenen Zielen und Motiven* zusammen, die auf die eigene Person ausgerichtet sind (vgl. a.a.O., S. 55). Die Studierenden werden gebeten, zu jedem dieser Ziele und Motive ihre persönliche Bedeutsamkeit anhand einer fünfstufigen Skala anzugeben (gar nicht wichtig bis sehr wichtig). Dieser Fragebogen gibt Hinweise auf die Ziele und Motive der Studierenden im Hinblick auf ihre Wahl des Studiengangs bzw. ihres späteren Berufs als Sonderschullehrkraft und zeigt einen eventuellen Zusammenhang zu ihren Bewältigungsmustern.
Der *Fragebogen zur Selbst- bzw. Fremdeinschätzung* ist ein diagnostisches und zugleich informatives Verfahren. Er ermöglicht, dass die Studierenden die Anforderungen an eine Lehrkraft kennenlernen. Gleichzeitig können sie feststellen, ob ihre persönlichen Voraussetzungen diesen entsprechen und ob dritte Personen die eigene Einschätzung teilen (vgl. HERLT/SCHAARSCHMIDT 2007, S. 177). Insgesamt sind in den Bögen zur Erhebung der Selbst- bzw. Fremdwahrnehmung 21 relevante Merkmale aufgeführt, die jeweils mit einer kurzen Information zu einer Anforderung beginnen. Zu jedem Merkmal gibt es drei mögliche Aussagen, die die Studierenden auf einer fünfstufigen Skala (von trifft völlig bis überhaupt nicht zu) auf ihre eigene Person zutreffend quasi diagnostisch einordnen sollen. In die empirische Untersuchung werden sechs relevante Merkmale einbezogen, die besonders Hinweise auf die psychische Gesundheit der Studierenden geben und gegebenenfalls eine Verbindung zum Phänomen Burnout herstellen.
Im letzten Teil des sechsteiligen Fragebogens werden die Studierenden gebeten, einige *persönliche Daten* anzugeben, wie z.B. Geschlecht, Alter, Familienstand sowie zu Krankheitstagen, Freizeitstunden oder Gründen für den Antritt des Studiums. So können weitere Zusammenhänge zu den Bewältigungsmustern wie auch zusätzlich qualitative Aussagen erschlossen werden.

5.2.4 Selbst- und Fremdwahrnehmung

Häufig wird bei Befragungen von Studierenden lediglich die Selbstwahrnehmung erfasst und die Fremdwahrnehmung vernachlässigt. Wie im vorangegangenen Kapitel beschrieben wird hier hinsichtlich des methodischen Vorgehens erkenntnistheoretisch idealerweise zusätzlich zur Selbsteinschätzung auch die zugehörige Fremdeinschätzung erhoben. Dadurch kann ein möglichst realitätsnaher Abgleich von *Fremd- und Selbstwahrnehmung* erfolgen, der im Sinne des interaktionistischen Paradigmas als notwendig und sinnvoll erachtet wird (vgl. HEIMLICH 2009, S. 212f.). Die Selbstwahrnehmungstheorie nach BEM (1972) beinhaltet, *dass sich Selbst- und Fremdwahrnehmung grundsätzlich in den Bewertungen ähneln*. Das liegt daran, dass Menschen ihre Gefühle und Einstellungen aus der Beobachtung ihres eigenen Verhaltens sowie den jeweiligen Situationsbedingungen erschließen. Diese Gefühle und inneren Zustände sind ebenso für außenstehende Personen aus dem Verhalten heraus erkennbar. Das Verhalten sollte jedoch *freiwillig* bzw. *gewollt* sein und *nicht belohnt* werden. Nur so kann man auf die wahren inneren Zustände einer Person schließen sowie Wahrnehmungsverzerrungen vermeiden (vgl. a.a.O., S. 4ff.). Trotzdem können *Unterschiede in der Fremd- bzw. Selbsteinschätzung* auftreten. Die Selbstdiskrepanztheorie nach HIGGINS (1987; 1989) unterscheidet *drei Selbstbilder*: erstens *das tatsächliche Selbst* (Realitätsbild einer Person), zweitens *das ideale Selbstbild* (Wunschbild) und drittens *das geforderte Selbst* (Anforderungs- bzw. Pflichtbild). Je nach Standpunkt des Beobachters – die Person selbst oder eine andere – gibt es insgesamt sechs Selbstbilder, die nicht unbedingt übereinstimmen müssen (vgl. Tab. 2).

Selbstwahrnehmung	**Fremdwahrnehmung**
Das tatsächliche Selbst: Wie man sich selbst sieht (tatsächlich/selbst).	Das tatsächliche Selbst: Wie man glaubt, von anderen Personen wahrgenommen zu werden (tatsächlich/fremd).
Das ideale Selbst: Wie man selbst sein möchte (ideal/selbst).	Das ideale Selbst: Die vermeintlichen Wünsche und Hoffnungen anderer Menschen – Wie andere Menschen möchten, dass man ist (ideal/fremd).
Das geforderte Selbst: Wie man nach den eigenen Ansprüchen sein sollte (gefordert/selbst).	Das geforderte Selbst: Wie man nach den Ansprüchen anderer Menschen sein sollte (gefordert/fremd).

Abb. 2: Die sechs Selbstbilder in Anlehnung an Higgins (1987; 1989)

Zu ähnlichen Ergebnissen in Bezug auf die Selbst- bzw. Fremdwahrnehmung im Kontext von ersten Praxiskontakten von Lehramtsstudierenden wie HIGGINS (1987; 1989) kommt MEYER (2010). Ausgehend von einer empirischen Analyse von Studierenden im Schulpraktikum können folgende fünf Fragen, die auch als Entwicklungsaufgaben angesehen werden können, als essentiell bewertet werden:

1. Genüge ich den Ansprüchen, welche die mich betreuenden Lehrkräfte im Praktikum an mich stellen?
2. Genügen die betreuenden Lehrkräfte meinen Ansprüchen an Betreuungsverhalten und Unterstützung?
3. Gelingt es mir, die Schüler in einem Rahmen akzeptablen Verhaltens zu halten, der mir angemessen erscheint?

4. Kann ich mich als Lehrperson so verhalten, dass es den Schülern angemessen erscheint?
5. Kann ich mich so verhalten, dass mir mein eigenes Verhalten im Unterricht und im Umgang mit Schülern und anderen Beteiligten der Institution Schule angemessen erscheint?

Den Umgang mit widersprüchlichen Wahrnehmungen beschreiben sowohl die *Motivations- als auch die Informationsverarbeitungshypothese*. Erstere besagt, dass Diskrepanzen v.a. des tatsächlichen Selbst als unangenehm empfunden werden und daher ein Ausgleich angestrebt wird. Nach der zweiten Hypothese steigt die Stärke der negativen Folgen wie Traurigkeit (Depression), Enttäuschung oder Angst in Abhängigkeit bzw. Zugänglichkeit einer Selbstdiskrepanz (vgl. Herkner 1996, S. 369). Zudem müssen nicht alle positiven Merkmale des tatsächlichen Selbst zu einem positiven Selbstwert beitragen, und analog dazu nicht alle negativen Merkmale zu einem negativen Selbstbild (vgl. ebd.). Die Selbstwerterhaltungstheorie nach Tesser (1988) beschreibt, *dass Menschen dazu tendieren, ihre Leistungen miteinander zu vergleichen*. Dies kann die eigene Selbstbeurteilung beeinflussen, je nach der Qualität einer Leistung, der psychologischen Nähe zu der verglichenen Person und je nach der subjektiver Relevanz des Vergleichskriteriums. Dabei lassen sich zwei gegenläufig wirkende Prozesse auf die eigene Selbsteinschätzung differenzieren: Zum einen der Vergleichsprozess an sich, der zunächst zu einer Selbstwertminderung führt, zum anderen der *Reflexionsprozess*, der den Selbstwert wieder steigen lässt (vgl. ebd.). Die *Reflexionskompetenz* kann als Fähigkeit definiert werden, in der Vergegenwärtigung typischer Situationen des (hoch-)schulischen Alltags durch *aktive Distanzierung* eine *Bewertung* und *Haltung* sowie *Handlungsperspektiven* auf der Basis eigener Erfahrung in Auseinandersetzung mit wissenschaftlichen Wissensbeständen argumentativ zu entwickeln und zu artikulieren (vgl. Leonhard u.a. 2010, S. 114).
Hinsichtlich der Fremdwahrnehmung sind die Phänomene der *Selektion* und *Inferenz* zu berücksichtigen. Selektion bedeutet in diesem Zusammenhang, dass lediglich ein bestimmter Auszug an aufschlussreichen und charakteristischen beobachteten Handlungs- und Verhaltensweisen in die Bewertung einfließt. Welche Beobachtungen dabei als wichtig eingestuft werden, wird allerdings von den Beobachtern z.T. unterschiedlich beurteilt. Inferenz birgt die Gefahr von fehlerhaften Bewertungen, wenn über die tatsächlich vorgegebenen Informationen einer Person bereits weitere, nicht beobachtbare Schlüsse gezogen werden (vgl. Herkner 1996, S. 277f.). Auch werden neben den sprachlichen Äußerungen nonverbale Ausdrucksformen zur Meinungsbildung herangezogen, z.B. Blickkontakt, Mimik, Gestik, räumliche Distanz und Körperhaltung, aber auch Intonation sowie Lautstärke der Stimme. Weichen verbale und nonverbale Kommunikation voneinander ab, können Inkonsistenzen auftreten, was das Risiko für Missverständnisse und Fehlinterpretationen erhöht (vgl. a.a.O., S. 280). Weiter Fehlerquellen der Beurteilung können im *Halo-Effekt* (hervorstechende Persönlichkeitsmerkmale lassen verallgemeinernde Schlussfolgerungen ziehen) und im *Generosity-Error* (Sympathie, Ablehnung oder Assoziationen beeinflussen die Bewertung) liegen (vgl. Bundschuh 2010, S. 144f.). Neben der Annahme der grundsätzlichen Wahlfreiheit einer Handlung (vgl. Bem 1972) sind die Konsequenzen einer Handlung für die zu beurteilende Person sowie die Folgen für den Beobachter von Bedeutung. Die Handlungen einer beobachteten Person sind um so relevanter, je mehr Konsequenzen auch den Beurteiler betreffen: Diese werden folglich von ihm auch eher wahrgenommen (vgl. Jones/Davis 1965). Ergänzend dazu beschreibt Trope (1986) *Subtraktionseffekte* bei klaren Verhaltensweisen und *Additionseffekte* bei mehrdeutigen Handlungen. Die Subtraktionsregel oder auch Abschwächungseffekt besagt, dass, je stärker ein Verhalten durch Situationsanreize (z.B. Zwang oder positive Anreize) verursacht wird, desto weniger aus

dem Verhalten auf eine entsprechende Disposition geschlossen werden kann. Im Gegensatz dazu steht die Additionsregel: Bei eindeutigen Situationsbedingungen wird meist aus mehreren klaren Verhaltensweisen auf eine Disposition geschlossen. CRONBACH (1955) hebt folgende vier Besonderheiten hinsichtlich der Trefferquote einer Fremdeinschätzung hervor:

1. *Konstanter Fehler*: Der Beurteiler schätzt alle zu bewertende Personen konstant zu hoch oder zu niedrig ein.
2. *Variabilität*: Die Streuung wird falsch eingeschätzt, d.h. eine Unterschätzung führt zur Nivellierung und eine Überschätzung zu vermehrten Extremwerten. Hierbei handelt es sich nicht um eine falsche Wahrnehmung, da die Personen generell richtig bewertet und in der Rangliste korrekt eingeordnet werden. Das Erkennen von objektiven Unterschieden zwischen den Personen wird dadurch jedoch erschwert.
3. *Stereotype Genauigkeit*: Die Personen werden durchschnittlich gleich beurteilt. Eine interpersonelle Unterscheidung ist daher nicht möglich. Dafür können generelle Aussagen über eine Gruppe getroffen und Tendenzen aufgezeigt werden. Die Bewertung orientiert sich also mehr an der Gruppe und weniger an den Individuen.
4. *Differentielle Genauigkeit*: Interindividuelle Differenzen in der Gruppe werden berücksichtigt und richtig wahrgenommen.

Wenn das Bild, das man von sich selbst hat, und das, das andere von einem konstruieren, Diskrepanzen aufweist, kann dies auf sog. *blinde Flecken* der Selbsteinschätzung oder eine *selektive Selbstwahrnehmung* hindeuten. Sowohl die Selbst- als auch die Fremdwahrnehmung können Lücken aufweisen und zwischen verlässlichen bzw. weniger einsichtigen Aussagen variieren. JONES/NISBETT (1971) sprechen hier von einem *Actor-Observer-Bias* bzw. einer *Actor-Observer-Asymmetry*. Mehrere Studien belegen diesen Effekt (vgl. DIZÉN/BERENBAUM 2011; VAZIRE/CARLSON 2011). Allgemein gilt es als relativ schwierig herauszufinden, woran die Korrektheit über das, was man bei sich selbst und bei anderen zu sehen meint, kontrolliert und überprüft werden kann (vgl. ROSEMANN/KERRES 1986, S. 83f.). CRAMER (2010) plädiert in dem Zusammenhang für eine Neujustierung der Forschung mittels Kompetenzselbsteinschätzungen: Künftig sollten Kompetenzerwartungen von Lehramtsstudierenden nicht unter einem leistungs- bzw. performanzspezifischen Fokus interpretiert werden, sondern als Indikatoren für Erwartungen, Voreinstellungen und Haltungen (*professional beliefs*) gegenüber künftigen beruflichen Anforderungen.
Bezüglich der Fremdeinschätzung von Studierenden kann festgestellt werden, dass diese häufig strenger und kritischer ausfällt als die Selbsteinschätzung der Studierenden (vgl. HERLT, SUSANNE/SCHAARSCHMIDT 2007, S. 178). Das bedeutet, dass von einer Divergenz zwischen Selbst- und Fremdeinschätzung ausgegangen werden kann, wobei sich Studierende bei der eigenen Kompetenzeinschätzung in der Regel als besser einstufen (vgl. BIERI BUSCHOR/SCHULER BRAUNSCHWEIG 2011, S. 702ff.). Insgesamt ist also zu berücksichtigen, *dass sowohl die Fremd- als auch die Selbstwahrnehmung lediglich eingeschränkt objektiv ausfällt*.

5.3 Ergebnisse: Kompetenzen und Belastungen

Im Folgenden werden die Ergebnisse der oben beschriebenen quantitativen Untersuchung dargestellt. Aus der Fülle der erhobenen Daten werden die aussagekräftigsten Ergebnisse unter der Anwendung nonparametrischer Verfahren aufgezeigt. Aufgrund der relativ kleinen

Stichprobe erfolgt eine deskriptive Darstellung der Ergebnisse. Die Dateneingabe bzw. -auswertung erfolgt in Zusammenarbeit mit dem Statistischen Beratungslabor (STABLAB) der LMU München. Das a priori Alpha-Niveau der statistischen Hypothesentests beträgt durchgängig.05. Die Ergebnisse sind entsprechend der Fragestellung bzw. Hypothesen in Kapitel 5.1 dargelegt.

5.3.1 Pilotprojekt

Im Rahmen der Seminare zur Thematik „Die Phänomene Stress, Burnout und Coping im heil- bzw. sonderpädagogischen Arbeitsfeld" nehmen im Zeitraum 2004 bis 2008 40 Studierende freiwillig teil. Diese sind im Durchschnitt 24 Jahre alt und befinden sich meist im fünften bzw. sechsten Fachsemester, also im Hauptstudium. Die überwiegende Mehrheit, d.h. 32 Personen, studiert das Fach Lehramt für Sonderpädagogik (Lern-, Geistig-, Sprachbehindertenpädagogik sowie Verhaltensgestörtenpädagogik), die übrigen verteilen sich auf die Fächer Magister Sonderpädagogik und Lehramt an Gymnasien bzw. Realschulen. Von den insgesamt 40 Studierenden sind 34 weiblich und sechs männlich.
Als Ergebnisse der Befragung mit dem AVEM-Instrument (vgl. SCHAARSCHMIDT/FISCHER 2006) zeigen sich folgende Musterverteilungen:

Tab. 5: Verteilung der AVEM-Profile im Pilotprojekt

Profil	Absolute Häufigkeit	Prozent
S (Schonung)	21	52,5
G (Gesundheit)	9	22,5
B (Burnout)	6	15
A (Überengagement)	4	10

Damit wird angedeutet, dass bereits im Studium bei 25% der Lehramtsstudierenden Risikoprofile festzustellen sind (Profile A und B mit 10 Personen). 75% zeigen gesunde Profile (G und S mit 30 Personen).
Die Ergebnisse des BVND-Screenings (vgl. HÄNSGEN 1991) ergibt folgendes Bild:
Die Angaben aller Studierenden zu den körperlich-funktionellen Beschwerden stellen sich zu 30% als normal, zu 50% als auffällig und zu 20% als extrem auffällig heraus. Am häufigsten werden dabei starkes Herzklopfen, starkes Händezittern und Schwindelgefühle genannt.
Ähnlich ist die Zustimmung zu den psychischen Beschwerden: 35% aller befragten Studierenden liegen im unauffälligen, 52,5% im auffälligen und 12,5% im extrem auffälligen Bereich. Hier ist langes Grübeln und Verlustangst bezüglich nahestehender Menschen sowie von Anerkennung am häufigsten.
Die Angaben zu den unbestimmten Befindlichkeitsstörungen liegen entsprechend zu 30% im unauffälligen, zu 55% im auffälligen und zu 15% im extrem auffälligen Bereich. Hier klagen Studierende am meisten über eine schlechte Konzentration, Müdigkeit sowie darüber, ein „Nervenbündel" zu sein. Werden diese Ergebnisse in Zusammenhang mit denen des AVEM gebracht, zeigt sich erwartungsgemäß, dass Angehörige der Risikomuster A und B auch häufiger in den Angaben im auffälligen bzw. extrem auffälligen Bereich liegen (vgl. DÖTTERL 2009).
Aus den vorliegenden Ergebnissen des Pilotprojekts können zusammenfassend folgende drei wesentliche Schlussfolgerungen gezogen werden:

- *Das persönliche Erleben und Verhalten in Hinblick auf berufliche Anforderungen ist schon im Studium als Thematik relevant.* Angesprochen sind hier die Bereiche der Gesundheit und der Eignung für den Lehrerberuf.
- *Durch die freiwillige und aus Eigeninteresse resultierende Teilnahme ist ein stichprobenimmanenter Effekt zu konstatieren,* der mehr oder weniger immer bei derartigen Befragungen auftreten wird. Andererseits werden „erzwungene" oder „verordnete" Untersuchungen in der Regel nicht wahrheitsgetreue Angaben bedeuten, die nicht auswertbar sind.
- *Beschwerden sowohl körperlich-funktioneller, psychischer als auch unspezifischer Art treten schon mit einer hohen Wahrscheinlichkeit während des Studiums auf.* Diese können auch im Rahmen von *Beschwerdelisten* abgefragt werden.

5.3.2 Erste Statuserhebung

Zunächst wird die Verteilung der vier arbeitsbezogenen Verhaltens- und Erlebensmuster (vgl. SCHAARSCHMIDT/FISCHER 2006) auf die befragten Studierenden vorgenommen. Danach werden diese Profile mit den Merkmalen der konkreten Fragestellungen in Verbindung gebracht. Auf der Ebene des *Mikrosystems* lassen sich zunächst die *Alters- und Geschlechterverteilung* darstellen. Die deskriptiven Datenanalyse ergibt zu Beginn des ersten Studiensemesters eine Altersverteilung von durchschnittlich 21 Jahren (Maximum: 30 Jahre, Minimum: 19 Jahre, Median: 20 Jahre). Wird das Geschlecht mit dem Alter in Zusammenhang gebracht, weisen die 40 Studentinnen ein durchschnittliches Alter von 21 Jahren auf (Maximum: 27 Jahre, Minimum: 19 Jahre, Median: 20 Jahre), die 13 Studenten im Durchschnitt hingegen von 22 Jahren (Maximum: 30 Jahre, Minimum: 19 Jahre, Median: 22 Jahre).
So heben die männlichen Studierenden den Altersschnitt um etwa ein Jahr. Als Ergebnisse der Befragung mit dem AVEM-Instrument (vgl. SCHAARSCHMIDT/FISCHER 2006) zeigen sich von den 49 auswertbaren Fragebögen folgende *Profilverteilungen*:

Tab. 6: Verteilung der AVEM-Profile zu Beginn des Studiums

Profil	Absolute Häufigkeit	Prozent
G	15	30,61
S	14	28,57
B	13	26,53
A	7	14,29

Werden die unter gesundheitlichen Aspekten unbelasteten Profile G und S zusammengefasst betrachtet, umfassen diese einen Anteil von etwa 60%. Andererseits ist somit schon bei Studierenden insgesamt ein Risikoprofil (B und A) von etwa 40% festzustellen.
Obwohl die *Mischmuster* in Veröffentlichungen wie der Potsdamer Lehrerstudie (vgl. SCHAARSCHMIDT/KIESCHKE 2007) meist nicht gesondert angegeben werden, ermöglichen diese differenziertere Aussagen zu den einzelnen Bewältigungsstilen (vgl. SCHMID 2003, S. 126). Eine „reine" Musterzuordnung wird vorgenommen, wenn die Zuordungswahrscheinlichkeit den Wert $p \geq 0.95$ gegenüber einem Referenzmuster anzeigt. Häufig ist eine Musterkombination aufzufinden, wobei das erstgenannte Muster den dominanten Wert angibt. Diese Mischmuster können auf zukünftige Tendenzen einer Person in Hinblick auf die gesundheitliche Entwicklung verweisen (vgl. SCHAARSCHMIDT 2005, S. 28). Die Rangfolge unter Einbeziehung der Mischmuster (N=49) sieht in einer Aufstellung wie folgt aus:

Tab. 7: Häufigkeitsverteilung der Mischmuster (durch Runden kann ein von 100% abweichendes Gesamtergebnis entstehen)

Rangfolge	Mischmuster aus S (Schonung), G (Gesundheit), A (Überengagement), B (Burnout)	Anzahl der Personen	Prozent
1	SG	10	20
2	GA	8	16
3	GS B	5 5	10 10
4	SB AG BA	4 4 4	8 8 8
5	G	3	6
6	SB BS AB	2 2 2	4 4 4

Erwartungsgemäß erscheinen aufgrund einer unwahrscheinlichen Konstellation die Mischmuster SA, GB, BG und AS nicht, allerdings auch nicht die „reinen“ Muster S und A. Weniger günstig ist das Ergebnis, dass bei 31 Studierenden (63%) ein Risikoanteil im Mischmuster zu erkennen ist, was unter prognostischen Gesichtspunkten als gefährdend erscheint.
Bezogen auf das *Mesosystem* zeigt sich als bevorzugte Wohnsituation der Studierenden die Form der Wohngemeinschaft (WG), danach in sinkender Abfolge das Wohnen zu Hause bei den Eltern, alleine oder mit Partner. Die Angaben zum *Exosystem* sind in dieser Untersuchung qualitativ erfasst und im entsprechenden Kapitel dargestellt. Bezogen auf das *Makrosystem* stammen fast die Hälfte der Studierenden aus der untersuchten Stichprobe herkunftsmäßig aus Bayern (vgl. Abb. 3).

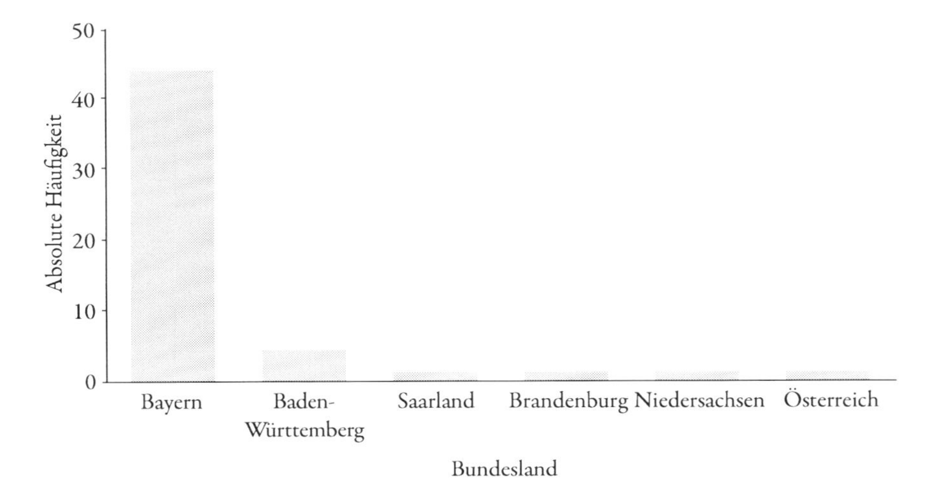

Abb. 3: Herkunft der untersuchten Studierendenkohorte

Am zweithäufigsten stammen die Studierenden aus dem benachbarten Bundesland Baden-Württemberg, danach in absteigender Reihenfolge aus dem Saarland, Brandenburg, Niedersachsen und Österreich.
Die Veränderungen, die sich im Verlauf der Zeit vom Studienbeginn hin zum Ende des sechsten Semesters ergeben, lassen sich dem *Chronosystem* zuordnen. Im Verlauf des Studiums ändert sich die bevorzugte *Wohnsituation* in der Hinsicht, dass ein verstärkter Auszug aus dem Elternhaus festzustellen ist. Die WG steigt noch einmal in der Beliebtheit und belegt nach wie vor den ersten Platz der bevorzugten Wohnform. An zweiter Stelle steht nun das Wohnen alleine, gefolgt von dem mit Partner. Das Wohnen zu Hause bei den Eltern hat an Beliebtheit stark abgenommen (vgl. Abb. 4).

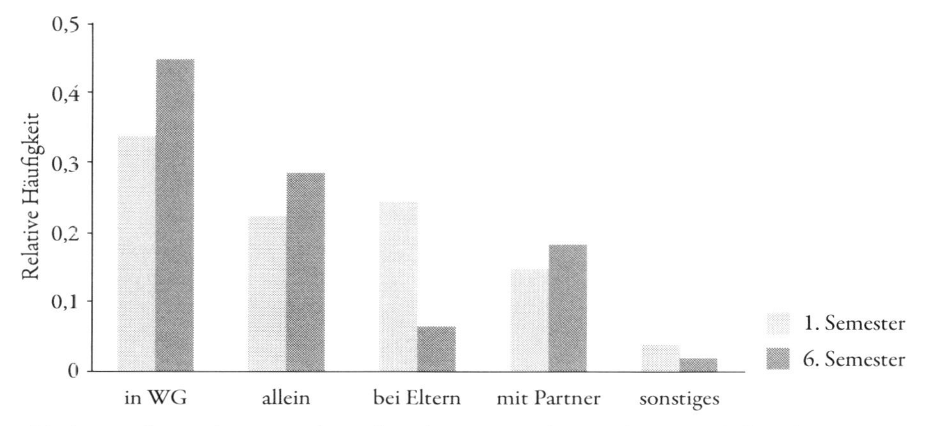

Abb. 4: Veränderte Wohnsituation der Studierenden zu Beginn des ersten bzw. am Ende des sechsten Semesters

Sowohl *in körperlicher als auch in psychischer Hinsicht* schätzen sich die befragten Studierenden im ersten Semester meist als gut ein, im sechsten Semester sogar noch etwas besser. Dies steht im Widerspruch zu der eigenen *prognostizierten* Verschlechterung im Studienverlauf (vgl. Abb. 5–8).

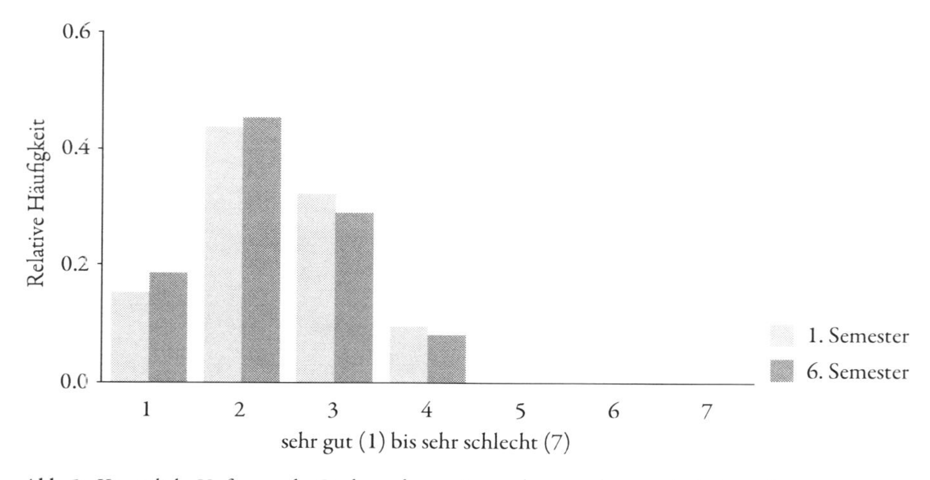

Abb. 5: Körperliche Verfassung der Studierenden zu Beginn des ersten bzw. am Ende des sechsten Semesters

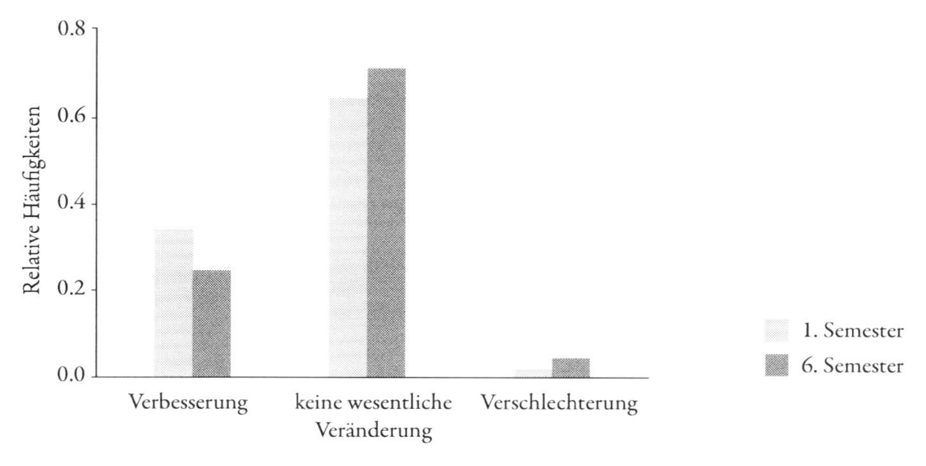

Abb. 6: Prognose der eigenen körperlichen Verfassung zu Beginn des Studiums

Die Studierenden schätzen ihre eigene körperliche Verfassung im 6. Semester als gesünder ein als zu Beginn des Studiums.
In der Prognose der eigenen körperlichen Verfassung geben die Studierenden im 6. Semester meist keine wesentliche Veränderung an, in wenigen Fällen eine Verschlechterung.

Im 6. Semester schätzen die Studierenden ihre psychische Verfassung im Durchschnitt stabiler ein als zu Studienbeginn.

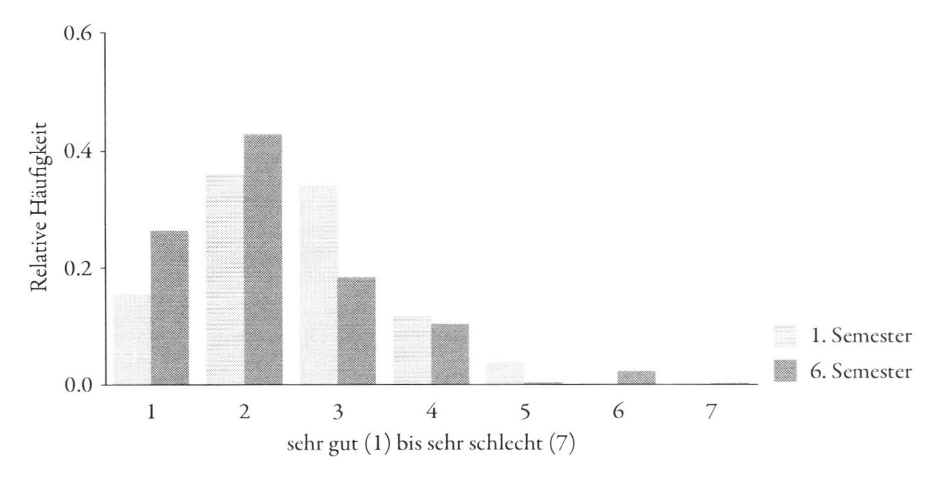

Abb. 7: Selbsteinschätzung der psychischen Verfassung zu Studienbeginn im Vergleich zum Hauptstudium

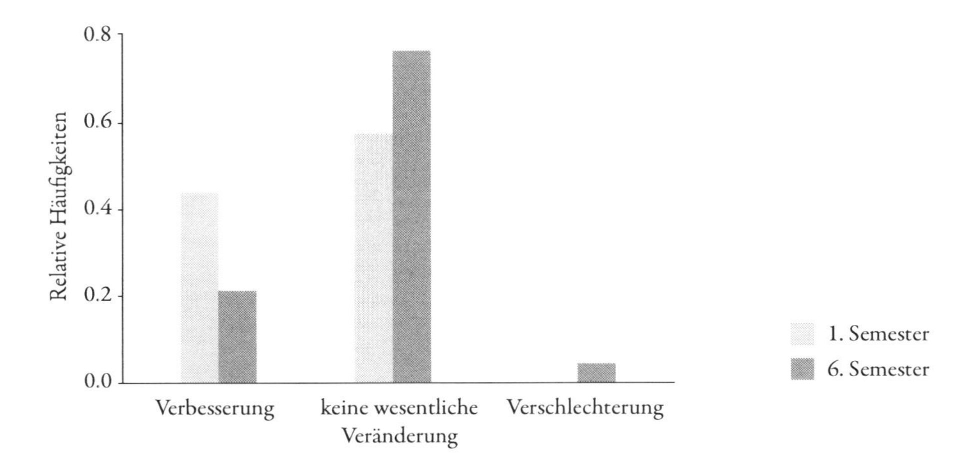

Abb. 8: Prognose der eigenen psychischen Verfassung zu Beginn des Studiums

Entgegen den eigenen Erwartungen verbessern sich offensichtlich sowohl die psychische als auch die physische Verfassung der Studierenden in der Selbsteinschätzung im Vergleich zu Beginn des Studiums zum Hauptstudium (vgl. Kreuztabellen zu den Prognosen im Anhang A). Die Angabe der *Krankheitstage* im letzten Jahr liegt insgesamt mit drei bis vier Tagen auf einem sehr niedrigen Niveau und ändert sich im Verlauf des Studiums kaum.
Allerdings fällt die Streuung der angegebenen Krankheitstage im Hauptstudium geringer aus als zu Studienbeginn, nämlich aktuell von null bis zehn Krankheitstagen (vorher: null bis fünfzehn). Die selbst wahrgenommenen *Freizeitstunden* pro Woche liegen im Durchschnitt zwischen zehn und vierzig Stunden mit einer leicht wahrgenommenen Erhöhung im Hauptstudium: Der Median verschiebt sich von 20 Freizeitstunden zu Studienbeginn auf etwa 30 Freizeitstunden. Erfreulicherweise können die Studierenden täglich sehr häufig positiv belegten Tätigkeiten wie beispielsweise das Lesen von Fachliteratur oder das Vorbereiten kleiner Unterrichtssequenzen nachgehen (vgl. Abb. 9).

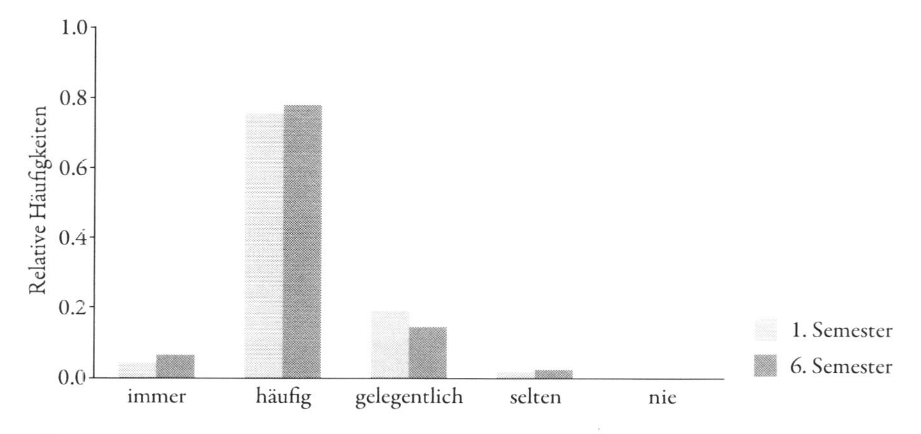

Abb. 9: Häufigkeit positiv belegter Tätigkeiten pro Tag

Dies gilt sowohl für den Beginn des ersten Fachsemesters als auch im Hauptstudium. Die Angaben über die häufigsten *Beschwerden* beziehen sich bei beiden Untersuchungszeitpunkten vor allem auf das *Grübeln* sowie *Müdigkeitserscheinungen* (vgl. Abb. 10/11).

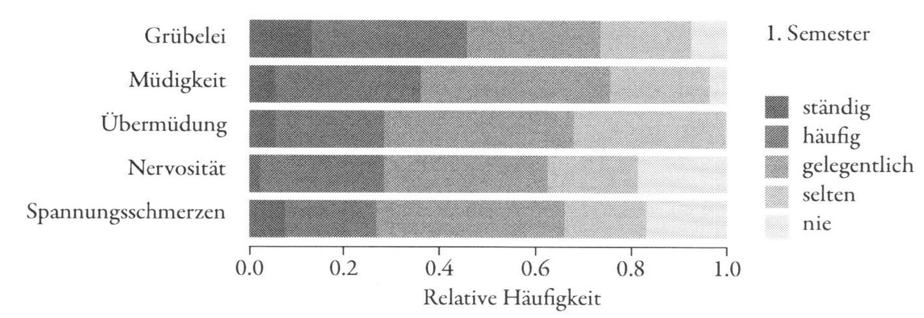

Abb. 10: Die häufigsten Beschwerden zu Beginn des Studiums

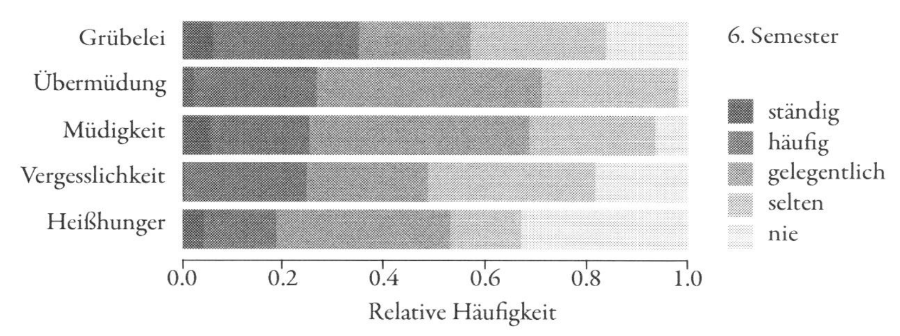

Abb. 11: Die häufigsten Beschwerden am Ende des sechsten Semesters

Die wichtigsten *berufsbezogenen Ziele und Motive* bleiben bei den Studierenden im Verlauf des Studiums gleich: die Anerkennung bzw. Achtung der Schülerschaft zu erlangen, selbständig sowie eigenverantwortlich handeln zu können und einen sicheren Arbeitsplatz mit dem Beamtenstatus erhalten zu können (vgl. Abb. 12/13).

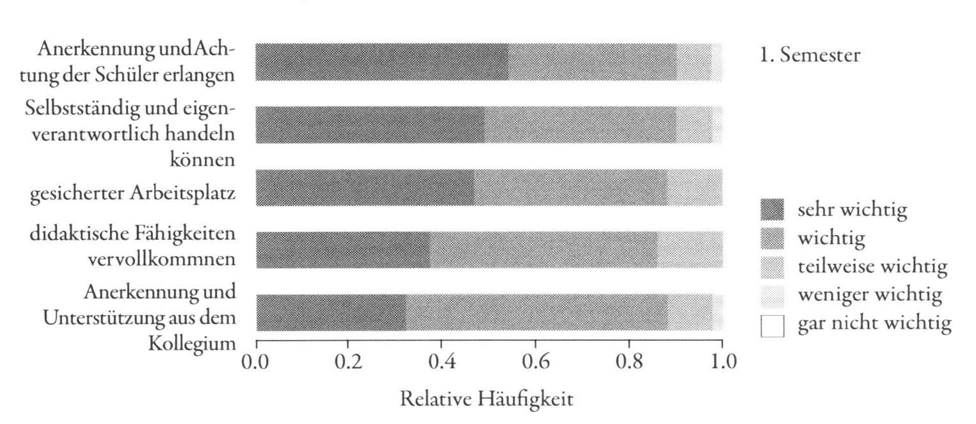

Abb. 12: Berufsbezogene Motive zu Beginn des ersten Semesters

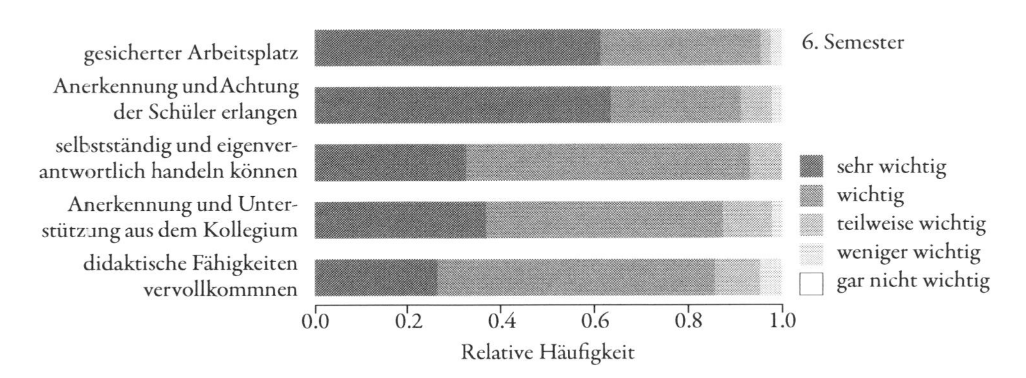

Abb. 13: Berufsbezogene Motive am Ende des sechsten Semesters

Das sehr adressatenbezogene Berufswahlmotiv sinkt im Verlauf des Studiums von Rang eins auf Rang drei, während Rang eins mit einem gesicherten Arbeitsplatz im Hauptstudium an Bedeutung gewinnt. Das eigenständige und selbstverantwortliche Arbeiten fällt von Platz zwei auf den dritten Platz ab. Die Unterstützung aus dem Kollegium wie das eigene Vervollkommnen der didaktischen Fähigkeiten verbleiben mit wechselnder Position auf den nachfolgenden Rängen.
Die Angabe der Gründe für die Studiengangswahl wird als offene Fragen gestellt. Am häufigsten sind dies die Schüler und Schülerinnen selbst: allgemein die Arbeit mit Kindern, ausdrücklich mit den schwächer gestellten sowie den sog. behinderten Kindern (vgl. Abb. 14/15).

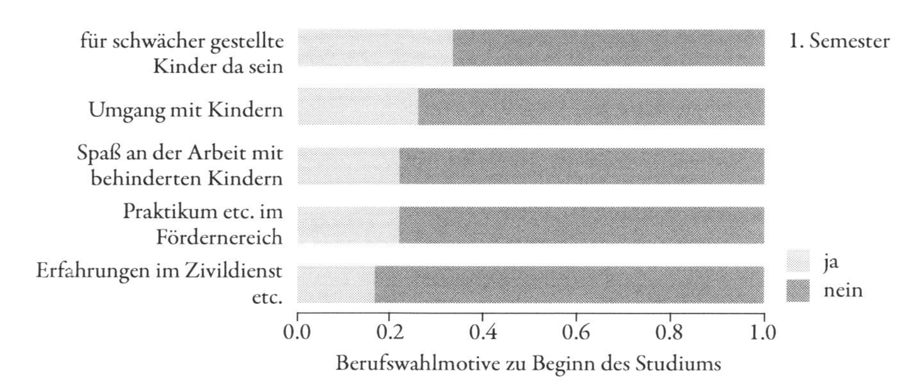

Abb. 14: Berufswahlmotive zu Beginn des Studiums

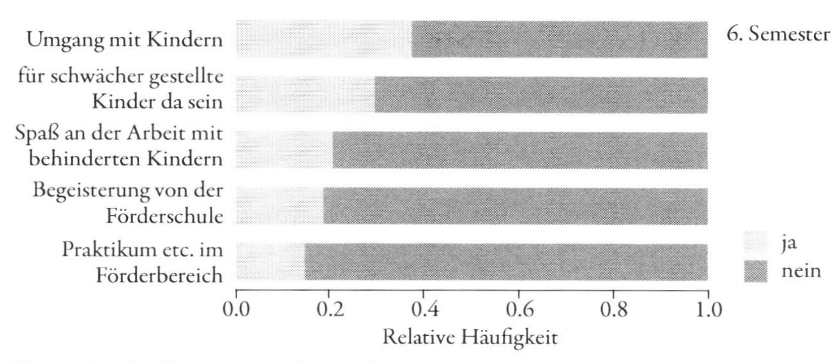

Abb. 15: Berufswahlmotive am Ende des sechsten Semesters

Den zweiten großen Motivationsschub stellen die praktischen Erfahrungen der Studierenden dar, explizit die Erfahrungen aus den Praktika, dem Zivildienst sowie der Begeisterung an den Förderschulen.

Im Hinblick auf die *AVEM-Muster-Verteilung* ist der Anteil der Zugehörigkeit zu einem Risikomuster (A bzw. B) im Verlauf des Studiums erfreulicherweise deutlich gesunken: von insgesamt 41% auf 27% (vgl. Tab. 8).

Tab. 8: AVEM-Muster-Verteilung im zeitlichen Vergleich

Profile	**1. Semester: Absolute Häufigkeit (Prozent)**	**6. Semester: Absolute Häufigkeit (Prozent)**
G (Gesundheit)	15 (30,61%)	16 (32,65%)
S (Schonung)	14 (28,57%)	20 (40,82%)
A (Überengagement	7 (14,29%)	7 (14,29%)
B (Burnout)	13 (26,53%)	6 (12,24%)

Die Wanderbewegung kann im Mosaikplot wie folgt veranschaulicht werden (sämtliche Kreuztabellen mit den absoluten Studierendenzahlen im Anhang A):

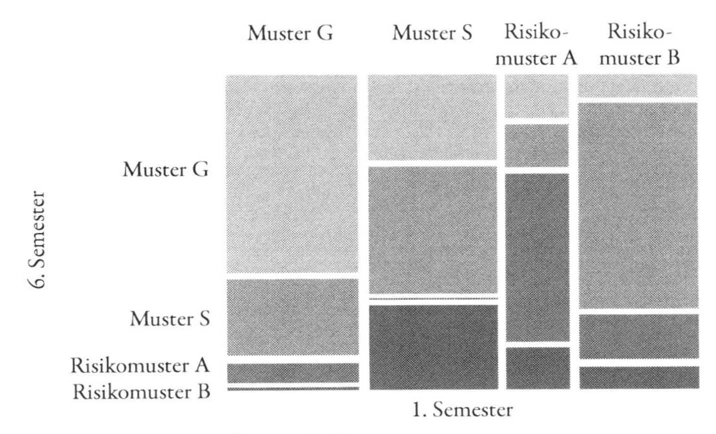

Abb. 16: Muster im Längsschnittvergleich

Der Großteil der Studierenden, die zu Beginn das Gesundheitsmuster G aufweisen, verbleiben auch im Hauptstudium in diesem Profil. Das Schonungsmuster S verzeichnet verstärkt einen Zugang, wobei sich die Wanderbewegung am Ende des sechsten Semesters auf die drei Muster S, G und das Risikomuster B (Burnout) verteilt. Die Bewältigungsstile, die dem Muster A zuzuordnen sind, verbleibt zum Großteil unverändert, der Restanteil ist auf die drei verbleibenden Profile gleichmäßig gewandert. Beim Risikomuster B ist lediglich ein geringer Anteil unverändert, am häufigsten ist ein Wechsel zum Schonungsmuster festzustellen. Dies ist sehr auffällig, da die Muster als relativ stabil gelten – was auch hier für die Muster G, S und A gilt.
Insgesamt sind im ersten Semester noch keine Zusammenhänge zwischen den Risikoprofilen und der körperlichen bzw. psychischen Verfassung festzustellen. Dies ändert sich im sechsten Semester: Hier gibt es einen signifikanten Zusammenhang insofern, dass die Risikoprofile eindeutig belasteter erscheinen als die gesunden (unter Einsichtnahme in die Fragebögen) (vgl. Tab. 9/10):

Tab. 9: Risikoprofile versus gesunde Profile im 1. Semester im Vergleich (exakter Unabhängigkeitstest nach Fisher, $\alpha = 0.05$)

Risikoprofile A/B – gesundheitsförderliche Profile G/S	p
1. Semester: körperliche Verfassung	0.1853
1. Semester: psychische Verfassung	0.1198
1. Semester: körperliche Prognose	0.643
1. Semester: psychische Prognose	0.5745

Tab. 10: Risikoprofile versus gesunde Profile im 6. Semester im Vergleich (exakter Unabhängigkeitstest nach Fisher, $\alpha = 0.05$)

Risikoprofile A/B – gesundheitsförderliche Profile G/S	p
6. Semester: körperliche Verfassung	0.01257*
6. Semester: psychische Verfassung	0.03166*
6. Semester: körperliche Prognose	0.1211
6. Semester: psychische Prognose	0.1643

Beim Herstellen von *Zusammenhängen zwischen den AVEM-Mustern und weiteren Personenmerkmalen* schneidet das Muster G erwartungsgemäß am besten, das Muster B am schlechtesten ab (vgl. Abbildung zum Parallelplot ausgewählter Merkmale im Anhang).
Wird die Hauptbeschwerde, das *Grübeln* in Zusammenhang mit den Mustern betrachtet, gilt die Aussage: „Je risikobehafteter das AVEM-Muster, desto mehr grübeln die Studierenden" (vgl. Abb. 17/18).
Die Reihenfolge der Muster mit zunehmendem „Grübelfaktor" beginnt mit G (Gesundheit), dann S (Schonung) und A (Überengagement), B-Profile (Burnout) grübeln am intensivsten. Zu Beginn des Studiums beträgt hier aussagekräftig der korrigierte Kontingenzkoeffizient 0.45, im Hauptstudium 0.64.

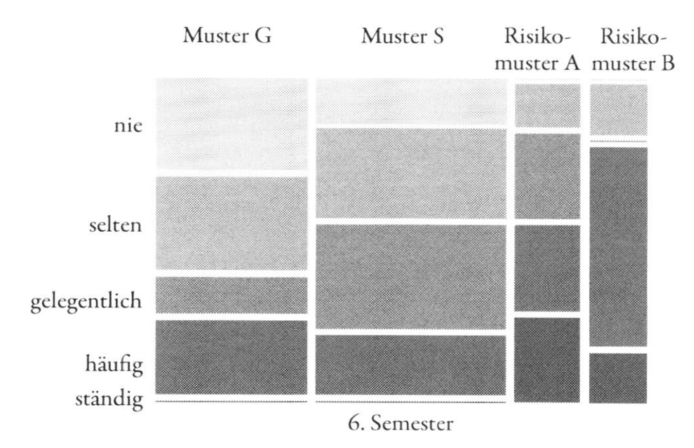

Abb. 17: Profil und Grübelverhalten im Hauptstudium

Die Muster, in Zusammenhang mit den *Freizeitstunden* betrachtet, ergeben folgendes Bild:

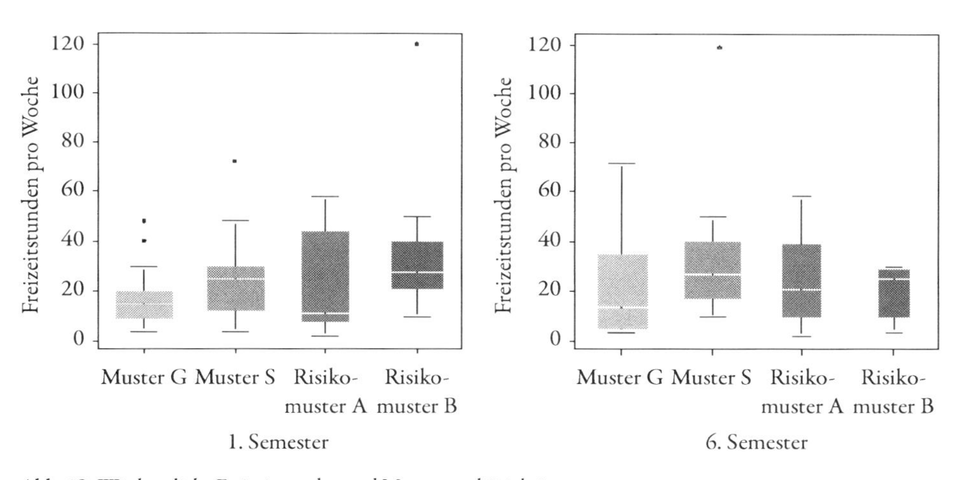

Abb. 18: Wöchentliche Freizeitstunden und Musterzugehörigkeit

Muster G und Risikomuster A weisen am wenigsten Freizeitstunden auf. Die meisten Freizeitstunden geben Muster S und Risikomuster B an. Beides gilt sowohl für das erste wie auch das sechste Semester. Im ersten Semester fällt jedoch das Risikomuster B mit signifikant mehr Freizeitstunden im Vergleich zum Muster G auf (vgl. Tab. 11).

Tab. 11: Freizeitstunden der Muster im 1. Semester (Wilcoxon-Vorzeichen-Rang-Test, $\alpha = 0.05$)

Mustervergleich	W	p
G (Gesundheit) – S (Schonung)	59.0	0.3109
G (Gesundheit) – A (Überengagement)	49.5	0.8732
G (Gesundheit) – B (Burnout)	27.0	0.01666*
S (Schonung) – A (Überengagement)	54.5	0.6362
S (Schonung) – B (Burnout)	42.5	0.2599
A (Überengagement) – B (Burnout)	26.0	0.2346

Im sechsten Semester lassen sich bezogen auf die Freizeitstunden des Risikomusters A signifikante Unterschiede im Vergleich zu den gesunden Mustern G und S feststellen (vgl. Tab. 12):

Tab. 12: Freizeitstunden der Muster im 6. Semester (Wilcoxon-Vorzeichen-Rang-Test, $\alpha = 0.05$)

Mustervergleich	W	p
G (Gesundheit) – S (Schonung)	131.5	0.6741
G (Gesundheit) – A (Überengagement)	88.0	0.03132*
G (Gesundheit) – B (Burnout)	46.5	0.9265
S (Schonung) – A (Überengagement)	97.5	0.03507*
S (Schonung) – B (Burnout)	55.5	0.9375
A (Überengagement) – B (Burnout)	12.0	0.2179

Werden die Krankheitstage in Verbindung mit den einzelnen Mustern in Zusammenhang gebracht, so lässt sich das Ergebnis wie folgt veranschaulichen:

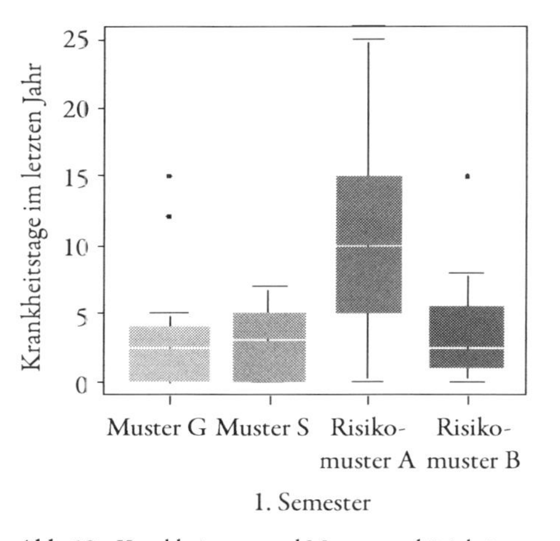

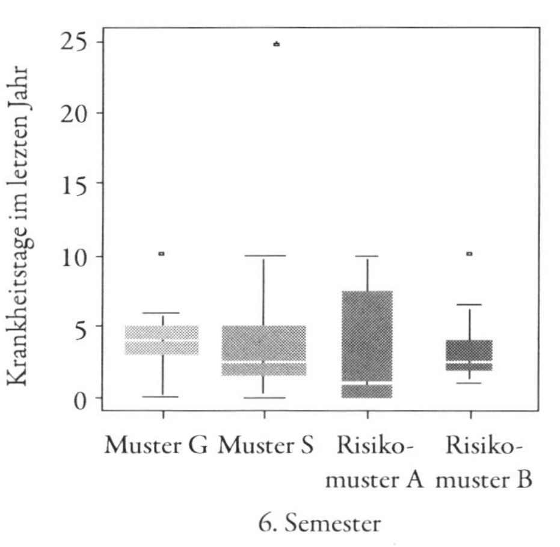

Abb. 19: Krankheitstage und Musterzugehörigkeit

Hier lässt sich eine schwache Zunahme der Krankheitstage bei den Profilen G, S und Risikoprofil B im Vergleich zu Beginn des ersten Semesters mit dem Ende des sechsten Semesters feststellen. Die Krankheitstage nehmen im Verlauf hinsichtlich des Risikomusters A deutlich ab.

Allerdings lassen sich insgesamt keine signifikanten Unterschiede sowohl im Hinblick auf die Krankheitstage als auch auf die Freizeitstunden in der Zuordnung zu den einzelnen Musterzugehörigkeiten feststellen (vgl. Tab. 13–15).

Tab. 13: Vergleich der Krankheitstage und Freizeitstunden im 1. und 6. Semester (Wilcoxon-Vorzeichen-Rang-Test, $\alpha = 0.05$)

	W	p
Krankheitstage der Muster (1. und 6. Semester)	390	0.1138
Freizeitstunden der Muster (1. und 6. Semester)	284	0.4479

Das Risikomuster A fällt jedoch durch eine massive Reduzierung der Krankheitstage im Vergleich zum ersten bzw. sechsten Semester auf (vgl. folgende zwei Tabellen):

Tab. 14: Krankheitstage versus Muster (1. Semester)

	Estimate (Effektstärke)
Intercept	3.5714 0
Muster G (Gesundheit)	–6.7706
Muster S (Schonung)	–0.7532
Muster A (Überengagement)	7.0952 0
Muster B (Burnout)	0.4286

Tab. 15: Krankheitstage versus Muster (6. Semester)

	Estimate (Effektstärke)
Intercept	4.2000 0
Muster G (Gesundheit)	2.169 0
Muster S (Schonung)	–1.1500
Muster A (Überengagement)	–0.4857
Muster B (Burnout)	–0.5333

5.3.3 Interventionsgruppe

Im Rahmen des einjährigen Intensivpraktikums im fünften und sechsten Semester und der entsprechenden Begleitveranstaltung von zwei Semesterwochenstunden (SWS) an der Universität werden mit den 14 Studierenden in der Interventionsgruppe die Themen aus dem AGIL-Programm (vgl. HILLERT/KOCH 2007) bearbeitet. Die übrigen 39 Studierenden erhalten als Kontrollgruppe keinen diesbezüglichen Input. Am Ende des sechsten Semesters werden beide Gruppen untersucht (vgl. Abb. 20).

Im Gegensatz zum ersten Semester (Korr. Kontingenzkoeff.: 0.11) befinden sich im sechsten Semester (Korr. Kontingenzkoeff.: 0.25) weniger Studierende der Interventionsgruppe in den Risikomustern (vgl. Abb. 21).

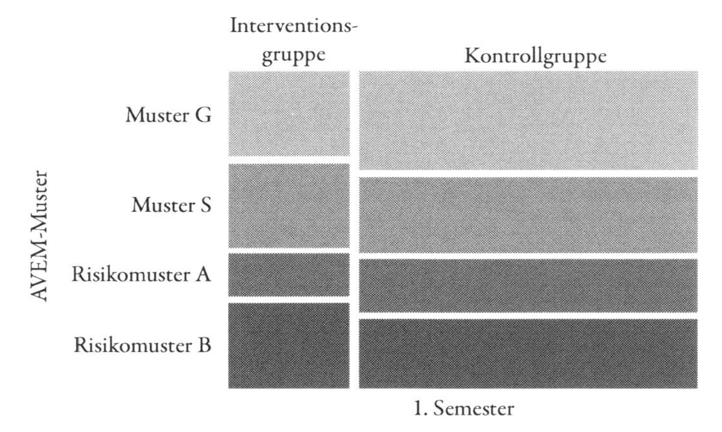

Abb. 20: Musterverteilungen im ersten Semester der Interventionsgruppe im Vergleich zur Kontrollgruppe (Korr. Kontingenzkoeff.: 0.11)

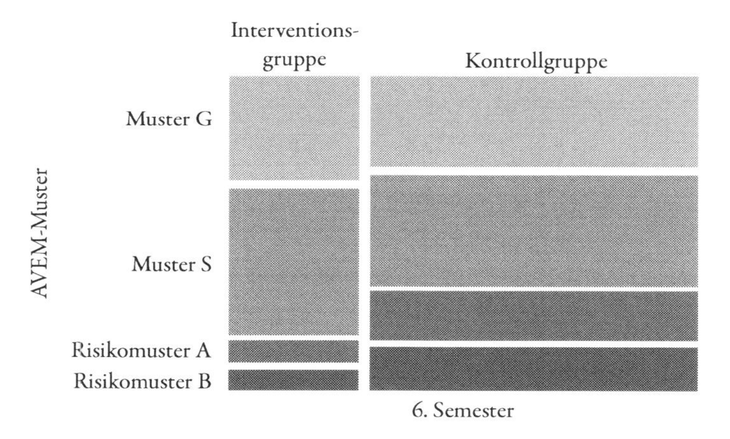

Abb. 21: Musterverteilungen im sechsten Semester der Interventionsgruppe im Vergleich zur Kontrollgruppe (Korr. Kontingenzkoeff.: 0.25)

Zudem wird hier neben der Selbsteinschätzung der Studierenden auch die Fremdeinschätzung von Dozentinnen und Intensivpraktikumslehrkräften erhoben (vgl. HUBER 2011b). In Bezug auf die Fremdeinschätzung ist in der Bewertung durch die Dozentinnen nahezu kein Unterschied zwischen den beiden Gruppen festzustellen (vgl. Abb. 22).

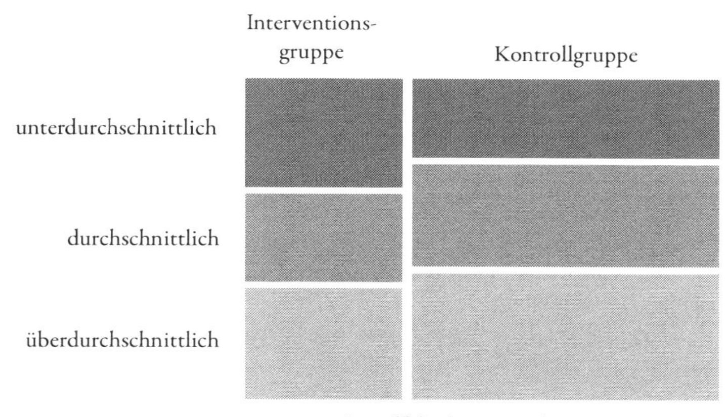

Abb. 22: Fremdeinschätzung der Grundfähigkeiten der Studierenden durch die Dozentinnen (Korr. Kontingenzkoeff.: 0.14)

Besonders unterschiedlich fällt die Fremdwahrnehmung in Hinblick auf die soziale Kompetenz durch die Praktikumslehrkräfte aus: Die Interventionsgruppe wird hier im Vergleich zur Kontrollgruppe eindeutig als weniger sozial kompetent eingestuft (Korr. Kontingenzkoeff.: 0.62) (vgl. Abb. 23).

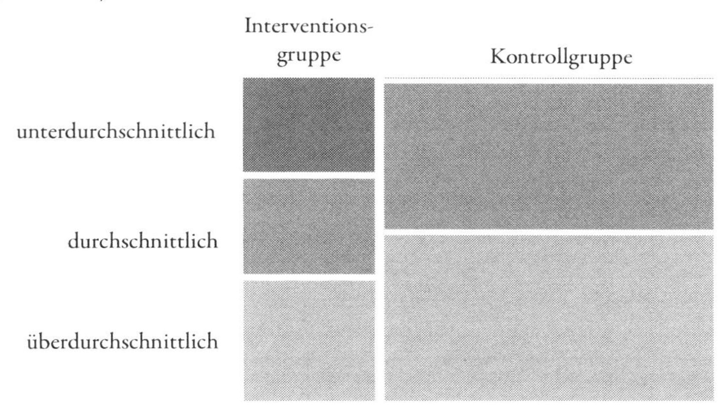

Abb. 23: Fremdeinschätzung der sozialen Kompetenzen der Studierenden im Vergleich (Korr. Kontingenzkoeff.: 0.62)

Die Intensivpraktikumslehrkräfte schätzen die Studierenden aus der Interventionsgruppe bezüglich ihrer sozialer Kompetenzen signifikant problematischer ein als die der Kontrollgruppe (exakter Unabhängigkeitstest nach Fisher: p= 0.01013, $\alpha = 0.05$, vgl. Anhang). Ein Grund dafür könnte sein, dass die Intervention nach dem AGIL-Programmdie Teilnehmer ermuntert, Probleme bzw. konfliktbehaftete Situationen auch im Praktikum offensiv anzugehen.
Werden die Krankheitstage im vergangenen Jahr in Bezug zur Angehörigkeit in die Kontroll- bzw. Interventionsgruppe betrachtet, ergibt sich folgendes Bild:

Der Median, bezogen auf die Krankheitstage innerhalb der Interventionsgruppe von etwa drei Tagen, ist zu Beginn des ersten Semesters niedriger als der, der Kontrollgruppe mit fast fünf Tagen. Zum Ende des sechsten Semesters hat sich das Verhältnis jedoch umgedreht.
Die Freizeitstunden pro Woche werden von der Interventionsgruppe insgesamt mit etwa 20 bis 40 Stunden, von der Kontrollgruppe im Durchschnitt mit etwa 15 bis 25 Stunden angegeben. Der Median der Interventionsgruppe liegt mit etwa 30 Stunden also deutlich höher als der Median der Kontrollgruppe.
Dieses ungleiche Verhältnis ändert sich auch am Ende des sechsten Semesters nicht.
Lediglich die Streubreite verringert sich bei der Interventionsgruppe nach drei Jahren (30 bis 40 Stunden). Bei der Kontrollgruppe wird sie hingegen größer (15 bis 40 Tage).
Sowohl von den Krankheitstagen als auch den Freizeitstunden pro Woche ergeben sich keine signifikanten Veränderungen zwischen dem ersten und sechsten Semester (vgl. beispielsweise die Ergebnisse zur Interventionsgruppe im Anhang).

5.3.4 Selbst- und Fremdeinschätzung

Die *Faktoren aus „Fit für den Lehrerberuf!?"* bestehen aus den vier Kategorien *psychische Stabilität*, *Aktivität/Motivation/Motivierungsfähigkeit*, *soziale Kompetenz* und *Grundfähig-/Grundfertigkeiten* (vgl. SCHAARSCHMIDT 2010a, S. 28).
Die Selbstwahrnehmung bezüglich dieser vier Kategorien zeigt sich folgendermaßen:

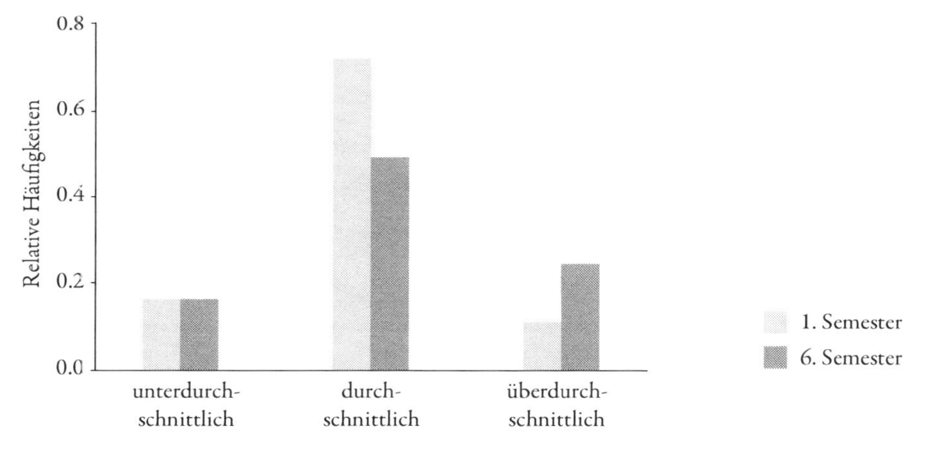

Abb. 24: Selbstwahrnehmung im ersten bzw. sechsten Semester (Kategorien aus Fit für den Lehrerberuf)

In allen vier Kategorien fällt die Bewertung zu Ende des sechsten Semesters besser aus als gegenüber dem ersten Semester. Im Einzelnen ist vor allem ein starker Anstieg der Motivation festzustellen.
Greift man beispielsweise die *psychische Stabilität* als Einzelfaktor heraus ergibt sich entsprechend folgendes Bild:

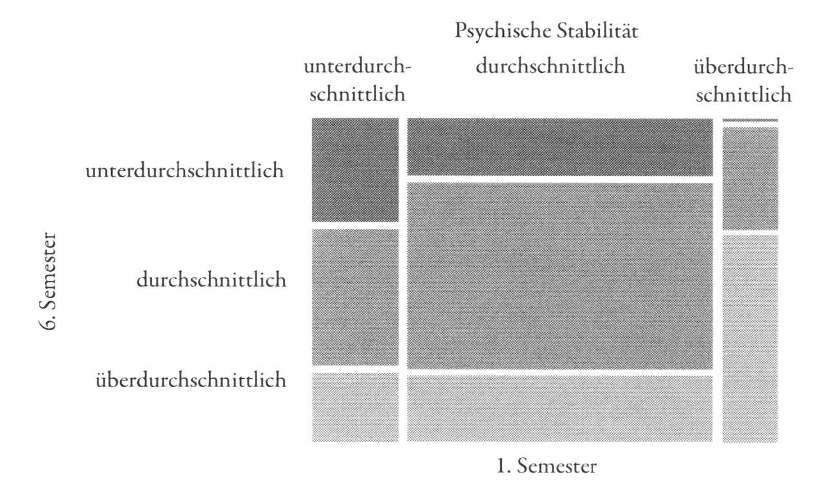

Abb. 25: Selbsteinschätzung der psychischen Stabilität im Vergleich des ersten zum sechsten Semester

Auch bezüglich der Selbsteinschätzung der eigenen psychischen Stabilität ist eine deutlich bessere Bewertung zum Ende des sechsten Semesters feststellbar.
Das *Ausmaß der Übereinstimmung zweier Beobachter* wird durch *Cohen's Kappa* angegeben. In den meisten Fällen nimmt Cohen's Kappa Werte zwischen null und eins an (0: kaum Übereinstimmung; 1: vollständige Übereinstimmung, vgl Bortz 2005, S. 581).
In allen vier Kategorien schätzen die Dozentinnen die Studierenden schlechter ein als diese sich selbst. Dies kann am Beispiel der psychischen Stabilität als Einzelkategorie veranschaulicht werden (vgl. Abb. 26/27).

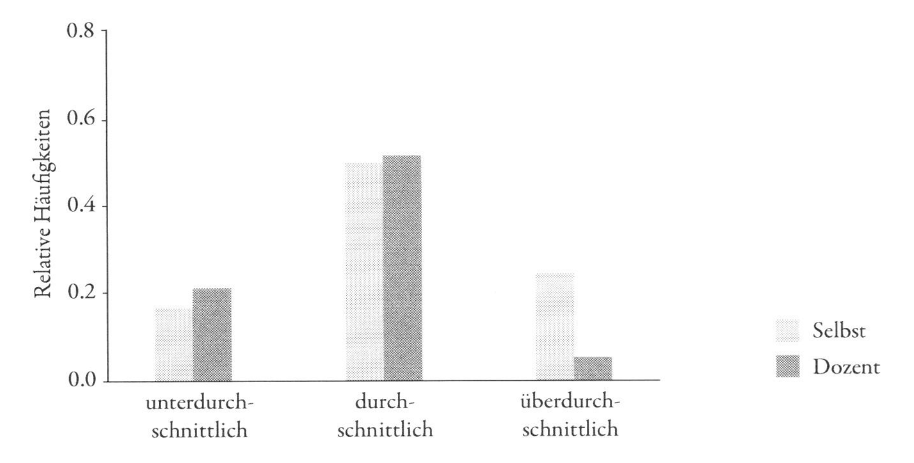

Abb. 26: Fremdwahrnehmung durch die Dozentinnen im Vergleich zu den Studierenden

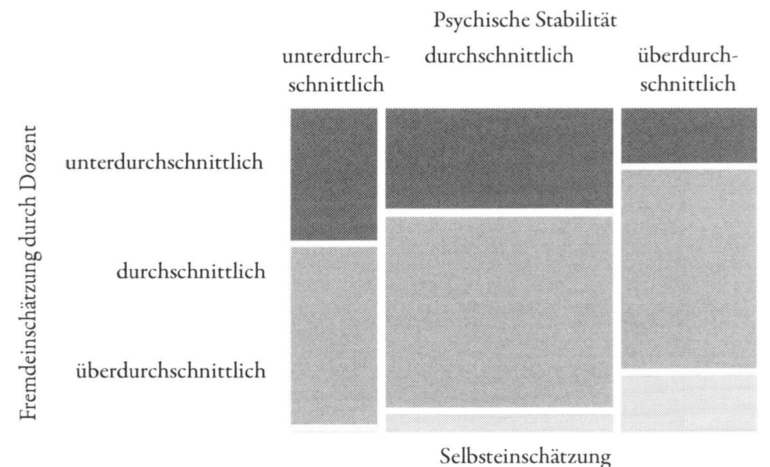

Abb. 27: Parallelplot zur Fremdeinschätzung der psychischen Stabilität durch die Dozentinnen im Vergleich zur Selbsteinschätzung der Studierenden (Kappa: 0.089; Diag: 0.444)

Die befragten Studierenden wiederum schätzen sich in allen vier Kategorien – bis auf die Motivation – schlechter ein als ihre Praktikumslehrkräfte (vgl. beispielhaft Abb. 28/29).

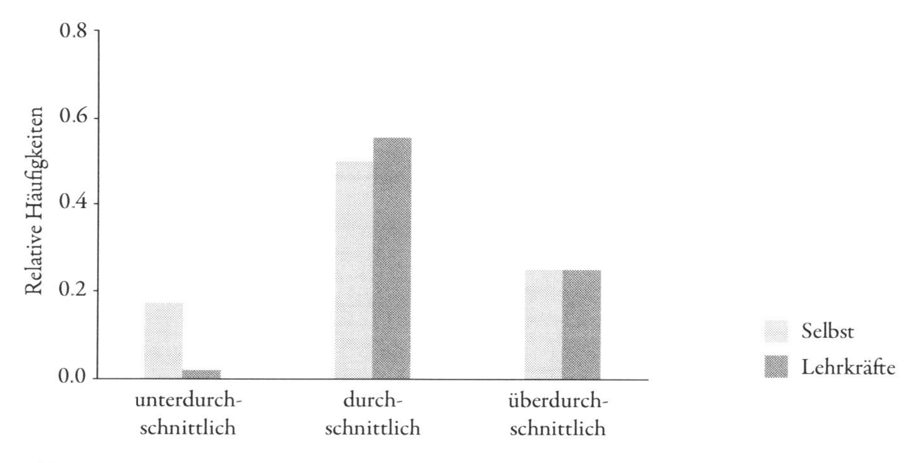

Abb. 28: Fremdwahrnehmung durch die Praktikumslehrkräfte im Vergleich zu den Studierenden

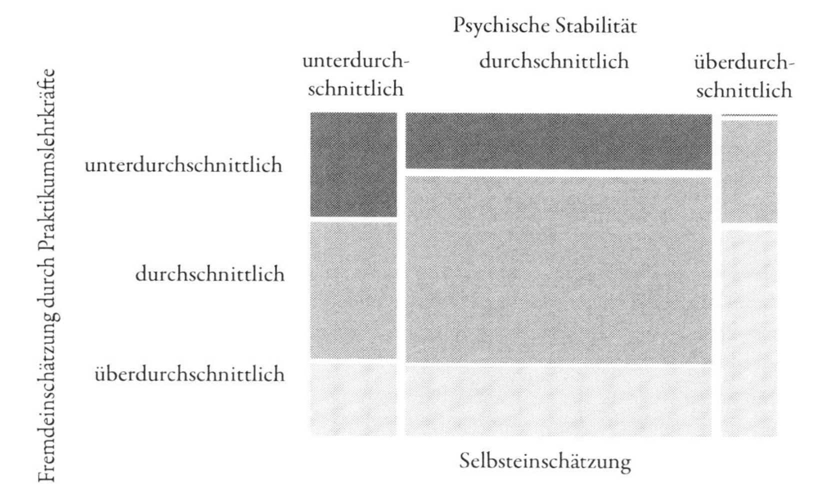

Abb. 29: Parallelplot zur Fremdeinschätzung der psychischen Stabilität durch die Dozentinnen im Vergleich zur Selbsteinschätzung der Studierenden (Kappa: 0.210; Diag: 0.553)

Werden die Fremdeinschätzungen der Dozentinnen mit denen der Praktikumslehrkräfte miteinander verglichen, zeigt sich dieses Ergebnis (vgl. Abb. 30/31).

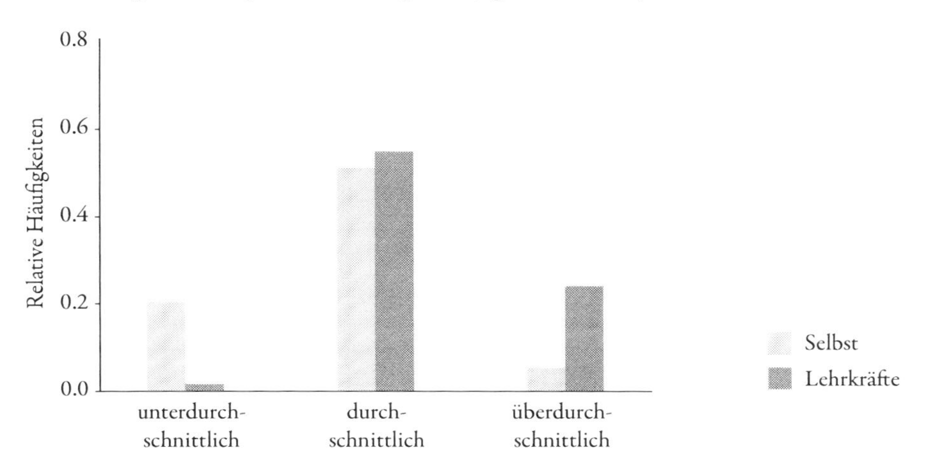

Abb. 30: Die Fremdeinschätzungen im Vergleich (Dozentinnen/Praktikumslehrkräfte)

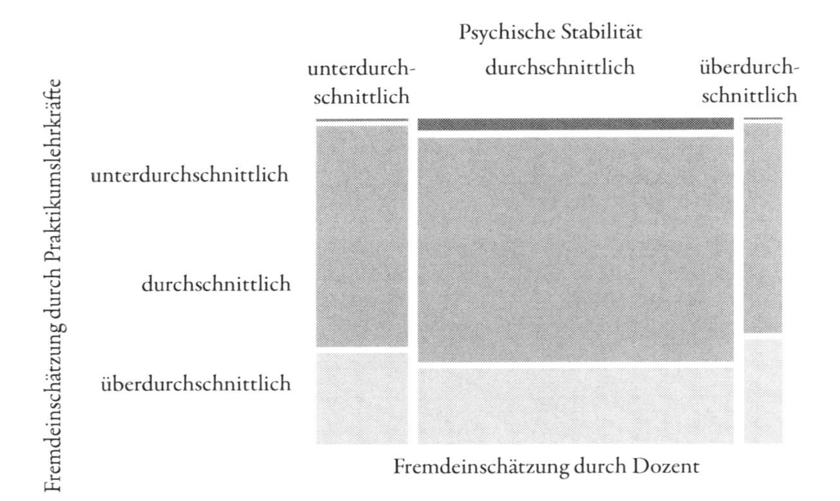

Abb. 31: Parallelplot zur Fremdeinschätzung der psychischen Stabilität durch die Dozentinnen im Vergleich zu der der Praktikumslehrkräfte (Kappa: 0.011; Diag: 0.543)

Die Dozentinnen schätzen die Studierenden in allen vier Kategorien schlechter ein als die betreuenden Lehrkräfte aus dem Intensivpraktikum. Die Fremdwahrnehmung lässt sich also insgesamt so beschreiben, dass die Praktikumslehrkräfte die Studierenden am besten, die Dozentinnen am schlechtesten einschätzen.

5.4 Zwischenfazit

- Die Fragestellung beinhaltet zunächst die quantitative Erhebung der arbeitsbezogenen Verhaltens- und Erlebensmuster im Studium der Lernbehindertenpädagogik, d.h. die individuellen Bewältigungsstrategien und Ressourcen der befragten Studierenden. Untersucht werden die körperliche und psychische Gesundheit, berufsbezogene Ziele und Motive, die Eignung bzw. Kompetenzen für das Studium sowie den angestrebten Lehrerberuf in einer freiwilligen und anonymen Befragung im Längsschnitt. Die Selbsteinschätzungen werden durch Fremdeinschätzungen ergänzt. Zudem gibt es eine Interventionsgruppe und eine Kontrollgruppe.
- Methodisch wird durch einen sechsteiligen Fragebogen eine Statuserhebung der Studienanfänger des Faches Lernbehindertenpädagogik im Wintersemester 2007/2008 durchgeführt. Der Rücklauf beträgt 90%, der Frauenanteil 76% und das durchschnittliche Alter 21 Jahre. Im Rahmen einer deskriptiven Längsschnittanalyse sollen nach dem Intensivpraktikumsjahr im Hauptstudium Veränderungen im Studienverlauf dokumentiert werden. Neben der Selbsteinschätzung wird auch die Fremdwahrnehmung durch Intensivpraktikumslehrkräfte und Dozentinnen der Universität mit dem Einsatz von Fragebögen erfasst. Während der Intensivpraktikumsphase erhalten 14 Studierende eine Interventionsmaßnahme in Anlehnung an das AGIL-Programm im Rahmen des Begleitseminars (zwei SWS über zwei – fünftes und sechstes – Semester hinweg), die übrigen Studierenden dienen als Kontrollgruppe.
- Die im Vorlauf durchgeführte *Pilotstudie* an 40 Studierenden des Lehramts für Sonderpädagogik bestätigt die Relevanz der untersuchten Thematik durch folgende Ergebnisse: *25% der Befragten weisen bereits im Studium risikobehaftete Bewältigungsmuster auf.* Hinsichtlich der

Angabe von körperlich-funktionellen Beschwerden liegen 50% aller befragten Studierenden im auffälligen, 20% im extrem auffälligen Bereich. Bei den psychischen Beschwerden können 52,5% dem auffälligen, 12,5% dem extrem auffälligen Bereich zugeordnet werden und in Bezug auf unbestimmte Befindlichkeitsstörungen 55% dem auffälligen sowie 15% dem extrem auffälligen Bereich. Das zusätzlich durchgeführte BVND-Screening bestätigt hierbei die risikobehafteten Bewältigungsmuster des AVEM.

- Die untersuchte *Studienanfängerkohorte* über 53 Studierende der Fachrichtung Lernbehindertenpädagogik im WS 2007/2008 stammen in der Mehrzahl aus Bayern und zeigen sich als sehr wenig mobil. Im Verlauf des Studiums wechselt mit dem Auszug aus dem Elternhaus die bevorzugte Wohnform hin zur Wohngemeinschaft. Entgegen der eigenen Prognose zu Studienbeginn fällt die gute Selbsteinschätzung bezüglich der eigenen körperlichen und psychischen Verfassung im Studienverlauf sogar noch etwas besser aus. Die Angabe der Krankheitstage pro Jahr fällt mit drei bis vier Tagen sehr niedrig aus und bleibt im untersuchten Zeitraum in etwa auf dem gleichen Niveau. Im Studienverlauf zeigt sich eine leichte Erhöhung der wahrgenommenen Freizeitstunden pro Woche von 20 auf ca. 30 Stunden sowie der Häufigkeit der positiv belegten Tätigkeiten. *Müdigkeitserscheinungen und Grübeln* werden insgesamt als Beschwerden am häufigsten angegeben. Die wichtigsten berufsbezogenen *Motive und Ziele* sind die *Anerkennung sowie Achtung durch die Schülerschaft, das selbständige bzw. eigenverantwortliche Handeln und ein sicherer Arbeitsplatz (Beamtenstatus)*. Diese Motivlage ändert sich insgesamt im Verlauf des Studiums nicht. Als Gründe für die Studiengangswahl gelten allgemein die Arbeit mit Kindern, dabei ausdrücklich mit schlechter gestellten oder behinderten Kindern. Einen großen Motivationsschub geben die praktischen Erfahrungen. *Der Anteil der Risikomuster sinkt erfreulicherweise im Studienverlauf von 41% auf 27%.* Die Wanderbewegungen finden v.a. hin zum Schonungsmuster statt sowie zum gesunden Bewältigungsstil. Wenn sich das Profil verschlechtert, dann meistens hin zum Burnout-Muster. Der Anteil zum Risikomuster A, der Überforderung, bleibt in etwa gleich und kann ausschließlich Studentinnen zugeordnet werden. Wenn in der Auswertung auch die Mischmuster Berücksichtigung finden, sind über die Hälfte der Profile (63%) mit einem Risikoanteil behaftet, was die Gesundheitsprognose insgesamt in ein schlechteres Licht rückt. Erwartungsgemäß ist der Grübelfaktor beim Burnout-Profil am höchsten und sinkt dann in absteigender Reihenfolge von Muster A hin zum Schonungsprofil. Das gesunde Muster G ist am wenigsten betroffen.
- Die für die *Selbst- und auch die Fremdeinschätzung* erhobenen vier Kategorien stellen die psychische Stabilität, die Aktivität bzw. Motivation, die sozialen Kompetenzen und die Grundfähig- bzw. -fertigkeiten dar. Für alle vier Kategorien *lassen sich im Verlauf des Studiums Verbesserungen feststellen, insbesondere ein starker Anstieg der Motivation*. Die Fremdbeurteilung durch die Universitätsdozentinnen fällt durchschnittlich in allen Kategorien vergleichsweise am schlechtesten aus. Die Intensivpraktikumslehrkräfte hingegen schätzen die Studierenden in allen Kategorien bis auf die Motivation besser ein als diese sich selbst.
- Die Interventionsgruppe von 14 Studierenden befindet sich im Vergleich zur Kontrollgruppe von 39 Studierenden beim letzten Messzeitpunkt zu einem leicht geringeren Anteil in den Risikomustern. Beide Gruppen ähneln sich in der Fremdeinschätzung durch die Dozentinnen in Hinblick auf die Grundfähigkeiten. *In der Fremdwahrnehmung durch die Intensivpraktikumslehrkräfte werden die Angehörigen der Interventionsgruppe deutlich als sozial inkompetenter erlebt.*

6 Sonderpädagogische Professionalität im Studium der Lernbehindertenpädagogik – Eine empirisch-qualitative Studie

Durch die *Verknüpfung quantitativer und qualitativer Forschung* im Sinne einer *Methodentriangulation* können Ergebnisse wechselseitig überprüft bzw. ergänzt werden. Bei den *Mixed Methods* liegt der Schwerpunkt in der pragmatischen Methodenverknüpfung von qualitativer und quantitativer Forschung (vgl. Flick 2011, S. 75ff.; vgl. Kapitel vier und fünf). Die nach bestimmten Kriterien ausgewählten Interviewpartner (vgl. Kapitel 6.3) werden differenziert zu den inhaltlichen Dimensionen aus der quantitativen Erhebung sowie weiterführenden Themen befragt, über die eigenen Auswertungen und Musterzuordnungen informiert und deren persönliche Bewertung eruiert.

6.1 Fragestellung

Das Ziel der qualitativen Untersuchung liegt in der Überprüfung und Ergänzung zu den Ergebnissen des empirischen Teils der Längsschnittstudie *EGIS-L*. Folgende Fragen kristallisieren sich in der Zusammenschau als bedeutsam heraus:

- Mit welchen Belastungen sehen sich Studierende der Lernbehindertenpädagogik im Hauptstudium konfrontiert?
- Besteht ein Zusammenhang zwischen den Bewältigungsmustern aus dem *AVEM* und weiteren Merkmalen wie Alter, Geschlecht, Krankheitstage etc.?
- Inwiefern lassen sich Veränderungen der Erlebens- und Verhaltenstendenzen in Hinblick auf stressbehaftete Arbeitssituationen im Vergleich zum Studienbeginn feststellen?
- Welche Eignungsvoraussetzungen für den Beruf einer Sonderschullehrkraft im Förderschwerpunkt Lernen besitzen die Studierenden? Werden diese im Studium der Lernbehindertenpädagogik gefördert?

6.2 Methode

Hier kommt das *Leitfadeninterview* als Instrument zur qualitativen Datenerhebung zum Einsatz (vgl. a.a.O. 2011, S. 30ff.). Im Wesentlichen beinhaltet die Konstruktion des Interviewleitfadens folgende *drei Schritte*:

1. Konkretisierung der Themenbereiche:
In einem ersten Arbeitsschritt werden die Themenbereiche konkretisiert, die sich für die Fragestellungen auf Grundlage des sechsteiligen Fragebogens als relevant ergeben haben. Dabei sind folgende Themenkomplexe benannt: *bedeutsame Lebensereignisse, Berufswahlmotive, Erfahrungen im Rahmen von Praktika, schwierige Situationen und Bewältigungsstrategien, Ressourcen, Bild des Lehrerberufs in der Öffentlichkeit, Vorbereitung auf den Beruf durch das Studium, Angaben zur Person, arbeitsbezogene Verhaltens- bzw. Erlebensmuster und Beschwerden, Zukunftsperspektiven.*

2. Entwurf eines ersten Interviewleitfadens:
Im zweiten Schritt bestimmen die oben beschriebenen Themenfelder die erste (vorläufige) Fassung des Gesprächsleitfadens. Dabei soll der Leitfaden lediglich als Grundgerüst dienen, was dem Interviewer ermöglicht, gegebenenfalls vom eigentlichen Ablauf abzuweichen und so mehr oder weniger detailliert auf bestimmte Aspekte einzugehen. Außerdem wird auf eine relative Offenheit der Fra-

gestellung Wert gelegt, damit die Erzählungen des Interviewpartners auf einen für die Forschungsfragen relevanten Aspekt gelenkt werden, aber trotzdem freie Antwortmöglichkeiten verbleiben.

3. Leitfadenerprobung:
Um das Erhebungsinstrument vor seiner endgültigen Anwendung zu überprüfen, wird ein Probeinterview durchgeführt. Dabei sind folgende Gesichtspunkte zu analysieren: *die theoretische Relevanz der Interviewfragen, der Bezug der Interviewfrage zur Forschungsfrage, die Verständlichkeit/Eindeutigkeit/Ergiebigkeit der Fragestellung, die sinnvolle Grob- und Feinstruktur des Interviewleitfadens.*
Anhand dieser Fragestellungen wird der Gesprächsleitfaden noch einmal reflektiert, ergänzt und überarbeitet. Insgesamt erweist er sich als geeignetes Erhebungsinstrument für die Fragestellung dieser Untersuchung. Die Endfassung des Interviewleitfadens befindet sich im Anhang.

6.3 Fallauswahl und Stichprobe

Die Teilnahme an den Interviews ist wiederum auf freiwilliger Basis und durch einen Code anonymisiert. Ausgewählt sind jeweils beide Geschlechter bzw. Vertreter aller AVEM-Profile. Somit ergeben sich folgende Interviews bzw. Interviewpartner:

- Interview 1 (I1 vom 03.06.2009): männlich, 25 Jahre, Abiturnotendurchschnitt: 2,2, AVEM-Profil G;
- Interview 2 (I2 vom 04.06.2009): männlich, 23 Jahre, Abiturnotendurchschnitt: 2,9, AVEM-Profil S;
- Interview 3 (I3 vom 05.06.2009): weiblich, 22 Jahre, Abiturnotendurchschnitt: 2,1, AVEM-Profil A;
- Interview 4 (I4 vom 05.06.2009): weiblich, 23 Jahre, Abiturnotendurchschnitt: 2,0, AVEM-Profil B;
- Interview 5 (I5 vom 17.06.2009): männlich, 21 Jahre, Abiturnotendurchschnitt: 2,5, AVEM-Profil B;
- Interview 6 (I6 vom 18.06.2009): weiblich, 20 Jahre, Abiturnotendurchschnitt: 2,6, AVEM-Profil S;
- Interview 7 (I7 vom 19.06.2009): weiblich, 27 Jahre, Abiturnotendurchschnitt: 1,7, AVEM-Profil G;
- geplantes Interview 8 (I8) muss entfallen, da es keinen männlichen Studierenden mit dem AVEM-Profil A in der Stichprobe gibt.

Alle Gesprächspartner sind ledig, kinderlos, römisch-katholisch und weisen keinen Migrationshintergrund auf.

6.4 Durchführung der Interviews

Die Interviews werden in Tandem-Form durchgeführt, d.h. von zwei Interviewerinnen mit einem Probanden. Dies hat den Vorteil, dass die nicht-fragende Person den Gesprächsverlauf genau mitverfolgt und gegebenenfalls Nachfragen vorbereiten bzw. um Präzisierungen bitten kann. Zudem kann eine nachbereitende Reflexion vertiefter sowie objektiver erfolgen. Die Interviews dauern insgesamt etwa 60–75 Minuten und werden mit Einverständnis der Befragten digital aufgezeichnet. In Konsens mit GLÄSER/LAUDEL (2006, S. 48) werden hierbei folgende ethischen Maßstäbe eingehalten:

- Die Befragung darf für den Interviewpartner keinen Schaden entstehen lassen. Sie beruht auf einer freiwilligen, informierten Einwilligung und gewährleistet den Datenschutz.
- Die Veröffentlichung über die erhobenen Daten erfolgt wahrheitsgemäß, um die Nachvollziehbarkeit und Validität der Informationen zu sichern.

Am Ende der Interviews erhalten die Studierenden die schriftliche Auswertung ihrer Erstbefragung persönlich und können dazu Fragen stellen, reflektieren bzw. ihre Meinung äußern. Je nach Bedarf erfolgt ein Hinweis auf für Studierende kostenfreie Beratungsstellen. Insgesamt geben die Interviewten an, die Gesprächsatmosphäre als sehr positiv wahrzunehmen und diese Situation als eine Gelegenheit für eine wertvolle bzw. anspruchsvolle Reflexion über ihre eigenen Erlebens- und Verhaltensweisen anzusehen.

6.5 Transkription und Auswertung

Die digitalen Aufzeichnungen werden nach den Transkriptionsregeln von GLÄSER/LAUDEL (2006, S. 188f.) verschriftlicht. Diese Regeln lauten wie folgt (vgl. ebd., Hervorh. A.C.S.):

- „Es wird in Standardorthografie verschriftet und keine literarische Umschrift verwendet [...];
- Nichtverbale Äußerungen (z.B. Lachen, Räuspern, Husten, Stottern) werden nur dann transkribiert, wenn sie einer Aussage eine andere Bedeutung geben,
- Besonderheiten der Antwort *Ja* oder *Nein* (z.B. zögernd, gedehnt, lachend) werden vermerkt,
- Unterbrechungen im Gespräch werden vermerkt,
- Unverständliche Passagen werden gekennzeichnet."

Die nach diesen Richtlinien transkribierten Interviews liegen als Dateidokument und Ausdruck vor (vgl. ALHÄUSER 2010). Um relevante Passagen möglichst schnell auffinden zu können, sind diese mit Absatzzahlen versehen.
Nach MAYRING (2002) ist die qualitative Inhaltsanalyse eine anerkannte wissenschaftliche Methode zur textbezogenen Erkenntnisgewinnung. GLÄSER/LAUDEL (2006) wie auch im sonderpädagogischen Bereich beispielsweise HEDDERICH/HECKER (2009) befürworten kein starres, vorab festgelegtes theoretisch begründetes Kategoriensystem für die Datenauswertung, sondern ein theoriegeleitetes sowie flexibles *Suchraster* (Kategoriensystem), das im Laufe der *Extraktion* von Interviewdaten modifiziert und angepasst werden kann. So wird auch in der vorliegenden Verfahrensweise eine Offenheit des Kategoriensystems für neue Kategorien bevorzugt, ohne dass bisherige Befunde verworfen werden müssten.
Analog zur Konstruktion des angewendeten Interviewleitfadens beruht das Suchraster für die Auswertung der Angaben auf folgenden wissenschaftlichen Grundlegungen:

- dem transaktionalen Modell des Lehrerstresses nach LAZARUS (1999),
- den Dimensionen des *AVEM* (SCHAARSCHMIDT/FISCHER 2006),
- dem Fragebogen zu möglichen körperlichen Beschwerden (SCHAARSCHMIDT 2005),
- dem Bogen zur körperlichen und psychischen Verfassung (SCHAARSCHMIDT 2005),
- der Einschätzung berufsbezogener Ziele und Motive (SCHAARSCHMIDT 2005) sowie
- dem Selbsterkundungsverfahren *Fit für den Lehrerberuf* (HERLT/SCHAARSCHMIDT 2007).

Im Verlauf der Datenextraktion wird das Analyseraster fortlaufend modifiziert, sodass nach mehreren Durchgängen folgendes Kategoriensystem entsteht:

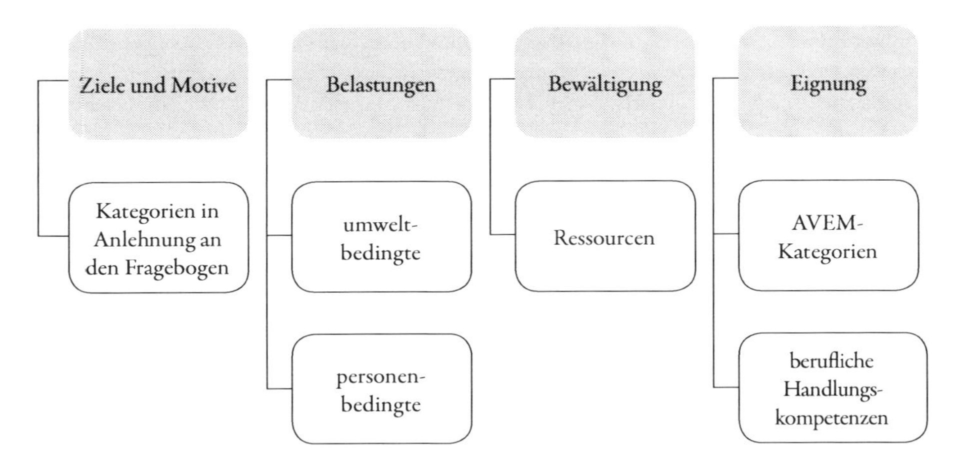

Abb. 32: Grobstruktur des modifizierten Analyserasters

In einem ersten Grobentwurf des Suchrasters ist die Kategorie *Bewältigung* – ähnlich zu der der *Belastungen* – in *personen- bzw. umweltbedingte Faktoren* unterteilt. In der modifizierten Form erweist sich jedoch der *Ressourcenbezug* in der Datenauswertung passender. Die Kategorie *Eignung* bezieht sich zum einen auf die *Ergebnisse der Befragung zu Studienbeginn*, zum anderen auf die *Entwicklung der beruflichen Handlungskompetenzen im Verlauf des Studiums*.

6.6 Darstellung der Ergebnisse

Die Darstellung bzw. Diskussion der Ergebnisse erfolgt zudem im Rahmen einer Zulassungsarbeit zum ersten Staatsexamen (vgl. Alhäuser 2010, S. 71ff.).
Das endgültige Analyseraster zum Kategorienkomplex *Ziele und Motive* ist in Abb. 33 dargestellt:

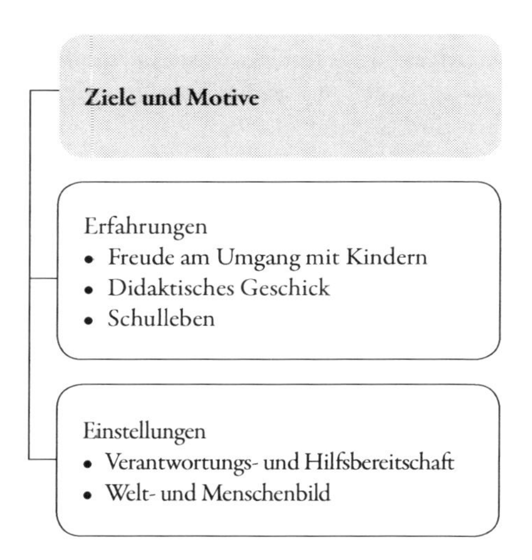

Abb. 33: Endgültiges Analyseraster zum Kategorienkomplex Ziele und Motive

Alle interviewten Studierenden haben umfangreiche *Erfahrungen* bereits im Vorfeld des Studiums gesammelt und zeigen sich als *äußerst adressatenbezogen* und *motiviert*. Sie äußern eine *große Freude am Umgang mit Kindern*. Interviewter 1 (I1, Abs. 33) wie I6 (Abs. 10) sind in der *Jugendarbeit* tätig, I2 (Abs. 8) bzw. I3 (Abs. 8) absolvieren den *Zivildienst* bzw. ein *Freiwilliges Soziales Jahr* (FSJ) und leisten zur Orientierung *freiwillige Praktika* ab (I5, Abs. 12). Zum Teil weisen sie schon *abgeschlossene Berufsausbildungen* vor, wie als Kinderpflegerin (I4, Abs. 10) oder Sozialpädagogin (I7, Abs. 8). I2 (Abs. 8) gibt als besonders motivierend an, ein eigenes *Geschwisterkind mit Förderbedarf* zu haben, I4 (Abs. 10) den *Umgang mit „speziellen Kindern"*.

Im Rahmen der engagierten praktischen Vorkenntnisse können alle Studierende bereits vor dem Studium ihr *didaktisches Geschick* ausprobieren und vertiefen, was die eigene Berufswahl entscheidend beeinflusst. Auch wird an den Schulen im Vorfeld meist ein *vertrauensvolles und kooperatives Schulklima* erfahren (z.B. I5, Abs. 12).
Schon aus dem hohen Anteil an praktischen Erfahrungen vor Studienbeginn werden implizit bestimmte berufsbezogene *Einstellungen* deutlich. Explizit zeugen die Aussagen von einer großen *Verantwortungs- sowie Hilfsbereitschaft und Idealismus* (vgl. I2, Abs. 8). Das Vertreten eines entsprechenden Menschenbildes wird teilweise sogar in der Auseinandersetzung mit relevanter Fachliteratur vor Aufnahme des eigentlichen Studiums deutlich (vgl. I1, Abs. 64).
Das endgültige Analyseraster zum Kategorienkomplex der *Belastungen* zeigt Abb. 34.

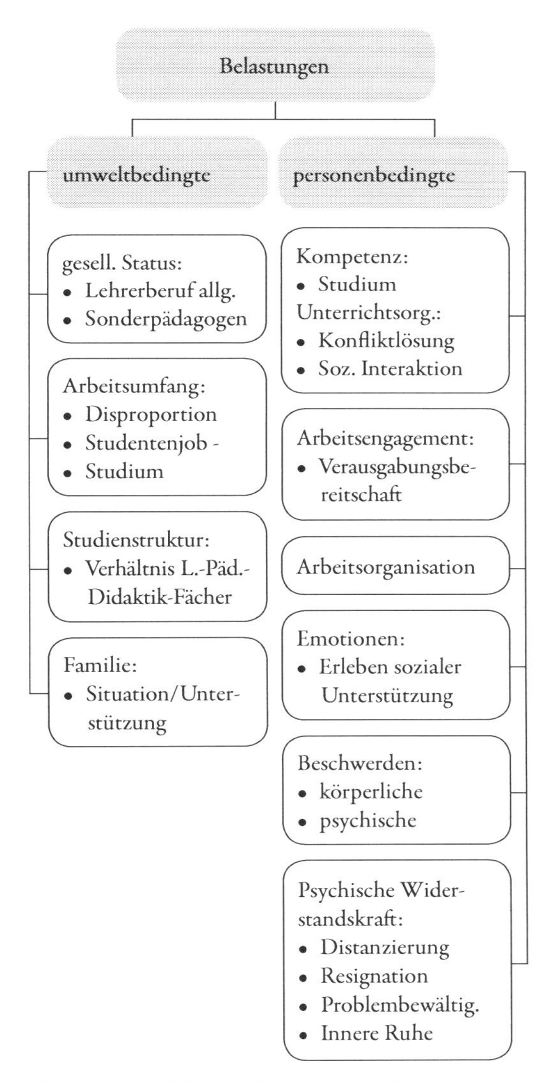

Abb. 34: Endgültiges Analyseraster zum Kategorienkomplex Belastungen

Wie bei den Zielen und Motiven treffen alle interviewten Studierenden ähnliche Aussagen hinsichtlich ihrer wahrgenommenen Belastungen. Wenn es um das Benennen von konkreten physischen bzw. psychischen Symptomen geht, wird dies erwartungsgemäß häufiger von Angehörigen der Risikoprofile A und B getan. Insgesamt werden mehr personen- als umweltbezogene Belastungen erwähnt. Im Einzelnen werden folgende Belastungen angeführt:

- Der *gesellschaftliche Status als umweltbedingte Belastung* wird von allen Studierenden thematisiert. Insgesamt wird bemängelt, dass trotz hoher Anforderungen sowie Erwartungen an den Lehrerberuf, in der Öffentlichkeit Vorurteile in Hinblick auf das Engagement, den Arbeits- bzw. Zeitaufwand, die angeblich viele Freizeit und Überbezahlung anzutreffen sind (vgl. I2 Abs. 42, I3 Abs. 46, I4 Abs. 68, I6 Abs. 48, I7 Abs. 52). Bezogen auf den speziellen Berufswunsch des Sonderschullehrers reagieren dritte Personen neben Ehrfurcht häufig mit Unverständnis und Zweifeln. So müssen sich die Studierenden für ihren Berufswunsch auch erklären und rechtfertigen (vgl. I1 Abs. 41, I3 Abs. 48, I5 Abs. 66, I6 Abs. 50).
- Der *Arbeitsumfang als umweltbedingte Belastung* wird v.a. kritisch in der Doppelbelastung von Studium und einer

Arbeit zum Geldverdienen gesehen. Der Wunsch nach einer Veränderung in Richtung mehr Zeit für das Studium wird hier geäußert, ist aber wegen der eingeschränkten finanziellen Möglichkeiten kaum umsetzbar (vgl. I3 Abs. 66, I7 Abs. 6).

- Die *Studienstruktur als umweltbedingte Belastung* wird insofern bemängelt, dass eine Abstimmung zwischen den Didaktikfächern und dem Hauptfach Lernbehindertenpädagogik noch nicht genügend gelingt. Insbesondere wird der fehlende Praxisbezug zwischen der Grundschuldidaktik im Hinblick auf die Anwendung des Gelernten in Bezug auf den Unterricht an Förderschulen kritisiert (vgl. I3 Abs. 52).
- Die eigene *Familie als umweltbedingte Belastung* spielt teilweise ein große Rolle. So kann eine schwierige familäre Situation, z.B. eine unglückliche Trennung der Eltern oder auch der Tod eines Elternteils, nicht als Rückhalt, sondern als zusätzliche Belastung empfunden werden (vgl. I3 Abs. 36, I6 Abs. 38).

Die Angaben zu den *personenbedingten Belastungen* im Hinblick auf die eigenen *Kompetenzen* beziehen sich bei allen Interviewten v.a. auf die Erfahrungen aus dem Intensivpraktikumsjahr. Es werden Unsicherheiten benannt, die sich auf das Einhalten des geplanten Unterrichtsverlaufs bzw. das Reagieren auf unvorhergesehene Geschehnisse beziehen sowie auf die eigene Nervosität während des Unterrichtens oder der Schwierigkeit, Schülerkonflikte angemessen zu lösen (vgl. I5 Abs. 38, I6 Abs. 28, I7 Abs. 26, I1 Abs. 25). Im universitären Umfeld zeigen sich teilweise Unsicherheiten im Kontakt mit vielen fremden (Autoritäts-) Personen wie auch durch ungünstig verlaufende Prüfungssituationen (vgl. I4 Abs. 36, I2 Abs. 22).
Bezogen auf das eigene *Arbeitsengagement als personenbedingte Belastung* wird aktiv einzig die Verausgabungsbereitschaft angesprochen. Ein Hauptproblem stellt das Aufschieben von Verpflichtungen, die Prokrastination, dar, was in einen großen Zeitdruck münden kann (vgl. I2 Abs. 24, I3 Abs. 66, I4 Abs. 110, I5 Abs. 88). Eine Veränderung in Richtung einer höheren Motivation und Eigeninitiative sowie einer Senkung der zeitlichen Aufwendungen für den Nebenjob wären wünschenswert, was auch eine Reduzierung der Nervosität bezogen auf die universitären Verpflichtungen nach sich ziehen würde. Es gibt aber auch den Wunsch nach einer gegenläufigen Veränderung insofern, dass das eigene (Über-) Engagement aufgrund des subjektiven Belastungserlebens zurückgefahren werden sollte (vgl. I7 Abs. 36).
Die Qualität der *Arbeitsorganisation* wird als weiterer *personenbedingter Belastungsfaktor* verbalisiert. Zum einen wird die eigene eher unstrukturierte Arbeitsweise als negativ erlebt, zum anderen Organisationsprobleme, die sich aus der Doppelbelastung von Studium und Erwerbsarbeit ergeben (vgl. I5 Abs. 88, I7 Abs. 83).
Als *personenbedingte Belastungen* werden folgende Faktoren einer geminderten *psychischen Widerstandskraft* benannt: eine mangelnde Distanzierungsfähigkeit (I4 Abs. 187, I5 Abs. 164, I7 Abs. 156), Resignationstendenzen (I2 Abs. 125, I4 Abs. 201, I5 Abs. 250), die Umsetzung eher defensiver Bewältigungsstrategien (I4 Abs. 217, I5 Abs. 174) und eine fehlende innere Ruhe bzw. Ausgeglichenheit (I4 Abs. 229, I5 Abs. 40, I7 Abs. 174).
Bezüglich *emotionaler personenbedingter Belastungen* werden allein die z.T. mangelnde erlebte soziale Unterstützung durch das Elternhaus angegeben (vgl. I3 Abs. 36, I6 Abs. 38).
Körperliche und psychische Beschwerden werden allein von den Studierenden mit Risikoprofil explizit als *personenbedingte Belastungen* benannt. Körperliche Beschwerden sind v.a. Bronchitis, Lungen- bzw. Blasenentzündung, Verspannungen und Rückenprobleme (vgl. I3 Abs. 161, I4 Abs. 273). Als psychische Beschwerden treten psychosomatische Probleme wie Magenbeschwerden, Stottern, Anspannung, Migräne, Schlafstörungen, Übellaunigkeit, Appetitlosigkeit,

Rastlosigkeit, Selbstzweifel und eine generelle Instabilität auf (vgl. I3 Abs. 159, I4 Abs. 268, I5 Abs. 218).
Das endgültige Analyseraster zum Kategorienkomplex der *Ressourcen* wird entsprechend der Angaben der interviewten Studierenden in Abb. 35 veranschaulicht.

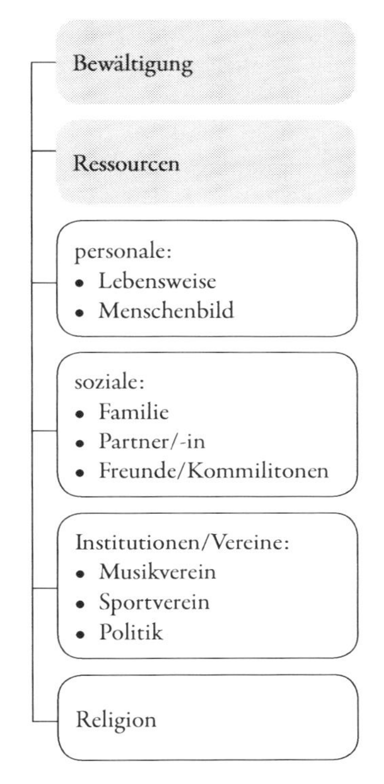

Abb. 35: Endgültiges Analyseraster zum Kategorienkomplex Ressourcen

Als wichtige *personale Ressource* wird eine bewusste *Lebensweise* sowie ein bewusster Umgang mit der Natur angegeben, ebenso ein durch bestimmte religiöse und pädagogische Ansichten geprägtes *Menschenbild* sowie bestimmte Prinzipien wie Solidarität, Hilfsbereitschaft und Nächstenliebe (vgl. I1 Abs. 35).
Die *Familie* stellt eine sehr bedeutsame *soziale Ressource* dar, insbesondere die Eltern (vgl. I4 Abs. 46, I5 Abs. 50) als bedingungsloser Rückhalt oder auch weitere Angehörige wie Schwester oder Onkel hinsichtlich studienbezogener Angelegenheiten (vgl. I2 Abs. 32). Weiter spielen die jeweiligen *Partner* (Freund/Freundin) einer große Rolle: beispielsweise als Gesprächspartner und gute Zuhörerin (vgl. I2 Abs. 148) oder sogar als professionelles Vorbild (Sozialpädagoge) bzw. Berater (vgl. I3 Abs. 34). Oder die Partnerin gibt grundsätzlichen Halt und Kraft (vgl. I5 Abs. 50) bzw. wird als ruhender Gegenpol angesehen (vgl. I7 Abs. 36). Auch werden *Kommilitonen* als wertvolle soziale Ressource beispielsweise für die Prüfungsvorbereitungen oder auch generell als starker Rückhalt sowie wertvolle Freundschaft betrachtet (vgl. I5 Abs. 52, I6 Abs. 36). Auch *Vereine* bzw. *Institutionen* werden als *Ressourcen* angegeben. Konkret sind dies Musik- und Sportvereine (z.B. Tennis und Fußball) sowie die Mitgliedschaft in einer politischen Jugendorganisation (SPD) (vgl. I2 Abs. 34, I6 Abs. 46, I4 Abs. 50).
Eine weitere zentrale *Ressource* stellen die *Kirche* bzw. *Religion* dar. Diese werden in Verbindung mit zur Ruhe kommen, Abschalten, Entspannung, Wohlgefühl, Aufgehoben sein und Halt gebracht (vgl. I2 Abs. 32, I5 Abs. 50, I6 Abs. 34).
Das endgültige Analyseraster zum Kategorienkomplex der *Eignung* für den Lehrerberuf ist in Abb. 36 ersichtlich.

Die Datenextraktion aus den Interviews können im Bereich der *Eignung für den Lehrerberuf* auf die *AVEM-Dimensionen* bezogen werden, wobei sich durchweg über alle Profile hinweg positiv empfundene Entwicklungen zeigen. So werden außerdem explizit Verbesserungen bezüglich des *Arbeitsengagements* festgestellt, d.h. in den Kategorien des persönlichen *Ehrgeizes*, der *Verausgabungsbereitschaft* und des *Perfektionsstrebens* (vgl. I6 Abs. 143, I1 Abs. 115). Auch im Bereich der *psychischen Widerstandskraft*, speziell der *Resignationstendenz*, werden durch positive Erfahrungen im Studium v.a. im Umgang mit fremden Personen sowie in unstrukturierten Situationen Fortschritte erkannt (vgl. I4 Abs. 209). Im Hinblick auf die *Emotionen* benennen die Studierenden

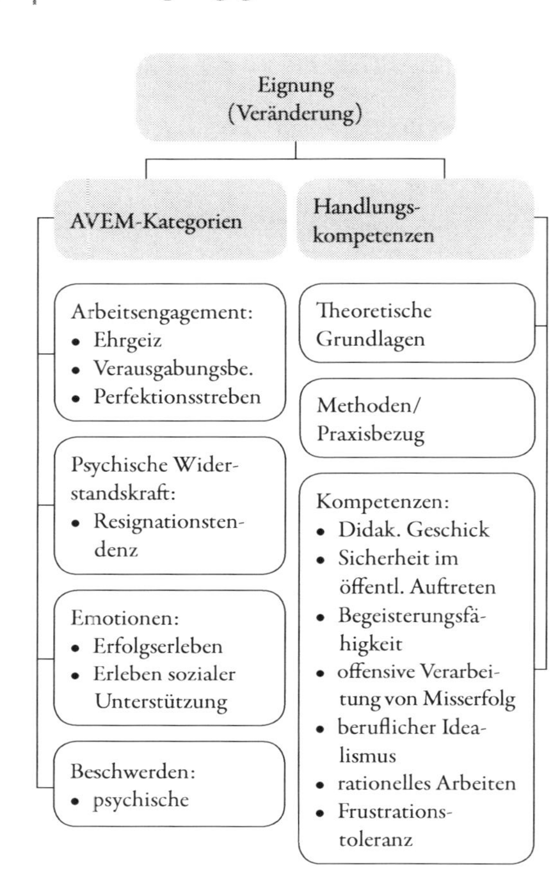

Abb. 36: Endgültiges Analyseraster zum Kategorienkomplex Eignung

positive Veränderungen, insbesondere dem *Erfolgserleben,* der *Lebenszufriedenheit* und dem *Erleben sozialer Unterstützung* (vgl. I6 Abs. 165, I4 Abs. 163). Bei den Angaben über *psychische Beschwerden* gibt es sehr unterschiedliche und z.T. widersprüchliche Befunde. Mehrheitlich werden hier Verbesserungen erlebt. Interviewpartnerin 7 (Profil G, Abs. 202) gibt an, keine Burnout-Symptome im Vergleich zum Studienbeginn mehr zu spüren. Dies ist um so erstaunlicher, da sie durchgängig dem gesunden Bewältigungsprofil zuzuordnen ist. Interviewperson 6 (Muster S, Abs. 209) gibt beispielsweise erleichtert an, weniger zu grübeln als zu Beginn des Studiums. Interviewpartnerin 3 (Muster A, Abs. 169) berichtet von einer Verstärkung der psychischen Belastung, allerdings weniger auf das Studium, sonder mehr auf die Doppelbelastung durch den Nebenjob bezogen.

Im Hinblick auf den Erwerb *beruflicher Handlungskompetenzen* stellen die Befragten mehr oder weniger fest, dass sie theoretische Grundlagen aus den universitären Veranstaltungen erwerben können, die als wissenschaftliche Basis für das praktische Tun angesehen werden (vgl. I2 Abs. 50, I3 Abs. 52, I7 Abs. 64). Der *Praxisbezug* wird nicht zuletzt durch das Intensivpraktikum als hoch eingeschätzt, ebenso die Möglichkeit zur Verfeinerung des *didaktischen Geschickes* (vgl. I2 Abs. 46, I4 Abs. 78, I5 Abs. 34, I6 Abs. 26). Zudem werden durch die praktischen Tätigkeiten unrealistische und überzogen idealistische Erwartungen relativiert (vgl. I7 Abs. 26). Weitere positive Veränderungen werden angesprochen in den Bereichen der *Sicherheit im öffentlichen Auftreten, in der Begeisterungsfähigkeit* für die beruflichen Tätigkeiten, der *Verarbeitung von Misserfolgen,* des beruflichen *Idealismus'* sowie der *Fähigkeit zu rationellem Arbeiten* (vgl. I2 Abs. 54, I4 Abs. 86, I5 Abs. 78, I6 Abs. 62).

Schließlich wird ein *Feedback durch Dozenten* an der Universität als wünschenswert betrachtet, v.a. in Bezug auf die Eignung für den Beruf, konstruktive und individuelle Tipps sowie einem realistischen Abgleich zwischen Selbst- und Fremdwahrnehmung (vgl. I4 Abs. 82, I7 Abs. 70).

6.7 Zwischenfazit

Alle Interviewpersonen haben bereits einschlägige *praktische Vorerfahrungen* vor Studienbeginn und zeigen dementsprechend *eine sehr adressatenbezogene berufliche Motivation,* v.a. der Freude am Umgang mit Kindern und Jugendlichen speziell mit gravierenden Lernschwierigkeiten.

Das *Bild einer (Sonderschul-) Lehrkraft in der Öffentlichkeit* wird als *Belastung* wahrgenommen und spornt zu einem ganz *besonderen (idealistischen) Engagement* an.
Das Profil des *Überengagements* lässt sich in dieser Kohorte lediglich *weiblichen Studierenden* zuordnen. Ansonsten werden personenbedingte Belastungen über alle Bewältigungsprofile hinweg benannt. Typischerweise sind dies mangelnde Distanzierungsfähigkeit, eine eher defensive Problembewältigung, Resignationstendenzen bei Schwierigkeiten sowie eine innere Unruhe bzw. Unausgeglichenheit. Erwartungsgemäß werden diese Probleme verstärkt bei den Burnout-Profilen benannt. Es werden *insgesamt schon hohe Belastungen im Studium* angegeben und erlebt.
Alle befragten Studierenden verfügen über *gute soziale Ressourcen*. Diese werden insbesondere von den Angehörigen des gesunden Musters G konkretisiert und bewusst erlebt. Auch *spirituelle bzw. religiöse Ressourcen* spielen eine wichtige Rolle.
Die Interviewpartner berichten von *selbst wahrgenommenen Verbesserungen im Hinblick auf die Kompetenzen* bzw. berufliche Eignung im Verlauf des Studiums. Erwartungsgemäß äußern dies Angehörige des Musters G am stärksten, während Studierende mit dem A-Profil gravierende Verschlechterungen in Hinblick auf die beruflich bedingten Belastungen erleben.
Insgesamt äußern sich die Studierenden *durchgängig positiv* zu den vermittelten Inhalten und Methoden *im Studiengang* Lernbehindertenpädagogik an der LMU München. Ein guter *Praxisbezug* wird festgestellt, besonders auch wegen der Vielzahl an abzuleistenden Praktika. Anfängliche Schwächen und Unsicherheiten in Bezug auf die eigene Unterrichtspraxis können durch *Training und Reflexionen* bearbeitet und konstruktiv verbessert werden. Somit wird auch die *Entwicklung einer realitätsnäheren Einstellung* gegenüber den Anforderungen des zukünftigen Berufsfeldes explizit benannt, ebenso wie die *gestiegene Sicherheit im öffentlichen Auftreten* sowie eine *Abschwächung der idealistischen Grundhaltung*. Alle Interviewten stehen einer *Eignungsbeurteilung bzw. -beratung* in der Zusammenarbeit mit den Dozenten an der Universität positiv gegenüber.
Erwartungsgemäß geben die Angehörigen des gesunden Musters G und des Schonungsmusters S die wenigsten *Krankheitstage* an, die des Burnoutmusters die meisten.

7 Diskussion der Ergebnisse aus der Studie EGIS-L

Die leitenden Fragestellungen bzw. fünf Haupthypothesen, die in der Untersuchung überprüft werden (vgl. Kap. 5.1), können zusammengefasst wie folgt beantwortet und sowohl quantitativ als auch qualitativ bestätigt werden:

1. Studierende der Lernbehindertenpädagogik weisen zum überwiegenden Teil realitätsnahe und konstruktive Bewältigungsprofile auf, zu einem Anteil von 40% jedoch schon sehr risikobehaftete.
2. Diese persönlichen Muster spiegeln sich an weiteren Merkmalen wie beispielsweise an körperlichen bzw. psychischen Beschwerden oder der Anzahl an Krankheitstagen wider.
3. Die Motivation für das vertiefte Studienfach ist sehr adressatenbezogen, auf ethische Wertmaßstäbe ausgerichtet und teilweise idealistisch.
4. Es lassen sich Diskrepanzen zwischen der Selbstwahrnehmung der Studierenden und der Fremdwahrnehmung der Mentoren feststellen. Die Intensivpraktikumslehrkräfte schätzen die Studierenden besser ein als diese sich selbst, die Universitätsdozentinnen hingegen schlechter.
5. Im Studienverlauf zeigen sich positive Veränderungen bezogen auf die personellen Kompetenzen und auf die Gesundheit, was sich besonders für die Interventionsgruppe bestätigen lässt.

Diese Hauptergebnisse aus der Studie EGIS-L sollen im Folgenden im Zusammenhang mit dem *Vier-Quadranten-Modell* des integralen Ansatzes (Wilber 1999; vgl. Kap. 4.2) *in Frageform* differenziert und vertieft diskutiert und beantwortet werden. Bezogen auf den ersten Quadranten (Individuell-Innen) ist die häufig gestellte Frage nach der Eignung für das Studium und den zukünftigen Beruf zu klären, speziell der Studierenden der Sonder- bzw. Lernbehindertenpädagogik im Vergleich zu Studierenden aus anderen Fächern.

- *Werden für den Lehrerberuf weniger geeignete Personen rekrutiert als bei anderen Berufsgruppen? Sind Studierende der Lernbehindertenpädagogik für den angestrebten Beruf geeigneter als die der Regelschulpädagogiken?*

Ein grundlegendes Ergebnis der Potsdamer Lehrerstudie (vgl. Schaarschmidt/Kieschke 2007) lautet, dass Lehrkräfte gesundheitlich gefährdeter seien als Angehörige anderer Berufsgruppen.
Als Grund könnte angenommen werden, dass hier verstärkt ungeeigneteres Personal ausgewählt würde. Diese These ist allerdings abzulehnen: „Als Erklärung für eine hohe Belastung und Beanspruchung im Lehrerberuf wird etwa unterstellt, dass sich Lehrerinnen und Lehrer in höherem Maße als in anderen Berufsgruppen aus einem für die Berufsanforderungen ungeeigneten Personal rekrutiert, ohne dass die Befundlage jedoch diesen Schluss zulässt" (Rothland/Tirre 2011, S. 655). Das bedeutet, dass den Lehrerberuf – entsprechend zu anderen Berufen – mehr oder auch weniger geeignete Personen ausüben: „Wir wissen, dass unter politisch-gesellschaftlicher Hinsicht nur die Besten zum Lehrerberuf zugelassen werden sollten; zugleich wissen wir auch, dass jene, die die Zugänge bestimmen, äußerst hilflos zuschauen, wie z.T. einige in den Beruf drängen, die nur einen Job ergattern, aber nicht Kinder erziehen wollen, die keine anderen

Zugänge zum gesellschaftlichen Leben finden und so halt noch Lehrerin oder Lehrer werden" (Oser 2006, S. 30).
Die Ergebnisse der vorliegenden Untersuchung bestätigen bzw. replizieren unter gesundheitlichen Aspekten das grundlegende Ergebnis aus der Potsdamer Lehrerstudie (vgl. Herlt/Schaarschmidt 2007): *Ebenfalls weisen bereits ca. 40% der Studierenden der Lernbehindertenpädagogik an der LMU München Risikoprofile auf* (27% A- bzw. 14% B-Muster). Damit haben sie mit ähnlichen Befunden zu tun wie die der Medizinstudierenden (vgl. Voltmer/Kieschke/Spahn 2008; Aster-Schenk u.a. 2010). Die Abbruchquote ist allerdings im Vergleich zu anderen (Lehramts-) Studiengängen äußerst gering, d.h. von einer guten Passung zwischen studiumsbezogenen Anforderungen und persönlichen Erwartungen ist zunächst auszugehen.

Antwort: Insgesamt sind Studierende der Lernbehindertenpädagogik ähnlich zur Rekrutierung für den späteren Beruf geeignet wie diejenigen anderer Lehramtsstudiengänge bzw. Berufsgruppen.
Die sich inhaltlich anschließende Frage nach der Berufswahlmotivation von Studierenden ist ebenfalls dem ersten Quadranten (Individuell-Innen) zuzuordnen:

- *Unterscheiden sich Studierende der (Sonder-) Lernbehindertenpädagogik im Hinblick auf ihre Berufswahlmotivation von anderen Lehramtsstudierenden?*

Die Entscheidung für ein Lehramtsstudium kann auch als eine Art Notlösung aus Gründen fehlender Alternativen bzw. extrinsischer Motiven gefällt werden. Zudem ist es möglich, dass primär ein fachlichwissenschaftliches Interesse vorhanden ist, wie z.B. bei Studierenden des Gymnasiallehramtes oder ein sehr praxisbezogenes mit möglichst geringem wissenschaftlichen Anspruch, wie bei Studierenden der Grund- oder Hauptschullehrämter (vgl. Weiss/Lerche/Kiel 2011, S.350f.). Häufig werden Motive wie der Wunsch, mit Kindern und Jugendlichen zu arbeiten angegeben, was ebenfalls kritisch betrachtet werden muss: „Die Entscheidung für den Lehrberuf fällt oft ohne differenziertes Vorwissen und Auseinandersetzung damit, was Lehrer/in [sic!] sein eigentlich bedeutet. Dies weist auf eine Erwartungshaltung an Studium und Beruf hin, die offensichtlich nicht mit realistischen Anforderungen und Umständen, wie beispielsweise den Grenzen pädagogischen Handelns oder dem Ertragen von Widersprüchen, in Einklang steht" (a.a.O., S.351). Auch die Studierenden der Lernbehindertenpädagogik geben in der Befragung an, v.a. *die Anerkennung und Achtung der Schüler erlangen zu wollen*. Da dies einen sehr idealistischen Wusch darstellt, der der Schulrealität häufig nicht entspricht, kann er problematisch werden.
In der vorliegenden Stichprobe geben die Studierenden der Lernbehindertenpädagogik durchgängig eine sehr adressatenbezogene und pädagogische Motivation an und weisen die Auffassung des Studiums als Notlösung weit von sich. Besonders Studierende des Lehramts für Sonderpädagogik der LMU München sind einer sehr idealistischen Motivation zuzuordnen (vgl. Kiel/Weiss/Braune 2012). „Auch bezüglich dieser angehenden Lehrer wird immer wieder ein Auseinanderklaffen von Wunsch und Realität diskutiert. Hier setzt die Belastungsforschung an, die beispielsweise mangelnde Distanzierungsfähigkeit und ein überhöhtes Arbeitsengagement, das keine Entsprechung im Lebensgefühl findet, als höchst problematisch herausarbeitet" (Weiss/Lerche/Kiel 2011, S.362).
Analog zu den qualitativen wie quantitativen Ergebnissen dieser Arbeit kann bestätigt werden, dass Studierende des Lehramts für Sonderpädagogik mit der Fachrichtung Lernbehinderten-

pädagogik die Begeisterung für die praktische Arbeit mit Kindern und Jugendlichen und den Idealismus bereits von Beginn des Studiums an mitbringen. „Ihnen geht es um Humanität und soziale Gerechtigkeit, das Bewusstsein für ethische Probleme und Fragestellungen ist insgesamt bereits sehr differenziert ausgeprägt. Die Entscheidung für das Fach ist keine Notlösung, sie stellt fast immer die erste Wahl dar und ist meist Ausdruck einer altruistischen sowie von Offenheit geprägten Werthaltung" (Grünke 2007, S. 74). Der Wunsch nach einer abwechslungsreichen und verantwortungsvollen Tätigkeit mit vielen Freiheiten ist deutlich ausgeprägt, wobei die eigenen Fähigkeiten und die Kreativität zur Geltung gebracht werden wollen.
Einer Studie von Schmitz/Leidl (1999) zufolge sind *unrealistische Ansprüche* – z.B. der Wunsch, gesellschaftliche Missstände zu verändern oder die Welt zu verbessern – Prädiktoren für Burnout. Um v.a. die unrealistischen Erwartungshaltungen bzw. ein nicht realitätsgerechtes Berufsbild aufzulösen, sollte bereits in der ersten Phase der Lehramtsausbildung die Vermittlung eines realistischen Bildes und realistischer Erfahrungen gehören (vgl. Rothland 2007). Die Metapher des *Entflammens und Ausbrennens* ist demnach relativ wertlos, wenn dies als hohe Motiviertheit und Engagiertsein interpretiert wird. Auch die Ergebnisse von Dückers-Klichowski (2005) unterstützen diesen Befund, dass die von ihrem Beruf und ihren Schülern begeisterten Lehrpersonen eher vor einem Ausbrennen geschützt sind: „Eine Parallele zwischen Motivation und Entflammung wurde in dieser Form nicht gefunden. Eine niedrige Leistungsmotivation ging von Beginn an mit hohem Burnout einher" (a.a.O., S. 294).
Die Hauptmotivation gegen Ende des Studiums stellt für Studierende die Aussicht auf einen krisenfesten und sicheren Arbeitsplatz im Beamtenverhältnis dar. Diese extrinsische Motivierung ist alleinig oder im Zusammenspiel mit unrealistischen Erwartungen an den Beruf weiter als höchstproblematisch zu bewerten. Um eine mögliche Verbeamtung nicht zu gefährden, lehnen betroffene Studierende notwendige (therapeutische) Interventionsmaßnahmen ab, was einer schlechteren Prognose für den beruflichen Werdegang und einer Diskriminierung entspricht.

Antwort: Im Unterschied zu anderen Lehramtsstudierenden ist der Berufswunsch nach intensiver Auseinandersetzung meist die erste Wahl. Allerdings wird dem Beamtenstatus und dem damit verbundenen zukünftigen sicheren Arbeitsplatz eine hohen Bedeutung beigemessen. Als Gefahr für die eigene Gesundheit lassen sich idealistische Vorstellungen und Grundhaltungen feststellen. Notwendige therapeutische Interventionen werden aus Angst vor einer Zurückweisung einer möglichen Verbeamtung überwiegend abgelehnt.
Die Frage nach möglichen geschlechterspezifischen Unterschieden bezieht sich wieder auf den ersten Quadranten (Individuell-Innen):

- *Gibt es geschlechterspezifische Unterschiede?*

Der Lehrerberuf ist ein Beziehungsberuf und dem sozialen Bereich zuzuordnen, der typischerweise von weiblichen Studierenden nach wie vor bevorzugt wird (vgl. Nieskens 2009, S. 246). Schon allein der Frauenteil von 76% der untersuchten Studierenden für Lernbehindertenpädagogik bestätigt diese Situation. Kein einziger männlicher Student der Kohorte gehört dem Risikoprofil A an, was bedeutet, dass der gesamte A-Anteil über 27% von Studentinnen ausgefüllt wird. Allerdings lassen sich in dieser Untersuchung ansonsten keine signifikanten Geschlechterunterschiede nachweisen. Trotzdem sollten die Risiken mangelnder Distanzierungsfähigkeit, der Perfektionismus-Falle sowie einer möglichen Gratifikationskrise eine geschlechterspezifische Berücksichtigung in Aus- bzw. Weiterbildung finden (vgl. Schmid 2003,

S. 184ff.; Schaarschmidt 2007, S. 17; Poschkamp 2008, S. 200; Rückert 2010, S. 488; Badinter 2010; Abé 2011). Schulz von Thun (2012) deutet das Burnoutphänomen auch als ein *des Guten zuviel* einer – an sich positiven – *Vita activa* im Sinne von Hannah Ahrendt (2002) und stellt die hohe ausgleichende Bedeutung der *Vita contemplativa* heraus. Nach den Angaben von Krankenkassen sind Frauen häufiger von psychischen Erkrankungen betroffen und weisen eine höhere Neigung zu Depressionen und Anpassungsstörungen auf als Männer. Die zuletzt Benannten zeichnen sich im Gegenzug durch einen stärkeren Missbrauch von Substanzen wie Alkohol, Tabak und Drogen aus (vgl. Meck 2010). Auch sind die Verwendung leistungssteigernder Substanzen zu berücksichtigen, dem sog. „Hirndoping" bzw. „Neuroenhancement" (vgl. Hobson 2010; Lieb 2010). Frauen hingegen nehmen zum einen Belastungen eher wahr und scheuen sich auch weniger Beratung einzuholen. Aster-Schenk u.a. (2010) berichten von signifikanten Geschlechtsunterschieden, insofern, dass männliche Studierende höhere Werte angeben bei *beruflichem Ehrgeiz*, *Bedeutsamkeit der Arbeit*, eine geringere *Resignationstendenz bei Misserfolg* und mehr *Innere Ruhe und Ausgeglichenheit*. Studentinnen erleben mehr *soziale Unterstützung*.

Antwort: In der vorliegenden Studie liegen keine signifikanten Geschlechterunterschiede vor, dennoch deuten sich tendenziell eine geschlechtsspezifische Wahrnehmung und ein geschlechtsspezifischer Umgang von bzw. mit Belastungen an.
Die folgende Frage nach zielführenden Verfahren der Eignungsfeststellung für das Lehramtsstudium bzw. den Lehrerberuf bezieht sich mit der Selektionsoption auf den zweiten Quadranten (Kollektiv-Innen):

- *Ist bei der Eignungsfeststellung für ein Lehramtsstudium bzw. den Lehrerberuf auf Selbst- und/ oder Fremdselektion zurückzugreifen?*

Aufgrund *diagnostischer Schwierigkeiten und rechtlicher Probleme* werden in Deutschland an Universitäten im Allgemeinen kein tatsächlich fremd-selektives berufsspezifisches Eignungsfeststellungsverfahren beim Zugang zu Lehramtsstudiengängen eingesetzt. Stattdessen wird meist auf Information und Selbstreflexion gesetzt, verbunden mit einer eventuell anschließenden Selbstselektion. Als besonders mangelhaft sind die Konstruktion valider Untersuchungsinstrumente sowie die einzelnen Entscheidungsstrategien zu kritisieren: „Die im engeren Sinne diagnostisch-prognostische Problematik der Konstruktion zuverlässiger Instrumente und Entscheidungsstrategien ist bei weitem nicht zufriedenstellend gelöst und letztlich bleibt die grundsätzliche Frage, ob sie überhaupt befriedigend zu lösen sein wird. *Vielleicht sollte man von dem (illusorischen?) Ziel der prognostisch validen, selektiven Eignungsprüfung für den Beruf ablassen und sich dem realistischeren Ziel einer Eignungsabklärung und -beratung für die Ausbildung zum Beruf zuwenden*" (Rothland/Terhart 2011, S. 638; Hervorh. A.C.S.). Auch in der vorliegenden Untersuchung werden von den beteiligten Personen – den Studierenden, Hochschul- und Intensivpraktikumslehrkräften – eine möglichst frühe Eignungsfeststellung über Beratung gewünscht. Diese kann in verschiedenen Kontexten stattfinden, z.B. in den Seminaren, bei Unterrichtsvorführungen oder im Rahmen der Anwendung von speziellen Instrumenten. Auffällig ist in der vorliegenden Studie insgesamt die von den Kompetenzen her sehr viel bessere Einschätzung durch die Betreuungslehrkräfte an den Intensivpraktikumsschulen. Zum einen sind Fremdeinschätzungen mit vielen Fehlerquellen und Unsicherheiten belegt, wie folgender Brief einer Intensivpraktikumslehrerin zeigt:

Sonderpädagogisches Förderzentrum F. 10. Juni 2010
Intensivpraktikumslehrerin G.
U.-Straße 1
xxxxx F.

Sehr geehrte Frau Schmid,

die von mir im Praktikum betreuten Studentinnen X. Und Y. haben mir vor einigen Wochen einen Fragebogen ausgehändigt, den ich für Sie ausfüllen sollte.
Prinzipiell finde ich es natürlich gut, wenn es ein Feed-Back gibt, ob eine Studentin für den Lehrerberuf geeignet scheint. Folgende Punkte erscheinen mir hier besonders wichtig:

- Umgang/Freude mit Kindern und Jugendlichen
- Stressbewältigung/Frustrationstoleranz/Belastbarkeit
- Einsatzbereitschaft.

Beim Ausfüllen der Fragebögen hatte ich jedoch so meine Probleme.
Zum einen waren die Fragen für mich nicht beantwortbar, z.B. was das Privatleben der Studentinnen angeht (Beliebtheit bei Freunden), zum anderen waren sie zu offen gestellt bzw. nicht eindeutig zu beantworten. Ich gebe ungern Pauschalbeurteilungen über Menschen ab, von denen ich nur einen Bruchteil ihrer Persönlichkeit kenne, nämlich den von einem Schulvormittag die Woche.
Auf Fragen, die so konkret wie möglich (auf die Praktikumssituation zugeschnitten) und so neutral wie möglich zu beantworten sind, gebe ich natürlich gerne Antwort, sofern es der Entscheidungsfindung bzw. der Weiterentwicklung der Studentinnen hilft. Die o.g. Punkte werde ich aber sowieso in einem ausführlichen Gespräch mit den Studentinnen zum Ende des Praktikums besprechen.
Ich hoffe, Sie haben Verständnis dafür, dass ich die Fragebögen so ungern weitergeben möchte.

Mit freundlichen Grüßen,

I. G.

Zum anderen hat sich die quantitative wie qualitative Praktikumsbetreuung erheblich verbessert, was auch die Aussagen der Praktikumslehrkräfte im Rahmen des neu eingeführten Intensivpraktikums bzw. die Leistungen der Studierenden widerspiegeln, insbesondere im Vergleich zu der eigenen Ausbildung. So kann eine wahrgenommene Kompetenzsteigerung realitätsnah erklärt werden. Auffällig ist die Tatsache, dass die Studierenden aus der Interventionsgruppe von den Betreuungslehrkräften als weniger sozial kompetent eingeschätzt werden. Der Grund dafür könnte am Interventionsinstrument selbst liegen: Das AGIL-Programm unterstützt die offensive Problembewältigung sowie die direkte Kommunikation, sodass Studierende, die ihre Mentoren mit ihren individuellen Wahrnehmungen bzw. Problemen konfrontieren, im sozialen Umgang zunächst als anstrengender oder sogar weniger kompetent erscheinen lassen können.
Insgesamt sollte letztlich die Berufswahlentscheidung bei der Person selbst bleiben und die Beratung auf *Freiwilligkeit* beruhen. *Beratungsresistenzen* können weder befriedigend durch Fremd- noch durch Selbstselektion umgangen werden: Auf Eignungstests kann man sich zum

einen vorbereiten, zum anderen ist mangelnde Selbsteinsicht im Zweifelsfall durch Fremdfeedback nicht zu beheben. So bricht eine Studentin aus der untersuchten Kohorte aufgrund negativer Rückmeldung über ihre berufliche Eignung im Intensivpraktikum ab, um sich anschließend für das Lehramt an Hauptschulen einzuschreiben. Insgesamt zeigt sich daher die Frage nach Fremd- *oder* Selbstselektion als irreführend: Weder noch, es ist ein Mittelweg aus *Beratung*, *Information* und der *persönlichen Entscheidungsfindung* bezogen auf die berufliche Eignung zu gehen. So sind auch die meisten Eignungsüberprüfungsverfahren als Selbsterkundung konzipiert. Ausdrücklich abgelehnt wird der Einsatz der Verfahren für Maßnahmen der Fremdselektion, z.B. bei der Auswahl von Studienbewerbern durch die Hochschulen (vgl. Herlt/Schaarschmidt 2007; Mayr 2010).

Antwort: Das Angebot einer vielfältigen Eignungsabklärung und Beratung kann hier als ausdrücklich erwünscht und zielführend gelten.
Nachdem in der vertieften Diskussion der Ergebnisse aus der *Studie EGIS-L* ein erster Bezug zu den ersten beiden Quadranten (Individuell-Innen bzw. Kollektiv-Innen) nach Wilber (1999) hergestellt wird, ist zu diskutieren, ob eine Verbindung zum gesamten Vier-Quadranten-Modell sinnvoll erscheint:

- *Wie kann ein umfassender Bezug zum Vier-Quadranten-Modell von Wilber (1999) hergestellt werden?*

Pädagogisches Handeln zeichnet sich durch eine große Unsicherheit aus. Nicht nur konkrete Handlungen gelten als unsicher, sondern auch „die dahinter stehenden Aspekte von Person und Situation, den Anforderungen an den Beruf als Ganzes und den individuellen wie auch öffentlichen Wertvorstellungen" (vgl. Weiss/Lerche/Kiel 2011, S. 349). Um diese Unsicherheiten und Einflüsse vertieft zu hinterfragen und zu erkennen, bieten sich als strukturierendes theoretisches Modell die vier Quadranten nach Wilber (1999) an:

1. *Zu Quadrant 1 (Individuell-Innen):*

Gemäß der Studie COACTIV (vgl. Kraus u.a. 2004) haben sich Lehramtsstudierende und Lehrkräfte mit den verschiedensten und z.T. widersprüchlichen Rollen- bzw. Erwartungshaltungen möglichst pädagogisch taktvoll auseinanderzusetzen: „Dies erlaubt Lehrpersonen weder Unpersönlichkeit oder Kälte noch Gleichbehandlung oder gar Indifferenz. Vielmehr verlangt gerade die wichtigste Aufgabe der Schule, nämlich die Voraussetzungen für selbstständiges Weiterlernen und eine verantwortungsvolle gesellschaftliche Teilhabe für die *gesamte* nachwachsende Generation zu sichern, Akzeptanz von Heterogenität, Fürsorge und individuelle Förderung" (Baumert/Kunter 2006, S. 472, Hervorh. i. Orig.). Gleichzeitig treffen sie auf Systeme, die unzureichend personell versorgt sind im Hinblick auf psychologische, sonder- bzw. sozialpädagogische und insbesondere salutogenetische Beratung. Die Persönlichkeitsbildung mit der Entwicklung personaler Kompetenzen sollte weiterhin im Fokus einer universitären Lehrerbildung stehen (vgl. Positionspapier zum Bologna-Prozess der Humboldt-Gesellschaft 2009).
Bezogen auf den ersten Quadranten steht hier die *individuelle Entwicklung* im Hinblick einer gesundheitsförderlichen Lebens- bzw. Arbeitsweise und die Erweiterung der eigenen personalen Kompetenzen im Vordergrund. Als Entwicklungsbeispiele wären hier die Förderung der Reflexion, Autonomie und des Ausbaus sozialer Netzwerke zu benennen.

Zu Quadrant 2 (Kollektiv-Innen):

Man sollte sich davor hüten, „nicht länger alles von der Erstausbildung zu erwarten und damit die Erstausbildung zu überlasten, sondern sehr viel stärker auf das ständige Weiterlernen im Beruf setzen" (Terhart 2010, S. 5). Die Modularisierung der Lehrerbildung bzw. deren Einordnung in das BA-/MA-System hat hierbei „weder den von universitärer Seite traditionell kritisierten Staatseinfluss reduziert noch zu einer Steigerung des Ansehens der Lehrerbildung innerhalb der akademischen Kultur geführt" (ebd.). Da in unserer Gesellschaft in Politik, Wirtschaft und Kultur häufig jeder meint, zum Thema *Lehrer* in Bezug auf die Ausbildung und den Beruf sich selbst zum Experten erklären zu können, herrscht in den Debatten zum Großteil ein *unerträglicher Populismus*: „Kaum ein Feld der Bildung ist derart von dumpfen Ressentiments, übersteigerten Hoffnungen, und undurchdachten Kurzschlüssen durchsetzt" (Terhart 2010, S. 7). Die festzustellende mangelnde gesellschaftliche Anerkennung des Lehrerberufs führt dazu, dass eine bessere öffentliche Wertschätzung der Lehrerarbeit einzufordern ist. Denn: „Allgemein wird unter einer Profession ein akademischer Beruf mit hohem Prestige verstanden, der vor allem wegen der Herausforderung, die in seiner Aufgabe liegt, ausgeübt wird. Weitere Merkmale sind: ein hoher Grad an beruflicher Organisation (Standesorganisation), persönliche und sachliche Gestaltungs- und Entscheidungsfreiheit in der Tätigkeit sowie eine eigene Berufsethik" (a.a.O., S. 9).

Bezogen auf die Lehrerbelastungsforschung beschreiben Krause/Dorsemagen/Alexander (2011, S. 788) die überhöhten Erwartungen an (zukünftige) Lehrkräfte wie folgt: „Lehrerinnen und Lehrer üben einen Beruf zum Zwecke des Gelderwerbs aus. Im Rahmen ihrer Arbeitszeit unterrichten, erziehen, beurteilen und beraten sie, entwickeln eigene Kompetenzen weiter und beteiligen sich an der Organisation und Weiterentwicklung ihrer Schule. Diese nüchterne, aber zutreffende Beschreibung des Lehrberufs fällt bisweilen aus dem Blick, wenn sich Anforderungen (implizit oder explizit) an der normativen Vorstellung von einer idealen Lehrerpersönlichkeit orientieren, die Begrenztheit des Arbeitsauftrags in Vergessenheit gerät und der Lehrberuf als Berufung missverstanden wird."

Psychosomatische Beschwerden sind insgesamt betrachtet wie Depressionen und Burnout ein Phänomen des modernen Lebens mit spezifischen zeitgenössischen Wurzeln. „Betroffen sind Menschen, die idealistisch und engagiert sind, die sich für andere aufopfern, die Erwartungen an sich stetig anwachsen lassen und sehr unrealistisch sind" (Dückers-Klichowski 2005, S. 10). Gesellschaftliche Normen und Strukturen befördern diese Prozesse: „Wichtig ist der Schutz vor Burnout nicht nur wegen der aktuellen statistischen Zahlen über Frühpensionierungen, Berufsunfähigkeiten und Fehltage, sondern auch wegen der Verantwortung der Lehrer für eine funktionierende Gesellschaft. Die Anforderungen an die Schule sind aufgrund veränderter gesellschaftlicher Strukturen und Normen in diesem Zusammenhang kontinuierlich gestiegen" (a.a.O., S. 306).

Kulturkritisch wäre zu fragen: Weshalb stellt Depression bzw. Burnout in der heutigen Zeit ein so großes Problem dar? Der Soziologe Alain Ehrenberg (2008) begründet die wachsende Ausbreitung von Depression, den steigenden Konsum von Antidepressiva und die Zunahme der Alkoholabhängigkeit in den westlichen Gesellschaften als *Reaktion auf die allgegenwärtige Erwartung eigenverantwortlicher Selbstverwirklichung*. Als Kehrseite der kapitalistischen Gesellschaft hat die Befreiung des Subjekts aus überkommenen Bindungen und Traditionen – das Projekt der Moderne – eine paradoxe Verkehrung erfahren. In der erhellenden Kombination von Psychiatriegeschichte und Zivilisationsdiagnose erklärt Ehrenberg (ebd.) den psychischen

Preis in Form von der geforderten Selbstverwirklichung bis zum Rand der Erschöpfung, den Individuen für diese Verkehrung heute zu zahlen haben.
Heil- und Sonderpädagogik ist aufgrund ihres Eingebundenseins in einen kulturellen Kontext letztlich kulturwissenschaftlich zu deuten: „Gerade in den letzten Jahren scheint es hierbei zu einer intensiven Bedrängnis der Heilpädagogik durch Prozesse der Ökonomisierung, der Medizinisierung und der Banalisierung theoretischer Inhalte zu kommen. Heilpädagogik, als in diesen kulturellen Bedingungen und Bedingtheiten entwickelte Konstruktion, hat sich hierbei immer wieder neu zu positionieren, hat ihre Abhängigkeiten in diesen Zusammenhängen zu reflektieren, um sich immer wieder neu hieraus zu befreien. Diese Befreiung kann auch darin bestehen, dass sich Heilpädagogik auf ihre kulturellen Grundlegungen in der Pädagogik bezieht" (Greving 2011, S. 114). Bezogen auf die sonder- bzw. heilpädagogische Ausbildung sind hierbei folgende drei Dimensionen zu unterscheiden: die *Wissenschaftsorientierung* in den Studiengängen, die *Berufsorientierung* in den Ausbildungen und die *berufspolitische Orientierung* im Berufsverband (vgl. a.a.O., S. 180; Kuhlee/Buer 2009; Terhart 2009).
Im Rahmen des zweiten Quadranten geht es also um die *kulturellen Übereinkünfte und Normen*, die der (universitären) Lehrerbildung und dem Berufsbild entgegengebracht werden. Hier sind große Diskrepanzen zwischen der Bedeutung für die zukünftige(n) Generation(en) und der mangelnden gesellschaftlichen Wertschätzung bzw. Unterstützung festzustellen.

3. *Zu Quadrant 3 (Individuell-Außen):*

Im Rahmen kleinerer Hochschulseminare ist festzustellen, dass das Sachinteresse der Studierenden überwiegt und ein konstruktives Arbeiten gut möglich ist. Das hat sich im Zuge der Modularisierung auch für die (sonderpädagogische) Lehrerbildung gravierend geändert: „Ein völlig anderes Bild ergibt sich in übervollen Seminaren, in sog. Pflichtseminaren, die u.U. Massen-Seminare sind: Es wird partiell gesprochen, es ergibt sich eine hin- und herspringende Insel-Kommunikation. An anderer Stelle wird nur leicht kaschiert Zeitung gelesen oder offensichtlich etwas anderes gemacht. Man sitzt seine Zeit ab. Oftmals haben Dozenten/innen [sic!] nicht die Souveränität, die nicht konzentrierten Studierenden des Raumes zu verweisen. Auch das gehört u.U. zur Erfahrung eines akademischen Unterrichtes, dass der oder die Lehrende die Veranstaltung abbricht, wenn die Unruhe zu nervig und anstrengend wird [...] Der Autor hat selbst die Erfahrung gemacht, dass Studentenvertreter beim Dekan intervenierten, weil für die Aufnahme in seine Hauptseminare ca. zwei bis drei Bücher gelesen sein mussten (Kontrolle: kurzer Inhaltstest), – bei rechtzeitiger Ankündigung im vorhergehenden Semester (Aushang und Internetankündigung). Der Autor hat sich aber nicht beirren lassen, weil sonst die intellektuellen Seminarleichen die konkrete Unterrichtsarbeit behindert hätten" (Gollnick 2007, S. 46f.). Der gesellschaftliche Beschleunigungsdruck erzeugt bei vielen Studierenden Ängste, sich eine Phase des Ausprobierens zuzugestehen. Die Freiräume von früher sind reduziert, eine Such- und Orientierungsphase ist mit der Angst vor negativen Folgen belegt: „Für viele ist die Studienzeit nicht mehr eine Phase des Sich-Ausprobierens, sondern eine durch Hektik, Leistungsdruck und Abhaken von Pflichtmodulen geprägte Lebensphase. Wenn dann Krisen dazu kommen, die in der dynamischen Lebensphase der Adoleszenz oder der Postadoleszenz natürlich gar nicht zu vermeiden sind, erscheint es als sehr bedrohlich, aus dem Tritt zu geraten und die Leistung nicht mehr bringen zu können [...] Andere vermissen die Freiräume und erleben die Vorgaben als zu enges Korsett. Der Bachelorabschluss hat in der Bundesrepublik bislang kein hohes Ansehen als berufsqualifizierender Abschluss gefunden, allen politischen Willens-

bekundungen zum Trotz. 85 Prozent der Bachelorabsolventen möchten unmittelbar mit dem Abschlussziel Master weiterstudieren. Da es nicht genügend Masterstudienplätze gibt (und nach dem Willen der Politik auch nicht geben soll), erzeugt dieser Engpass erneut Ängste und Druck" (Rückert 2011, S. 840f.).
Im dritten Quadranten geht es insgesamt um die *Objektivierung*, also die Evaluation der individuellen Entwicklung bezogen auf das Studium und den Lehrerberuf. Je weniger individuell in den Seminaren gearbeitet werden kann, wie oben beschrieben, desto schwieriger dürfte sich dies gestalten.

4. *Zu Quadrant 4 (Kollektiv-Außen):*

Der Strukturwandel in der Lehrerbildung (v.a. Bologna-Prozess, Modularisierung) ist als ein Ausdruck des gesellschaftlichen Wandels sowie als ein zäher Prozess sozialer Entwicklungen anzusehen. Er stellt einen Kristallisationskern des bildungspolitischen Geschehens überhaupt dar, da an der Ausbildungsstruktur und deren Reform ein ganzes Bildungssystem hängt. Die Schul- und Hochschulbildung ist insgesamt in Deutschland verhältnismäßig gravierend unterfinanziert, was durch den Föderalismus noch befördert wird: „Die prekäre Lage der Bildung wurde von den Ländern noch mutwillig verschärft, indem sie bei der Föderalismusreform ein finanzielles Kooperationsverbot mit dem Bund ins Grundgesetz aufnehmen ließen [...] Die öffentlichen Ausgaben für Bildung und Forschung sind in den vergangenen Jahren deutlich unterproportional zum Anstieg des BIP gewachsen, der Anteil lag 2008 bei 8,6 Prozent. Allein bei den öffentlichen Bildungsausgaben lag Deutschland 2007 sogar nur bei 4,5 Prozent – ganz weit hinten" (Darnstädt 2010, S. 44). Die Gretchenfrage sei nach dem Münchner Philosophieprofessor Julian Nida-Rümelin: „‚Was ist einer Gesellschaft wichtig?': Welchen Stellenwert eine Gesellschaft der Bildung einräumen will, könne nicht in München und nicht in Erfurt, das müsse national entschieden werden" (a.a.O., S. 45). Allgemein ist im europäischen Vergleich eine mangelnde Wertschätzung des pädagogischen Berufsstandes zu bemerken: „Ohne Übertreibung kann man wohl für Deutschland festhalten: Die Autorität von Lehrpersonen ist beschädigt, und diese Demontage ist durch eine entsprechende gesellschaftliche – auch publizistische und politische sowie alt-ideologische – Atmosphäre geprägt" (Gollnick 2007, S. 143). Der Strukturwandel wirkt sich im Hinblick auf die psychische Gesundheit letztlich auf alle in der Hochschule arbeitenden Personen aus: „Die bisherigen Forschungen konzentrierten sich eher auf klassische und neue Patienten: Mittelbau und Bachelor-Studierende. Auch prekär beschäftigte Promovenden und Habilitanden – heute der Regelfall – sind tatsächlich in hohem Maße betroffen, wie eine Studie der TU Berlin zu belegen weiß. Ebenso kann konstatiert werden, dass der lobenswerte Ausbau der psychologischen Beratungsstellen für Studierende an immer mehr Hochschulen auf eine bedenkenswerte Überlastungstendenz zurückzuführen ist. Die Begründungen sind aber tatsächlich immer die gleichen: Unsichere Beschäftigungssituationen während und nach den Qualifikationsarbeiten, Vereinsamung und entgrenzte Arbeitszeiten" (Jansen 2011, S. 836f.). Die beschriebenen Effekte machen auch vor Chefetagen nicht Halt, d.h. bei Managern und Professoren (vgl. Fengler/Sanz 2011; Spiewak 2011; Stock-Homburg 2011). Zudem können Bewerbungsverfahren eine schädigende Wirkung entfalten, wobei das strukturelle und finanzielle Problem einer atemlosen und ebenso emotionslosen Massenuniversität im Vordergrund stehen. „Gleichzeitig weisen immer mehr Untersuchungen darauf hin, wie schwierig es ist, hoch qualifizierte Absolventen für den Lehrberuf zu gewinnen" (Mertens/Röbken/Schneider 2011, S. 82). Im Rahmen des Bologna-Prozesses und der daraus resultierenden Umstrukturierung der Lehrerbildung gewinnt diese Problematik an Brisanz, insbesondere bezogen auf das Lohnniveau von Absolventen weiblich dominierter Fachgruppen wie den Geistes-, Sozial- und Erziehungswissenschaften. Allerdings weisen die Ergebnisse von Mertens/Röbken/Schneider (2011) auf eine relativ positive Situation im innerakademischen Vergleich hin; – Der Vergleich zum Wirtschaftssektor bleibt jedoch hierbei aus (vgl. Bloch/Burkhardt 2012). Die Aufgabe einer Gesundheitsförderung ist im Kern eine strukturelle und gesamtgesellschaftliche: „Deshalb bezieht Gesundheitsförderung die Rahmenbedingungen mit ein und fordert die Gesellschaft als Ganzes dazu auf, sich um eine gesunde Umwelt zu kümmern" (Klotter 2009, S. 21). Sobald Gesundheitsförderung aber mit Verboten, Strafen und Kontrolle verbunden ist, kann sie überhaupt nicht gelingen, weil dies Widerstand erzeugt: „Was passiert, wenn Gesundheit zur Pflicht wird? Gesundheit als Pflicht löst Widerstand aus, Reaktanz in der Sprache der Psychologie. Die Verpflichtung zur Gesundheit führt quasi automatisch zu gesundheitsabträglichem Verhalten, das dann besonders befriedigend wird. Derartige Gesundheitsförderung produziert systematisch das Gegenteil von dem, was sie offiziell beabsichtigt. Nur eine individuelle freie Wahl für oder gegen Gesundheit kann diese Reaktanz und damit gesundheitsabträgliches Verhalten als systematischen Effekt der Verpflichtung verhindern" (a.a.O., S. 138f.). Folglich ist bei der Gesundheitsförderung analog zu den Eignungstests ein eher niederschwellig angelegtes Angebot zunächst zielführend. Hillert u.a. (2006) bewerten *Gesundheitstage* als niederschwelliges Angebot mit besonderer Bedeutung, halten jedoch eine systematische und offene Reflexion im präventiven Sinn für unabdingbar für die Profession des Lehrers. Hingegen die Selbstöffnung durch sog. *Expressives Schreiben* – wie z.B. beim Führen eines Tagebuchs – hat keinen positiven Einfluss auf die Gesundheit: „Die Ergebnisse unserer Metaanalyse führen zu der Schlussfolgerung, dass Expressives Schreiben als Intervention zur Gesundheitsförderung bzw. zur Verhinderung negativer gesundheitlicher Wirkungen belastender Erfahrungen nicht geeignet erscheint" (Mogk u.a., 2006). Demnach ist die Propagierung des Verfahrens des Expressiven Schreibens in der Öffentlichkeit als kritisch zu betrachten.

Folgende Änderungen bzw. Reformen bezüglich der Studienordnungen und Lehramtsprüfungsordnungen (LPOs) sind zu fordern: die Einführung von Standards für die bildungswissenschaftlichen Teile der Lehrerbildung, die Gründung von Zentren für Lehrerbildung, eine Anbahnung von Zusammenarbeit zwischen den Universitäten und Studienseminaren, Experimente mit speziell ausgestalteten Berufseingangsphasen sowie die Förderung der empirischen Bildungsforschung bzw. eine Intensivierung der Forschung zu den Prozessen und Wirkungen von Lehrerbildung (vgl. Terhart 2010). Offene Probleme ergeben sich v.a. durch die Vielfalt der Ausbildungsmodelle in den einzelnen Bundesländern (vgl. Ackermann 2010), die Diskussion um Zulassungsverfahren sowie das Fehlen einer neuen Ausbildungs-, Laufbahn- und Besoldungsstruktur speziell für den Lehrerberuf – was z.B. auch die Wechselmöglichkeiten an verschiedene Universitäten erschwert. Eine tatsächlich bindende Wirkung von Auswahlverfahren ist noch nirgendwo administrativ durchgesetzt: „Denn es bestehen gravierende rechtliche Probleme; ebenso sind testdiagnostische und -prognostische Fragen völlig ungeklärt. Vor allem aber wird auf diese Weise Energie von der Aufgabe abgezogen, eine gute Lehrerbildung zu machen, und in populistischer Manier die Aufmerksamkeit auf die schlichte Idee verschoben, man müsse nur die geeigneten Personen auswählen – und schon würde alles besser [...] Kultusministeriale mit Realitätssinn warnen gelegentlich vor Eignungs- bzw. Zulassungsprüfungen zum Lehramtsstudium: Die Zahl der Geeigneten könnte in Zeiten hohen Bedarfs u.U. zu gering sein, um später die Unterrichtsversorgung sicherzustellen [...] die Laufbahn und die Besoldung wür-

den sich in enger Verknüpfung mit der tatsächlichen Entwicklung der beruflichen Kompetenzen aufbauen. Denn das eigentliche Problem ist nicht die Lehrerbildung, sondern die Struktur des Lehrerberufs selbst" (TERHART 2010, S. 8).
Für die Ebene der Lehrerausbildung sind nach JOHN/STEIN (2008, S. 408f.) folgende sieben Anliegen wesentlich:

- ein verstärkter Praxisbezug,
- realistische Einblicke in die Berufswelt und ehrliches Feedback,
- die Entwicklung und Förderung von Handlungskompetenzen (Stressregulation, Arbeitsorganisation, Zeit- und Konfliktmanagement etc.),
- die Vorbereitung auf schulorganisatorische Anforderungen (z.B. Elternarbeit),
- Üben anhand von Fallbeispielen (z.B. Umgang mit Konfliktsituationen),
- die Förderung und Identifikation mit dem Beruf und der berufsspezifischen Motivation,
- die Thematisierung von Gesundheits- und Berufsrisiken.
- Allerdings kann die Umsetzung dieser Vorgaben ebenso wie die Errichtung entsprechender Rahmenbedingungen nicht kostenneutral geschehen (vgl. VETTER/VETTER 2008; KAHLERT 2009; BIEWER 2010).

Im vierten Quadranten geht es also um die *Strukturanalyse* der Lehrerbildung und das *funktionelle Passen*, wobei zusammenfassend die Notwendigkeit einer nachhaltigen Qualitätsentwicklung des Bildungssektors offensichtlich wird.

Antwort: WILBERS Vier-Quadranten-Modell (1999) kann für eine differenzierte Erkenntnisstrukturierung bzw. -gewinnung auch im Bereich der Eignungsklärung und Gesundheitsförderung einen geeigneten Zugang darstellen. Insbesondere findet der *personale Innenaspekt* innerhalb des ersten Quadrantens (Individuell-Innen) eine explizite Berücksichtigung und bietet somit eine sinnvolle Ergänzung zum Modell nach BRONFENBRENNER (1989) innerhalb der Mikrosysteme. Die daraus für die Ausbildung ableitbare *hohe Bedeutung der Förderung personaler Kompetenzen* wird sowohl in der Theorie (vgl. Kap. 3) als auch Praxis der Lehrerausbildung (vgl. Kap. 8 bzw. 9) deutlich.

8 Ausblick

Als Ausblick sind meines Erachtens folgende drei Inhaltsbereiche zu thematisieren, die in weiteren Untersuchungen verstärkter Berücksichtigung bedürfen: nämlich die der *Berufswahlmotivation bzw. Eignungsfeststellung für das Studium und den Beruf*, die Auswirkungen der *Modularisierung* der Studiengänge und die Stärkung der heil- und sonderpädagogischen Kompetenzen – gerade im Hinblick auf die geforderte Umsetzung von *Integration bzw. Inklusion* im Bildungswesen.

8.1 Berufswahlmotivation und Eignung

„Hochschule und Studium dürfen nicht ausschließlich zur Stabilisierung der beruflichen Entscheidung beitragen, sie müssen wenn erforderlich auch destabilisieren" (Weiss/Lerche/Kiel 2011, S.362). Einen Beitrag dazu leisten intensiv betreute Praktika (auch schon vor Beginn des Studiums), wie sie im Fach Lernbehindertenpädagogik als Intensivpraktika an der LMU München angeboten werden. Durch die enge Begegnung mit dem späteren Berufsfeld können Motivstrukturen systematisch hinterfragt werden und zu einer positiven oder auch negativen Selbstselektion führen. Assessmentverfahren „werden für das Lehramt konträr diskutiert. Erste Konstruktionen liegen vor, die einzige, allumfassende Lösung in Hinblick auf die Eignungsproblematik sind sie sicher nicht [...] Eine gezielte, persönliche Beratung interessierter Studierender vor bzw. unmittelbar nach Studienbeginn wäre sicher wünschenswert, ist jedoch vor dem Hintergrund hoher Studierendenzahlen definitiv nicht möglich" (Weiss/Lerche/Kiel 2011, S.363). Dabei wird die Berufswahl durch die verkürzte Schulzeit dadurch erschwert, dass zukünftige Studierende sich immer früher für einen Beruf entscheiden sollen (vgl. den Präsidenten der Hamburger Universität Dieter Lenzen 2011, S. 831) im Interview: „Meine Sorge ist, dass im Rahmen des Bologna-Prozesses die Hochschulen zu Berufsschulen werden, die so stark auf bestimmte Berufsbilder fokussiert sind, dass der jeweilige Bachelorabschluss passgenau darauf bezogen wird. Damit sind Absolventen auf Gedeih und Verderb darauf angewiesen, in genau dieser Branche unterzukommen. Und sie erfahren dann ausdrücklich keine Persönlichkeitsentwicklung. Im Gymnasium hieß der Reifungsprozess einmal Allgemeinbildung, doch die Zeit bis zum Abitur wurde verkürzt" (ebd.). Zusammenfassend betrachtet sollte man...

- frühzeitig auf Studieninteressierte zugehen (etwa zwei Jahre vor dem Abitur).
- ein Auswahlverfahren (falls vorhanden) immer mit einer individuellen Beratung kombinieren, wobei beides klar voneinander zu trennen und die Selbstreflexion durch ein Fremdfeedback zu ergänzen ist.
- Diagnosen für die Ausbildung nutzen, z.B. im Rahmen von Portfolios.
- Praxiselemente entsprechend stark bzw. stärker berücksichtigen.
- eine phasenübergreifende Perspektive bieten.

Bei der *Selbstreflexion bzw. -einschätzung* ist zu beachten, dass meist ein stabiles Irren zu beobachten ist. So sind persönliche Überlegungen mit möglichen Fehlinterpretationen stets durch ein *persönliches Beratungsgespräch* und *entsprechende Veranstaltungsinhalte* zu ergänzen.

8.2 Modularisierung

Laut Tausch (2007, S. 19ff.) sind die *personenzentrierten Haltungen* bzw. Verhaltensformen einer *achtungsvollen, positiven Zuwendung*, eines *einfühlenden, nicht-bewertenden Verstehens*, der

Aufrichtigkeit sowie Echtheit und eines *non-direktiven Förderns von Aktivitäten* die Grundlage für sowohl gute fachliche Leistungen als auch eine *günstige seelische Befindlichkeit für Lernende und Lehrende*. Im Zuge der Modularisierung der Studiengänge ist aufgrund der gestiegenen Anzahl an Studierenden sowie räumlicher und personeller Engpässe eine Verschlechterung der quantitativen bzw. qualitativen Arbeitsbedingungen feststellbar. So können die geforderten Verhaltensformen weniger umgesetzt werden, was sehr wahrscheinlich bei allen Beteiligten zu größerer körperlich-seelischer Anspannung und Distress führt. Zur Prävention bzw. Intervention ist daher eine *verbindliche Verankerung* von Inhalten zur Gesundheit und Eignung für den Lehrerberuf *in den Studienordnungen bzw. der Lehramtsprüfungsordnungen* sowie entsprechende Beratungsangebote zu fordern (vgl. Tausch 2007, S. 27).
Wie bereits im vierten Kapitel ausgeführt, handelt es sich bei den Erziehungswissenschaften wie bei den Ingenieurswissenschaften um eine anwendungsbezogene Disziplin. Die *Verbindung von Theorie und Praxis* ist daher immer wieder neu herzustellen und verlangt von den beteiligten Personen „das Potential zur Rationalität, zur Reflexivität, zur Kommunikation und zur Autonomie“ (Schlee 2007, S. 31). Häufig wird der Lehrerbildung vorgeworfen, diese Ansprüche nicht ausreichend einzulösen und eine Verbesserung bzw. Umgestaltung der Lehrerbildung gefordert. Durch das meist unverbundene Nebeneinanderstehen der ersten bzw. zweiten Phase der Lehrerausbildung und die vielfache Zersplitterung des (modularisierten) universitären Lehrbetriebs wird als ein Mittel zur Stärkung des Praxisbezugs die Anzahl und Intensivierung der Praktika angestrebt. Die Studierenden sollten „ihre Vorerfahrungen, ihren Kenntnisstand, ihre Lücken, ihre persönlichen Schwachstellen und Stärken in Bezug auf das spätere Berufsziel reflektieren und benennen können [...] Lehramtsstudenten werden in ihrer Ausbildung zum Lehrer nicht wie Erwachsene behandelt, da ihre Selbständigkeit, ihre Verantwortung, ihre Reflexionsfähigkeit nicht gefragt und eingefordert wird. Stattdessen werden sie durch die Molekularisierung des Lehrbetriebs einerseits und die vielen Auflagen andererseits zum ‚Ausführen‘ und zum ‚Abhaken‘ angehalten. Die in der Schule begonnene Infantilisierung wird im Lehramtsstudium in verbrämter Form fortgesetzt“ (a.a.O., S. 38). Somit wird einerseits das Erlernen personaler Kompetenzen vernachlässigt, andererseits das Entstehen von Unverbindlichkeit und Anonymität befördert, was dem Entwickeln von Sinnbezügen bzw. Verantwortlichkeit im Wege steht.
Um im Rahmen der sonderpädagogischen Lehrerbildung professionelles Handeln in Gang zu bringen, d.h. das eigene praktische Handeln an den aktuellen wissenschaftlichen Erkenntnissen auszurichten, schlägt Wahl (2007, S. 50) folgende aufeinander aufbauende fünfstufige Vorgehensweise vor:

Tab. 16: Stufenmodell professionellen Handelns (vgl. Wahl 2007, S. 38)

Ziele	**Vorgehensweisen**
Konkrete Vorstellungen vom veränderten Handeln gewinnen durch Lernen am Modell	Praxisberichte, Videomodelle, Livemodelle
Verändertes Handeln entwerfen und in das Handlungs-Gesamt einbetten	Handlungen planen
Handlungen ausführen lernen	Rollenspiele, Szene-Stopp-Reaktion und Mikro-Acting
Handlungen im Praxisfeld erstmals erproben	Vorgeplantes Agieren
Handlungen zu einem festen Bestandteil der hoch verdichteten subjektiven Theorien machen	Großes Sandwich, inneres Sprechen, Stopp-Codes, Stress-Impfung, kollegiale Praxisberatung in Tandems und Gruppen

Als ideale Konsequenz würde eine individuelle Beratung sowohl für Studierende als auch für (Hochschul-) Lehrkräfte beispielsweise in Form von kollegialer Beratung oder Supervision zur Verfügung stehen.
GRÜNKE (2007, S. 75) bemängelt, dass sowohl Sonder- als auch Regelschulpädagogen in der Praxis kaum auf wirksame Verfahren zurückgreifen. Die Einschätzung zwischen dem empirisch ermittelten Nutzen eines Verfahrens korreliert in der Regel nicht mit dem Pädagogenurteil. Daher ist schon für das sonderpädagogische Lehramtsstudium eine stärkere Vermittlung von Forschungsmethodenkompetenzen zu fordern. Durch folgende Maßnahmen könnte dies erreicht werden (vgl. a.a.O., S. 79ff.):

- Zitieren von empirischen Arbeiten in Lehrveranstaltungen,
- Zitieren von empirischen Arbeiten in eigenen Veröffentlichungen,
- Behandeln von theoretisch und empirisch fundierten Fördermethoden in Lehrveranstaltungen,
- Vermitteln von anerkannten Kriterien zur Beurteilung der Qualität empirischer Arbeiten in Lehrveranstaltungen wie der CEC-Standards und
- Anleiten von eigenen Forschungsarbeiten unter Einbezug der Studierenden.

Schwierigkeiten bei der Umsetzung der benannten Inhalte können die übermäßig starke Belastung des wissenschaftlichen Personals an sonderpädagogischen Instituten in der Lehre darstellen sowie die sehr hohen Anforderungen hinsichtlich der Qualität der Forschungsarbeiten.
Auch HILLENBRAND (2007, S. 200) betont die hohe Bedeutung wissenschaftlicher Erkenntnisse, um die Wirksamkeit von Lehrerbildung zu befördern: „Wissenschaftliche Information, reflexive Kompetenz und Urteilsfähigkeit *„angesichts konkreter pädagogischer Problemlagen“* wären also als Lernziele in der Lehrerbildung insgesamt anzustreben [...] Als neuere Formen der Hochschuldidaktik werden neben der intensiveren Begleitung der im Umfang auszuweitenden Praktika die Einrichtung von Lernwerkstätten, Fallarbeit, intensivere Praxisstudien oder Studienprojekte in Zukunft eine große Bedeutung erlangen und insbesondere in der Kompetenz zur Reflexion und Beurteilung Schwerpunkte setzen“ (a.a.O., S. 200f., Hervorh. i. Orig.). Dabei bleibt auch eine zentrale Aufgabe der universitären Lehrerbildung die Vermittlung wissenschaftlicher Informationen.
Schließlich setzt sich die untersuchte Kohorte v.a. aus Studierenden zusammen, die aus der Region Bayern stammen. Der Bologna-Prozess mit seinen vielen verschiedenen Studienordnungen wird diese Konstellation bzw. die Wechselfreudigkeit an andere Universitäten nicht positiv ändern. Um den internationalen Studierendenaustausch noch mehr in Gang zu bringen, wird das sog. Erasmus-Programm zu forcieren versucht.

8.3 Integration/Inklusion

SCHLEE (2007, S. 36) fordert für die Lehrerbildung Veränderungen auf den drei Ebenen der Revolution (Kernannahmen), der Evolution (Haltungen und Einstellungen) und auf die der Kumulation (Kenntniserwerb bzw. Wissenserweiterung). Die Umsetzung der *UN-Behindertenrechtskonvention (UN-BRK,* vgl. VEREINTE NATIONEN 2006), die in Deutschland 2009 ratifiziert wird, bedeutet in Hinblick auf die Verwirklichung eines inklusiven Bildungssystems v.a. *Änderungen revolutionärer und evolutionärer Art.* Da an den Universitäten die Vermittlung von Fachwissen nach wie vor im Vordergrund steht, bleibt auch in der traditionellen Lehrerausbildung meist wenig Zeit für derartige Änderungsbestrebungen.
Wie bereits im Kapitel zur begrifflichen Klärung dargelegt, ist die sonderpädagogische Profession prinzipiell nicht vom Kern der pädagogischen Profession abzugrenzen, den sie mit Sozi-

al- und Schulpädagogik gemeinsam inne hält. Integrative Pädagogen sollten eine „bestimmte professionsethische Haltung mitbringen (personale Kompetenz), zur Kooperation in interdisziplinären Arbeitsfeldern bereit sein (soziale Kompetenz), über Grundkenntnisse zur differenzierten und individualisierten Gestaltung pädagogischer Angebote verfügen (Sachkompetenz) und in der Lage sein, ihren Arbeitsbereich im jeweiligen sozialräumlichen Kontext zu vernetzen (ökologische Kompetenz)" (Heimlich 2007, S. 173). Im Hinblick auf integrative bzw. inklusive Bestrebungen führt die Vermischung der Professionen häufig zu Schwierigkeiten: „Die diffuse Gemengelage zwischen schulpädagogischer Professionalität und sonderpädagogischer Professionalität und das Gefälle zwischen den Professionellen kann für das Steckenbleiben der schulischen Integration in Deutschland mit verantwortlich gemacht werden" (Reiser 2007, S. 89). In einem entsprechenden Schulsetting sind idealerweise sowohl der Regel- wie der Sonderpädagoge für die gesamte Klasse zuständig, was als logische Konsequenz die integrations- bzw. inklusionspädagogische Ausbildung aller zukünftigen Lehrkräfte hätte. Die Profession eines ausgewiesenen Sonderpädagogens würde verschwinden. Allerdings zeigt sich im Rückblick, dass der Unterricht und die Erziehung von Schülern speziell mit gravierenden Lernschwierigkeiten bzw. einem hohen Förderbedarf im emotionalen und sozialen Bereich, sich bremsend auf den Prozess der Integration bzw. Inklusion insofern auswirkt, „dass das traditionelle Rollenbild des Sonderschullehrers als des Experten für schwierige Fälle dazu führte, dass vielerorts auch dort, wo Integration als Ziel ausgegeben wurde, dem Sonderschullehrer der Umgang mit schwierigen Schülern und schwierigen Eltern zugewiesen wurde und die Sonderpädagogik die Zuständigkeit für Unterricht und Erziehung übernahm. Dies führt zu teilweisen grotesken Deformationen des Integrationsgedankens, indem beispielsweise die Arbeitskapazität der Sonderpädagogen in homogenen Kleingruppen für Kinder mit Lern- und/oder Verhaltensschwierigkeiten verzehrt wird, oder der Sonderpädagoge im Klassenzimmer als Stützlehrer für bestimmte Kinder assistiert. Es handelt sich hier um Formen einer verdeckten Exklusion" (vgl. a.a.O., S. 90). Heil- bzw. sonderpädagogische Inhalte werden auch in Hinblick auf Integration sowie Inklusion nach wie vor bedeutsam für die Lehrerbildung bleiben (vgl. Moser 2010; Feyerer 2011; Speck 2011; Stöppler 2011; Heimlich 2012a; Schor 2012; Hillenbrand/Melzer/Hagen 2013; Lindmeier 2013). Nach Reiser (2007, S. 93) lässt sich sonderpädagogische Professionalität hinsichtlich der drei Ebenen des Spezialisierungsgrades, der Handlungsfelder im Lebenslauf und der verschiedenen Förderschwerpunkte differenzieren (vgl. Tab. 17).

Tab. 17: Drei Ebenen der Differenzierung sonderpädagogischer Professionalität (vgl. Reiser 2007, S. 93)

Ebene	Differenzierung nach	Beispiele
1	Grade der Spezialisierung	Als Teil der schulpädagogischen Professionalität; als „allgemeiner Sonderpädagoge"; hoch spezialisier auf komplexe Aufgaben
2	Lebensab-/ausschnitte	Schulbezogen unterrichtsbegleitend; Freizeitbereich; frühe Förderung; beruflicher Bereich; Wohnen; alte Menschen
3	Förderschwerpunkte/Fachrichtungen	Kategoriale Sonderpädagogik

„Mit der politisch gesetzten Vorgabe der Umwandlung der Studiengänge, auch der Lehramtsstudiengänge, in konsekutive – gestuft nach den Abschlüssen BA und MA – ist meines

Ermessens die Lehrerausbildung für Grund- und Sekundarschulen in eine Krise geraten" (ebd.). In manchen BA-/MA-Konzeptionen wird als letzte Konsequenz das Studium der Sonderpädagogik für das Lehramt sogar völlig abgesetzt und die Herstellung sonderpädagogischer Qualifikation allein der Fortbildung überlassen. Meistens jedoch ist die Fokussierung auf die Fachwissenschaften zu Lasten des psychologischen bzw. erziehungswissenschaftlichen Bereichs festzustellen. Dies bewirkt, dass für die Vorbereitung auf die Aufgaben des Erziehens und Unterrichtens ein relativ schmaler Professionalisierungsbereich übrig bleibt: „Gerade die jüngste Wendung in der Lehrerausbildungs-Politik, in der fast diskussionslos, überraschend und schnell erziehungswissenschaftliche und psychologische Argumente auf die Seite geschoben wurden, zeigt m.E. wie naiv es wäre, für die sonderpädagogischen Aufgaben kein spezialisiertes Personal bereit zu halten [...] In Schulen würde dies zum Beispiel bedeuten, das qualifiziertes sonderpädagogisches Personal mit den Lehrern in Augenhöhe zusammen arbeitet und nicht – wie derzeit – in unterlegener Position als Erzieher oder in überlegener Position als Sonderschullehrer, an den dann leicht die Zuständigkeit für ein Kind mit Förderbedarf abgegeben wird. D.h., dass die innovative Ausbildungsstruktur durchaus Stellung nimmt zu den Perspektiven der sonderpädagogischen Arbeit, sich aber frei macht von den unfruchtbaren Entweder-Oder-Diskussionen des sonderpädagogischen Standes oder der Inklusion versus sonderpädagogische Institutionen" (a.a.O., S. 95f.). Es ist davon auszugehen, dass aufgrund der aktuellen UN-Behindertenrechtskonvention (UN-BRK) dem internationalem Trend folgend, die sonderpädagogische Unterstützung in Form von Begleitung, Beratung und Förderung zunehmend in inklusiven Settings stattfinden wird. Leider wird dieser Trend bzw. diese Aufgabe – neben weiterer unklaren Zuordnung – durch die KMK noch immer nicht genügend hinsichtlich der Weiterentwicklung in der Lehrerbildung berücksichtigt: „Weder die sonderpädagogischen Grundlagenfächer noch die sonderpädagogischen Fachrichtungen können mit der Verortung ihrer fachlichen Inhalte unter den Fachwissenschaften und -didaktiken zufrieden sein, denn sie erschweren die Zuordnung zu den Bildungswissenschaften und die notwendige Klärung des disziplinären Ortes der Sonderpädagogik. In diesem Zusammenhang muss auch die *Verpflichtung zur inklusiven Bildung* thematisiert werden [...] Das bedeutet, dass die Ausbildung aller Lehrkräfte für ein inklusives Bildungssystem, in dem der *fachgerechte Umgang mit (Leistungs-) Heterogenität* zu den zentralen Kompetenzen *aller* Studienabsolventinnen und -absolventen gehört, innerhalb der Kultusministerkonferenz nach wie vor kein Thema ist" (Lindmeier 2009a, S. 325f., Hervorh. i. Orig.). Somit wird die Notwendigkeit der Weiterentwicklung der KMK-Standards für die Bildungswissenschaften sehr deutlich, insbesondere die Frage nach der zukünftigen disziplinären Verortung der Sonderpädagogik (vgl. Heimlich 2008; Lindmeier 2009b/2010; Werner 2010; Berner/Halbheer 2011). Nur durch die Realisierung einer breiten, vielschichtigen Professionalität kann der Anspruch in Richtung eines inklusiven Bildungssystems gelingen.

9 Fazit

Das Gesamtfazit wird nach dem Mehrebenenmodell nach BRONFENBRENNER (1989) strukturiert dargestellt.
Auf der *Mikro-* wie *Makrosystemebene* kann für die *Studierenden der Lernbehindertenpädagogik* festgehalten werden: Der Druck wird auch für Studierende immer größer und die psychologischen Beratungsstellen an Universitäten erhalten großen Zulauf: Laut dem Dachverband der deutschen Studentenwerke (DSW) ist die Zahl der psychologischen Beratungen allein im Jahr 2008 um 20 % gestiegen mit steigendem Trend bis heute. Als Ursache kann dysfunktionaler Stress gelten: Etwas Druck wirkt leistungs- und motivationssteigernd, zu viel Druck lässt beides radikal sinken. Die veränderten Studienanforderungen mit z.B. zu vollen Lehrplänen gefährdet nicht nur den Studienerfolg, sondern letztlich auch die Persönlichkeitsentwicklung. Die Phase des Studiums ist für junge Menschen jedoch besonders wichtig, insofern sie lernen, Beziehungen zu knüpfen, Verantwortung zu übernehmen und eigenständig zu arbeiten. Der gestiegene Bedarf an Beratungen zeigt ebenfalls auf, dass Studierende inzwischen weniger Hemmungen haben, solche Angebote zu nutzen. „Studierende wünschen in hohem Maße Angebote zur Prävention. Die Prävention psychosozialer Störungen und Maßnahmen, die die berufliche Motivation der Studenten fördern, sind wichtige Themen und sollten Berücksichtigung bei der Gestaltung des Curriculums der [...] Ausbildung finden. Hierbei sollten geschlechtsspezifische Unterschiede berücksichtigt werden" (ASTER-SCHENK u.a. 2010, S. 3). Auch die Krankenkassen für Studierende bestätigen insgesamt die Belastungen durch zu hohe erlebte fachliche Anforderungen im Studium, die Ballung von Prüfungen am Semesterende und der fehlende Praxisbezug: „Zeitstress und Hektik, studienorganisatorische Probleme, finanzieller Druck und die Notwendigkeit, für den Lebensunterhalt zu arbeiten, schlagen als negative strukturelle Bedingungen zu Buche. Dazu kommen die sich in Befragungen immer wieder zeigenden Defizite in der Betreuung und Unterstützung, vor allem bei der Lernorganisation, der Abfassung von schriftlichen Arbeiten und im Umgang mit Prüfungsangst [...] Dringend erforderlich ist also der Ausbau der Studienberatungsstellen und der Psychologischen Beratungsstellen an Hochschulen und beim Deutschen Studentenwerk. Zudem sollten in enger Verzahnung mit Fachbereichen Lernzentren eingerichtet werden, die Studierenden die erforderlichen Bewältigungsfertigkeiten vermitteln, damit sie ihre ambitionierten Studienziele erreichen und ihre eigene Persönlichkeit positiv entwickeln können" (RÜCKERT 2010, S. 489).
Hinsichtlich der Lehrinhalte ist auf der Ebene des *Exosystems* zu fordern, dass Gesundheitsprävention bzw. -intervention schon in den verpflichtenden Curricula thematisiert wird und neben der Vermittlung von Fachwissen auch die personaler Kompetenzen aufgegriffen werden. BRETLÄNDER (2009) plädiert für die verstärkte Förderung von personalen Kompetenzen und Selbstregulation im Rahmen der (universitären) Hochschulausbildung. Arbeitsanforderungen können arbeitsstrukturell bzw. persönlichkeitsbedingt zu chronischen Stresssituationen, wiederkehrenden Frustrationserfahrungen sowie erhöhter Arbeitsbelastungen und -anforderungen schon während des Studiums führen „und damit das Burnout-Risiko erhöhen, insbesondere wenn notwendige Regenerationsphasen und Stressbewältigungskompetenzen fehlen [...] Angehende Heil-, Sonder-, Rehabilitations-, Behinderten- und Integrationspädagogen/innen [sic!] sollten sich daher bereits während ihrer (universitären) Hochschulausbildung mit potenziellen persönlichen und arbeitsstrukturellen Burnout-Risikofaktoren auseinandersetzen und dazu angeregt und angeleitet werden, geeignete, d.h. individuell-stimmige Stress- und Burnout-Präven-

tionsmaßnahmen (Übungen des Stressmanagements, Entspannungsverfahren, Kollegiale Beratung u.Ä.) zu identifizieren und in ihren Alltag zu integrieren" (a.a.O., S. 281f.). Hierzu bedarf es zusätzlicher selbstreflexiver Prozesse, die nicht aus dem Blick verlieren, dass die vorherrschenden Gesellschaftsstrukturen trotz aller integrationsförderlichen Absichten bzw. gesetzlichen Regelungen realistischerweise nach wie vor (auch) durch behindertenfeindliche Denk- und Handlungsmuster geprägt sind. Um diesen personalen Entwicklungsaufgaben nachzukommen braucht es Zeit, gegebenenfalls auch für Krisen, partielles Scheitern oder (konstruktive) Veränderungen. Auch Benkmann (2004) sieht die Persönlichkeitsbildung als eine Grundlage im Studium des Lehramts für Sonderpädagogik, v.a. als Basiskompetenzen die Fähigkeit zur Ambiguitätstoleranz (Ertragen von Widersprüchen) und die Reflexionsfähigkeit bzw. selbstreflexive Handlungskompetenz. Bedeutsam ist zudem die Berücksichtigung der pädagogisch Tätigen als Person mit eigener Biografie, in der sich sozialisatorische Lebens- und Lernerfahrungen sowie das berufliche Selbstkonzept niederschlagen (vgl. Stein 2004). Eine weitere Grundlage stellt eine entsprechende Professionsethik dar, die sich der Ebene des heilpädagogischen Denkens zuordnen lässt (vgl. Heimlich 2004). *Die Entwicklung personaler Bildungskompetenzen ist meines Erachtens der Schlüssel für eine sinnvolle Lehrerbildung!* Gestützt wird dieses Fazit explizit durch die sog. *Hattie-Studie* (vgl. Hattie 2009). Hier verdeutlichen die Resultate von 800 Metaanalysen, die sich auf 50.000 Studien internationalen Lehr- und Lernforschung beziehen, das Primat personeller Einflussgrößen und Kompetenzen vor allen anderen Bezugsgrößen (vgl. Steffens/Höfer 2012a; b).
Auf der Ebene des *Exosystems* wäre eine neue Führungskultur an Universitäten konstruktiv. So fordert der Neurobiologe Gerald Hüther im Interview eine gehirngerechte Führungskultur, indem Führungskräfte als Inspiratoren agieren, deren eigene Begeisterungsfähigkeit überspringt: „Das heißt, jeder Mitarbeiter hat mehr drauf als das, was er tut. Aber damit er seine Potentiale entfaltet und in die betrieblichen Prozesse einbringt, müssen die emotionalen Zentren in seinem Hirn anspringen [...] Weniger lenken und steuern, fördern und fordern, wie das momentan propagiert wird, sondern die Mitarbeiter einladen, sich selbst einzubringen [...] Brave Pflichterfüller, wie sie heute noch in unseren Schulen erzogen werden, braucht keiner mehr" (Hüther zit. n. Zeltner 2012, S. 119). Auch er bezieht sich auf die Ressourcentheorie nach Antonovsky (1987), indem er für ein gutes Betriebsklima in Form von besserer Kommunikation (Verstehbarkeit), Gestaltbarkeit (Machbarkeit) und Sinnhaftigkeit (Kohärenzgefühl) plädiert. Gerade für Deutschland ist die Bedeutung von Kreativität, Erfindertum, Gestaltungskraft und Tüftelei sehr hoch, da dies im Wesentlichen die einzigen Ressourcen sind, die wir haben (vgl. ebd.).

Auf der Ebene des *Makrosystems* kann im Hinblick auf die universitären Rahmenbedingungen der Lehrerbildung bzw. der Modularisierung eine chronische Unterfinanzierung konstatiert werden. Die Exzellenzinitiative scheint nach wie vor in der Lehrerbildung nicht angekommen zu sein:

> „Die neuen Schwierigkeiten haben die alten Ursachen: Mangelnde Ausstattung, unkoordinierte chaotische Planung, überbürokratisierte Anforderungen und mentale Unbeweglichkeiten in vielen Fächern [...] Was in der Planung gut durchdacht ist, kann so unter Umständen in der Praxis ganz anders aussehen, wenn die Bildungspolitik und die Universitätsleitungen nicht umschalten und die Mittel bereit stellen, mit denen die Versprechungen der BA/MA-Struktur auch in der Breite – und nicht nur für Elitestudiengänge – eingehalten werden können" (Reiser 2007, S. 100).

Dabei ertragen Studierende wie Lehrkräfte die Mangelsituation an genügend Ressourcen relativ klaglos:

> „So lassen sich auch die Folgen eines über Jahre hin betriebenen Ressourcenabbaus im Bildungsbereich als individuelles Lehrerproblem und als Problem der Lehrerbildung umformulieren. Dies ist der Kampfplatz öffentlicher Schuldzuweisungen und argumentativer Blindstellen. Interessant ist dabei, dass die Lehrer diese Kompetenzargumentation und die damit verbundenen Erwartungen der Öffentlichkeit aus einem pädagogischen Ethos heraus durchaus zu akzeptieren scheinen [...] Lähmende Schuldgefühle und nagende Selbstzweifel sind die Folge“ (Opp 2007, S. 182).

Hier ist die hohe Bedeutung der Achtsamkeit und Selbstsorge innerhalb der personalen Kompetenzen unmittelbar angesprochen:

> „Dieses individuelle pädagogische Ethos wiederum bedarf einer ausreichenden Ressourcenausstattung, sowie auch der stützenden institutionellen und kollegialen Einbindung, z.B. in Form kollegialer Supervision und Beratung [...] Dazu gehören neben dem Aushalten aber auch und die reflexive Auseinandersetzung mit Widersprüchen und Ungewissheiten, die immer mehr ein Charakteristikum moderner Professionalität und professioneller Selbstsorge werden“ (a.a.O., S. 190).

So hat beispielsweise der Bayerische Lehrer- und Lehrerinnenverband (BLLV) reagiert und 2005 das *Institut für Gesundheit in pädagogischen Berufen* (IPG) gegründet, dessen Leiter Prof. Dr. Joachim Bauer ist (vgl. BLLV 2008). Salutogenetisch zielführend wäre die Gründung eines entsprechenden Institutes, das den Hochschulen angegliedert ist, um präventiv bzw. interventiv bereits mit Studierenden arbeiten zu können.
Ebenso wäre ein *(hoch-)schulpolitisches Wirken* von besonderer Bedeutung. Hochschullehrkräfte an Universitäten, Fachhochschulen und pädagogischen Hochschulen spüren einen steigenden gesellschaftspolitischen Druck, der zwangsläufig auch an Studierende weitergegeben wird:

> „Jedem, der dort im Bereich der Förder-/Heil-/Sonderpädagogik tätig ist, ist der wachsende Druck auf die Arbeitsbereiche und Institute bekannt, ihre Forschungsleistungen zu intensivieren und Drittmittel für Forschungsprojekte einzuwerben. Da diese Forderung in aller Regel unmittelbar mit der Bewilligung von Stellen- und Mittelzuweisungen verknüpft ist, handelt es sich dabei nicht nur um diskutierbare (mit anderen Worten: ablehnbare), sozusagen lokale Normen anderer Disziplinen. Im Gegenteil: es geht um Forderungen, die bereits jetzt die Existenz der universitären Förderpädagogik bedrohen und in den kommenden Jahren noch stärker bedrohen werden“ (Fingerle 2007, S. 294).

Als hochproblematisch erweisen sich hierbei die Problemfelder zum einen Forschungsanträge überhaupt bewilligt zu bekommen, zum anderen den geeigneten wissenschaftlichen Nachwuchs heranzuziehen, der die nötigen methodischen und forschungspraktischen Kompetenzen besitzt. Fingerle (ebd.) vertritt folglich die Position, „dass Kenntnisse in empirischen Forschungs- und Evaluationsmethoden sehr wohl auch für Lehrer praktisch relevant sein können und dass bei einem diesbezüglichen Methodenverzicht in der Lehramtsausbildung nicht nur die Marginalisierung der Lehrerbildung an den Universitäten vorangetrieben, sondern auch das Bild der Lehrerprofession in der Öffentlichkeit weiter Schaden nehmen wird.“ Auch diese Schwierigkeit wirft die Frage nach den Ressourcen auf, der letztlich nur durch ein hochschulpolitisches Engagement beispielsweise in den Landtagen zu begegnen ist. Auf diesem Weg wären bessere Rahmenbedingungen zu schaffen, z.B. durch kleinere Gruppengrößen, mehr Personal und den Ausbau von Unterstützungssystemen. Auch sollte im Hinblick auf die Gleichwertigkeit der Lehrämter bezüglich Ausbildung, Besoldung und Arbeitszeit hingewirkt werden.
Bildungspolitisch relevant wird im Rahmen der UN-BRK die Umsetzung eines inklusiven Bildungssystems. Allerdings können (Hoch-) Schulen höchstens einen Beitrag zu einer inklusiven Gesellschaft leisten, aber nicht für den gesellschaftlichen Inklusionsprozess allein verantwortlich gemacht werden. „Langfristig steht zweifellos erneut eine Reform der Lehrerbildung ins

Haus – und zwar sowohl der sonderpädagogischen als auch der Lehrerbildung für alle anderen Lehrämter [...] Auf dem Reformprogramm steht aber letztlich die Entwicklung eines neuen Rahmenkonzepts für eine *inklusive Lehrerbildung*" (HEIMLICH 2011, S. 52, Hervorh. i. Orig.). Daher wird in einem inklusiven Setting eine sonderpädagogische Fachkompetenz (vgl. ELLGER-RÜTTGARDT 2011) in weit größerem Umfang nachgefragt werden und sich noch mehr als bisher in die Allgemeine Schule verlagern.
Weiter ist die Einrichtung *struktureller Unterstützungssysteme* und *Netzwerke* zu fördern. Hochschulen spielen hinsichtlich der Entwicklung und Förderung von Gesundheit eine zentrale Rolle: „Die Universität formt Gesundheitsgewohnheiten, birgt einerseits Gesundheitsrisiken, stärkt andererseits die Gesundheitsressourcen der Studierenden" (MESSNER/HASCHER 2007, S. 41). Dies betrifft nicht nur Studierende, sondern auch das gesamte Hochschulpersonal. Denn vielfach fallen im Hinblick auf die Arbeit an Universitäten Freiheit und Zwang zusammen, befördert einen Exzess der Arbeit, der sich leicht zu Selbstausbeutung verschärft: „Diese sei effizienter als die Fremdausbeutung, weil sie mit dem Gefühl der Freiheit einhergehe. Die psychischen Erkrankungen der Leistungsgesellschaft seien gerade die pathologischen Manifestationen dieser paradoxen Freiheit [...] Ein Indiz dafür ist eine Passage im Jahresgutachten 2011 des Aktionsrats Bildung: ‚Die deutlichen Reformfortschritte des Hochschulbereichs wurden im Wesentlichen kostenneutral durchgeführt und ausschließlich durch die erhöhte Arbeits- und Einsatzbereitschaft des wissenschaftlichen Personals durchgeführt. Dieses Personal weist jedoch inzwischen erhebliche Burnout-Symptomatiken auf" (GRIGAT 2011, S. 848). Eine solche Universität kann man „als eine autistische Leistungsmaschine bezeichnen. Diese sei gekennzeichnet durch ein Zuviel des Gleichen, ein Übermaß an Positivität, durch Überproduktion, Überleistung und Überkommunikation. Daraus folgten Erschöpfung, Ermüdung und Erstickung angesichts des Zuviel. Die Gewalt sei so dem System selbst immanent [...] Es ist der Gegenentwurf zur Ungeduld, zum nicht mehr Warten können, zur Beschleunigung. Es geht um das Lebenskonzept der ‚Entsagung', das heißt, die Einsicht in die eigene Begrenztheit – zum Wohl von Mensch und Gesellschaft" (a.a.O., S. 849). Statt sich dem Strudel der Ungeduld zu entziehen bzw. stiller Besinnung und Nachdenken, sind die Menschen eingespannt in der wilden Jagd nach Gutachten, Massenveranstaltungen, Publikationsdruck und Zielvereinbarungen.
Insgesamt weisen auch diese Ausführungen auf den *dringenden Bedarf einer grundlegenden und konstruktiven Reform der Lehrerbildung* hin. „Es ist kein Zeichen guter Gesundheit, wenn angehende Lehrkräfte gelernt haben, sich an krankmachende Bedingungen erfolgreich anzupassen bzw. ihr Studium abbrechen, wenn sie mit ihnen nicht zurechtkommen. Es darf nicht darauf hinauslaufen, die Lehrkräfte verantwortlich zu machen (‚blaming the victim') und einer Selektion von BewerberInnen für das Lehramtsstudium bzw. im Studium das Wort zu reden. Vielmehr muss das Studium konsequent als Entwicklungschance und als Möglichkeit des Kompetenzgewinns in einer guten, an den sachlichen Erfordernissen ausgerichteten Lehrerbildung gestaltet werden" (HASCHER/PAULUS 2007, S. 6).
Mit dem Blick auf das *Chronosystem* wäre die Durchführung und Finanzierung von Langzeitstudien unbedingt notwendig! „Eine Änderung der Erstausbildung wirkt sich in den Schulen erst nach 10 bis 15 Jahren aus. Die Aufgabe bleibt also: Mehr geeignete Weiterbildung für die Lehrer!" (TERHART 2010, S. 7).
Genau *zu evaluieren* sind die im Bildungssektor über die Jahre durchgeführten Reformen: „Bildungsreformen treten oft mit mehr oder weniger rationaler Begründung und dem Versprechen auf, dass Schulen und Hochschulen danach besser dastünden als zuvor. Meist allerdings ist dies nicht der Fall [...] Langsam greift der Reform-Kater um sich. Nachdem man lange die frühen

Warnungen aus Wissenschaft und Pädagogik in den Wind geschlagen hat, räumen zunehmend auch Stimmen aus Wirtschaft und Politik das längst offensichtliche Scheitern der Bildungsreformen um Bologna, PISA und Co. ein. Zu Recht machte Eberhard von Kuenheim unlängst die ‚Ökonomisierung der Bildung' für die nun sichtbaren Schäden verantwortlich [...] Die OECD, als Wirtschaftsorganisation verantwortlich für den PISA-Test, sieht in ihren Peer-Review-Verfahren den ‚effizientesten Weg, Einfluss auf das Verhalten souveräner Staaten zu nehmen'. Dazu diene die ‚naming and shaming technique': Wer nicht dem PISA-Kodex entspricht, wird am medialen Pranger bloßgestellt [...] Zentral darin ist das Kompetenz-Konzept der OECD: Kompetenz ist demnach die rein funktionale Fähigkeit, sich an die ökonomischen Erfordernisse flexibel ‚anzupassen'. Anpassung war allerdings noch nie das Ziel von Bildung – im Gegenteil!" (Krautz 2011, S. 850). Der Bologna-Prozess zeigt wesentliche Züge eines propagandistisch inspirierten ‚Reformkunstwerks' mit dem Ziel, Universitäten zu einem Ort ‚arbeitsmarktbezogener Qualifizierung' zu machen: „Ganz gemäß der zitierten Zersetzungs-Agenda wurden Kritiker als Ewiggestrige und ängstliche Blockierer dargestellt [...] Strategisch wurde die Reform zu einem Zeitpunkt lanciert, als Scharen von Professoren emeritiert wurden, die im Zuge des Hochschulausbaus der 70er Jahre ins Amt gekommen waren. Die wandten sich mit Schaudern ab: Nach mir die Sintflut! Und die nachwachsende Generation lehnte sich mit Kritik kaum aus dem Fenster, wollte man doch Aussichten auf Karriere nicht verderben [...] Das neue Bild von Bildung und Wissenschaft als Dienstleistungsfaktor, der primär Stakeholder-Interessen zu bedienen habe, wurde auch in der Öffentlichkeit selbstverständlich [...] Studenten protestieren gegen die geistige Kastration in verschulten Studiengängen [...] Insofern bleibt zu hoffen, dass nicht nur Eltern, Lehrer und Hochschullehrende sich besinnen, sondern alle Bürger die Hoheit über ihr Bildungswesen zurückfordern. Und die Wirtschaft, in deren Namen all dies geschieht, müsste deutlich machen, ob es tatsächlich das ist, was sie will. Oder muss der dahinratternde Reform-Zug erst ungebremst an der harten Realität zerschellen, bevor ein Umdenken einsetzt? Denken konnte Europa doch einmal" (a.a.O., S. 852).

Lehrerbildung ist zusammengefasst also als eine *zentrale Aufgabe von Universitäten* anzusehen, die auch das heil- bzw. sonderpädagogische Arbeitsfeld umfasst, mit einem lebendigen *Austausch mit der Schulpraxis* und der Grundlage *entsprechend guter Rahmenbedingungen*. Gerade mit Blick auf inklusive Bildungssettings sollte entsprechend in die *Professionalisierung von Fachkräften* insbesondere im Bereich der *Pädagogik bei Lernschwierigkeiten* investiert werden. Der geforderte konstruktive und professionelle Umgang mit Veränderungen in der (Hoch-)Schullandschaft sowie der (Hoch-)Schulentwicklung verlangt von allen Beteiligten ein hohes Maß der *lebenslangen Weiterentwicklung* ihrer (v.a. auch personalen) Kompetenzen im Rahmen der *Aus-, Fort- und Weiterbildung*.

10 Literaturverzeichnis

Abé, Nicola: Helen und ihre Schwestern. Frauen erkranken doppelt so häufig wie Männer an einer Depression. Das hat soziale, aber auch biologische Gründe. In: Der Spiegel Wissen 3 (2011) 1, S. 34–37

Abel, Jürgen/Faust, Gabriele (Hrsg.): Wirkt Lehrerbildung? Antworten aus der empirischen Forschung. Münster: Waxmann, 2010, S. 73–89

Abujatum, Millaray/Arold, Helga/Knispel, Katharina/Rudolf, Susanne/Schaarschmidt, Uwe: Intervention durch Training und Beratung. In: Schaarschmidt, Uwe/Kieschke, Ulf (Hrsg.): Gerüstet für den Schulalltag. Psychologische Unterstützungsangebote für Lehrerinnen und Lehrer. Weinheim, Basel: Beltz, 2007, S. 117–156

Ackermann, Karl-Ernst: Grundfiguren sonderpädagogischer Studiengänge in der konsekutiven Lehrerbildung. In: Ellger-Rüttgardt, Sieglind L./Wachtel, Grit (Hrsg.): Pädagogische Professionalität und Behinderung. Herausforderungen aus historischer, nationaler und internationaler Perspektive. Stuttgart: Kohlhammer, 2010, S. 127–136

Ahrendt, Hannah: Vita activa oder Vom tätigen Leben. München: Piper. 2002

Albisser, Stefan/Kirchhoff, Esther: SALUTE! Zur berufsgesundheitlichen Kompetenzentwicklung Studierender. In: journal für lehrerInnenbildung 7 (2007) 4, S. 32–39

Alhäuser, Tabea I.: Qualitative Interviews als Methode zur Erfassung von Eignung und Gesundheit im Studium der Lernbehindertenpädagogik. Unveröffentlichte Staatsexamenszulassungsarbeit an der Ludwig-Maximilians-Universität München, 2010

Antonovsky, Aaron: Unraveling the Mystery of Health. How People Manage Stress and Stay Well. San Francisco, CA: Jossey-Bass, 1987

Antor, Georg/Bleidick, Ulrich: Behindertenpädagogik als angewandte Ethik. Stuttgart: Kohlhammer, 2000

Arbeitskreis klinische Psychologie in der Rehabilitation BDP (Hrsg.): Psychologische Diagnostik – Weichenstellung für den Reha-Verlauf. Bonn: Deutscher Psychologen Verlag, 2006

Arden, Paul: WHATEVER YOU THINK. London: Penguin, 2006

Aster-Schenk, Ingrid-Ursula/Schuler, Michael/Fischer, Martin R./Neuderth, Silke: Psychosoziale Ressourcen und Risikomuster für Burnout bei Medizinstudenten: Querschnittstudie und Bedürfnisanalyse Präventiver Curricularer Angebote. 2010. URL: http://www.egms.de/static/en/journals/zma/2010-27/zma000698.shtml (Aufrufdatum: 29.03.2012)

Bachmann, Nicole/Berta, Daniela/Eggli, Peter: Macht studieren krank? Die Bedeutung von Belastung und Ressourcen für die Gesundheit der Studierenden. Bern: Huber, 1999

Badinter, Elisabeth: Der Konflikt. Die Frau und die Mutter. München: Beck, 2010

Bauer, Joachim: Was schulische Lehrkräfte krank werden lässt. In: BLLV – Bayerische Schule 61 (2008) 9, S. 34–35

Baumert, Jürgen/Kunter, Mareike: Stichwort: Professionelle Kompetenz von Lehrkräften. In: Zeitschrift für Erziehungswissenschaft 9 (2006) 4, S. 469–520

Bayerisches Staatsministerium für Unterricht und Kultus (Hrsg.): Lehramtsprüfungsordnung I: LPO I. München: Max Schick, 2002

Bayerische Staatsregierung (Hrsg.): Bayerisches Lehrerbildungsgesetz (BayLBG). München: Beck, 3. Aufl. 2008

Bayerischer Lehrer- und Lehrerinnenverband (BLLV) (Hrsg.): Anti-Stress-Programm. Institut für Gesundheit in pädagogischen Berufen. München: BLLV, 2008

Bellenberg, Gabriele/Thierack, Anke: Ausbildung von Lehrerinnen und Lehrern in Deutschland. Bestandsaufnahme und Reformbestrebungen. Opladen: Leske + Budrich, 2003

Bem, Daryl J.: Self-perception theory. In: Berkowitz, Leonhard (Ed.): Advances in experimental social psychology. Vol. 6. London, New York.: Academic Press, 1972, pp. 1–62

Benkmann, Rainer: Zur Veränderung sonderpädagogischer Professionalität im Gemeinsamen Unterricht aus Sicht der Pädagogik für Lernbeeinträchtigungen. In: Zeitschrift für Heilpädagogik 56 (2005) 10, S. 418–426

Benkmann, Rainer: Kooperation und kooperatives Lernen unter erschwerten Bedingungen inklusiven Unterrichts. In: Kaiser, Astrid/Schmetz, Dietmar/Wachtel, Peter/Werner, Birgit (Hrsg.): Enzyklopädisches Handbuch der Behindertenpädagogik, Bd. 3: Bildung und Erziehung. Stuttgart: Kohlhammer, 2010a, S. 125–134

Benkmann, Rainer: Professionalisierung von Sonderschullehrkräften für den Gemeinsamen Unterricht. In: Zeitschrift für Heilpädagogik 61 (2010b) 12, S. 444–453

Berk, Laura E.: Entwicklungspsychologie. München u.a.: Pearson, 3. akt. Aufl. 2005

Berkowitz, Leonhard (Ed.): Advances in experimental social psychology. Vol. 2. London, New York: Academic Press, 1965

Berkowitz, Leonhard (Ed.): Advances in experimental social psychology. Vol. 6. London, New York: Academic Press, 1972
Berkowitz, Leonhard (Ed.): Advances in experimental social psychology. Vol. 21. San Diego: Academic Press, 1988
Berkowitz, Leonhard (Ed.): Advances in experimental social psychology. Vol. 22. San Diego: Academic Press, 1989
Berner, Esther/Halbheer, Ueli: Die „Standards der sonderpädagogischen Förderung": Zugeständnis an einen Trend oder Grundlage professionellen Lehrerhandelns? In: Vierteljahresschrift für Heilpädagogik und ihre Nachbargebiete 80 (2011) 3, S. 192–203
Bieri Buschor, Christine/Schuler Braunschweig, Patricia: Check-point Assessment Centre für angehende Lehramtsstudierende. Empirische Befunde zur prognostischen Validität und zur Übereinstimmung von Selbst- und Fremdeinschätzung eignungsrelevanter Merkmale. In: Zeitschrift für Pädagogik 57 (2011) 5, S. 695–710
Biewer, Gottfried: Inklusive Schule – Folgerungen für die Aus-, Fort- und Weiterbildung von allgemeinen Pädagogen und Pädagoginnen sowie Sonderpädagogen und Sonderpädagoginnen mit Blick auf die Konzeption der Bachelor- und Masterstudiengänge. In: Ellger-Rüttgardt, Sieglind L./Wachtel, Grit (Hrsg.): Pädagogische Professionalität und Behinderung. Herausforderungen aus historischer, nationaler und internationaler Perspektive. Stuttgart: Kohlhammer, 2010, S. 159–165
Bloch, Roland/Burkhardt, Anke: Arbeitsplatz Hochschule und Forschung für wissenschaftliches Personal und Nachwuchskräfte. In: Hans-Böckler-Stiftung (Hrsg.): Expertisen für die Hochschule der Zukunft. Demokratische und soziale Hochschule. Bad Heilbrunn: Klinkhardt, 2012, S. 401–478
Blömeke, Sigrid/Felbrich, Anja/Müller, Christiane: Theoretischer Rahmen und Untersuchungsdesign. In: Blömeke, Sigrid/Kaiser, Gabriele/Lehmann, Rainer (Hrsg.): Professionelle Kompetenz angehender Lehrer. Münster: Waxmann, 2008, S. 15–48
Blömeke, Sigrid/Kaiser, Gabriele/Lehmann, Rainer (Hrsg.): Professionelle Kompetenz angehender Lehrer. Münster: Waxmann, 2008
Borkenau, Peter/Ostendorf, Fritz: NEO-Fünf-Faktoren-Inventar nach Costa und McCrae. Göttingen u.a.: Hogrefe, 2. Aufl. 2008
Bormann, Inka/de Hahn, Gerhard (Hrsg.): Kompetenzen der Bildung für nachhaltige Entwicklung. Wiesbaden: Verlag für Sozialwissenschaften, 2008
Bortz, Jürgen: Statistik für Human- und Sozialwissenschaftler. Heidelberg: Springer, 6. Aufl. 2005
Bretländer, Bettina: Keine Angst vor Selbsterfahrung! Plädoyer für mehr Persönlichkeitsbildung in der (universitären) Hochschulausbildung. In: Vierteljahresschrift für Heilpädagogik und ihre Nachbargebiete 78 (2009) 4, S. 278–282
Breyer, Cornelius/Fohrer, Günther/Goschler, Walter/Heger, Manuela/Kiessling, Christina/Ratz, Christoph (Hrsg.): Sonderpädagogik und Inklusion. Oberhausen: Athena, 2012
Bromme, Rainer: Der Lehrer als Experte: Zur Psychologie des professionellen Wissens. Bern: Huber, 1992
Bromme, Rainer: Kompetenzen, Funktionen und unterrichtliches Handeln des Lehrers. In: Weinert, Franz E. (Hrsg.): Enzyklopädie der Psychologie. Pädagogische Psychologie. Bd. 3: Psychologie des Unterrichts und der Schule. Göttingen: Hogrefe, 1997, S. 177–212
Bronfenbrenner, Urie: Die Ökologie der menschlichen Entwicklung. Natürliche und geplante Experimente. Frankfurt a.M.: Fischer, 1989
Buber, Martin: Das Dialogische Prinzip (1923). Heidelberg: Lambert Schneider, 4. Aufl. 1979
Bundschuh, Konrad: Einführung in die sonderpädagogische Diagnostik. München: Ernst Reinhardt, 7. Aufl. 2010
Bundschuh, Konrad/Heimlich, Ulrich/Krawitz, Rudi: Sonderpädagogik. In: Bundschuh, Konrad/Heimlich, Ulrich/Krawitz, Rudi (Hrsg.): Wörterbuch Heilpädagogik. Bad Heilbrunn: Klinkhardt, 3. überarb. Aufl. 2007, S. 244–246
Bundschuh, Konrad/Heimlich, Ulrich/Krawitz, Rudi (Hrsg.): Wörterbuch Heilpädagogik. Bad Heilbrunn: Klinkhardt, 3. überarb. Aufl. 2007
Busch, Rolf: In gesellschaftlicher Verantwortung. In: B & E. Das bildungspolitische Magazin des VBE-Bundesverbandes 20 (2010) 1, S. 9

Caplan, Gerald: Principles of Preventive Psychiatry. London: Tavistock, 1966 (amerikan. Originalausgabe: 1964)
Caplan, Gerald: The Modern Practice of Community Mental Health. San Francisco, CA: Jossey-Bass, 1982
Cherniss, Cary/Krantz, David L.: The Ideological Community as an Antidote to Burnout in the Human Services. In: Farber, Barry, A. (ed.): Stress and Burnout in the Human Service Professions. New York, NY: Pergamon Press, 1983, pp. 198–212
Chomsky, Noam: Language and Mind. Cambridge: Cambridge University Press, 1968
Combe, Arno/Helsper, Werner (Hrsg.): Pädagogische Professionalität. Untersuchungen zum Typus pädagogischen Handelns. Frankfurt a.M.: Suhrkamp, 2. Aufl. 1997
Cramer, Colin: Kompetenzerwartungen Lehramtsstudierender. Grenzen und Perspektiven selbsteingeschätzter Kompetenzen in der Lehrerbildungsforschung. In: Gehrmann, Axel/Hericks, Uwe/Lüders, Manfred

(Hrsg.): Bildungsstandards und Kompetenzmodelle. Beiträge zu einer aktuellen Diskussion über Schule, Lehrerbildung und Unterricht. Bad Heilbrunn: Klinkhardt, 2010, S. 85–97

Cronbach, Lee J.: Processes affecting scores on „understanding of others" and „assumed similarity". Psychological Bulletin 52 (1955) 3, pp. 177–193

Czerwenka, Kurt: Belastungen im Lehrerberuf und ihre Bewältigung. In: Bildung und Erziehung 49 (1996) 3, S. 295–315

Darnstädt, Thomas: Siemens statt Humboldt. Wie Inkompetenz, Finanznot und Verantwortungslosigkeit das Universitätsstudium ruinieren. In: Der Spiegel 63 (2010) 28, S. 40–45

Deutsches Studentenwerk (Hrsg.): Die wirtschaftliche und soziale Lage der Studierenden in der Bundesrepublik Deutschland 2006. 18. Sozialerhebung des Deutschen Studentenwerks durchgeführt durch HIS Hochschul-Informations-System. Berlin: Deutsches Studentenwerk, 2007

Deutsches Studentenwerk (Hrsg.): Die wirtschaftliche und soziale Lage der Studierenden in der Bundesrepublik Deutschland 2012. 20. Sozialerhebung des Deutschen Studentenwerks durchgeführt durch HIS Hochschul-Informations-System. Berlin: Deutsches Studentenwerk, 2013

Devillard, Anne: Heilung aus der Mitte. Werde der, der du bist. Ibbenbüren: Driediger, 3. Aufl. 2010

Dewe, Bernd: Perspektiven gelingender Professionalität. In: Neue Praxis 35 (2005) 3, S. 257–266

Dilling, Horst/Mombour, Werner/Schmidt, Martin H. (Hrsg.): Internationale Klassifikation psychischer Störungen. ICD-10 Kapitel V (F). Klinisch-diagnostische Leitlinien. Bern: Huber, 5. durchg. u. erg. Aufl. 2005

Dizén, Mügé/Berenbaum, Howard: Cognitive Correlates of Emotional Traits: Perception of Self and Others. In: Emotion 11 (2011) 1, pp. 115–126

Dluchosch, Andrea/Reiser, Helmut: Sonderpädagogische Profession und Professionstheorie. In: Opp, Günther/Theunissen, Georg (Hrsg.): Handbuch schulische Sonderpädagogik. Bad Heilbrunn: Klinkhardt, 2009, S. 92–98

Döring-Seipel, Elke/Dauber, Heinrich: Was Lehrerinnen und Lehrer gesund hält. Empirische Ergebnisse zur Bedeutung psychosozialer Ressourcen im Lehrerberuf. Göttingen: Vandenhoek & Ruprecht, 2013

Dötterl, Constanze: Belastungsforschung über Studierende im Lehramt mit besonderer Berücksichtigung der sonderpädagogischen Fachrichtung Lernbehindertenpädagogik. Unveröffentlichte Staatsexamenszulassungsarbeit an der Ludwig-Maximilians-Universität München, 2009

Doll, Jörg/Prenzel, Manfred (Hrsg.): Die Bildungsqualität von Schule: Lehrerprofessionalisierung, Unterrichtsentwicklung und Schülerförderung als Strategien der Qualitätsverbesserung. Münster: Waxmann, 2004

Dostal, Werner: Der Berufsbegriff in der Berufsforschung des IAB. In: Kleinhenz, Gerhard (Hrsg.): IAB-Kompendium Arbeitsmarkt- und Berufsforschung. Beiträge zur Arbeitsmarkt- und Berufsforschung (BeitrAB) 250, Nürnberg: Institut für Arbeitsmarkt- und Berufsforschung, 2002, S. 463–474

Drave, Wolfgang/Rumpler, Franz/Wachtel, Peter (Hrsg.): Empfehlungen zur sonderpädagogischen Förderung. Allgemeine Grundlagen und Förderschwerpunkte (KMK) mit Kommentaren. Würzburg: edition bentheim, 2000

Dückers-Klichowski, Silke: Burnout bei Lehramtsanwärtern im Primarbereich. Berlin: Logos, 2005

Ehrenberg, Alain: Das erschöpfte Selbst. Depression und Gesellschaft in der Gegenwart. Frankfurt a.M.: Suhrkamp, 2008

Ellger-Rüttgardt, Sieglind L./Wachtel, Grit (Hrsg.): Pädagogische Professionalität und Behinderung. Herausforderungen aus historischer, nationaler und internationaler Perspektive. Stuttgart: Kohlhammer, 2010

Ellger-Rüttgardt, Sieglind L.: Sonderpädagogische Professionalität in einer inklusiven Schule – Historische Ankerpunkte und Stolpersteine und ihre Bedeutung für die Gegenwart. In: Zeitschrift für Heilpädagogik 62 (2011) 2, S. 55–60

Erpenbeck, John/von Rosenstiel, Lutz: Einführung. In: Erpenbeck, John/von Rosenstiel, Lutz (Hrsg.): Handbuch Kompetenzmessung. Erkennen, Verstehen und Bewerten von Kompetenzen in der betrieblichen, pädagogischen und psychologischen Praxis. Stuttgart: Schäffer-Poeschel, 2003, S. IX-XL

Erpenbeck, John/von Rosenstiel, Lutz (Hrsg.): Handbuch Kompetenzmessung. Erkennen, Verstehen und Bewerten von Kompetenzen in der betrieblichen, pädagogischen und psychologischen Praxis. Stuttgart: Schäffer-Poeschel, 2003

Farber, Barry, A. (ed.): Stress and Burnout in the Human Service Professions. New York, NY: Pergamon Press, 1983

Faulstich-Wieland, Hannelore/Faulstich, Peter (Hrsg.): Erziehungswissenschaft. Ein Grundkurs. Reinbek bei Hamburg: Rohwohlt, 2008

Fengler, Jörg: Déformation professionelle und die Wahrheit der Situation. In: Treischer, Hans-Georg/Leber, Alois/Büttner, Christian (Hrsg.): Die Bedeutung der Gruppe für die Sozialisation II. Beruf und Gesellschaft. Göttingen: Vandenhoeck & Ruprecht, 1985, S. 11–21

Fengler, Jörg/Sanz, Andrea (Hrsg.): Ausgebrannte Teams. Burnout-Prävention und Salutogenese. Stuttgart: Klett-Cotta, 2011

Feyerer, Ewald: Inklusion meint mehr als Integration. In: journal für lehrerInnenbildung 11 (2011) 4, S. 9–18

Fingerle, Michael: Kompetenzen im Bereich der Evaluations- und Forschungsmethoden. In: Mutzeck, Wolfgang/Popp, Kerstin (Hrsg.): Professionalisierung von Sonderpädagogen. Standards, Kompetenzen und Methoden. Weinheim, Basel: Beltz, 2007, S. 294–298

Flick, Uwe: Triangulation. Eine Einführung. Qualitative Sozialforschung Bd. 12. Wiesbaden: VS, 3. akt. Aufl. 2011

Frey, Andreas: Kompetenzstrukturen von Studierenden in der ersten und zweiten Phase der Lehrerbildung. Landau: Empirische Pädagogik, 2008

Frey, Andreas/Jung, Claudia (Hrsg.): Kompetenzmodelle, Standardmodelle und Professionsstandards in der Lehrerbildung: Stand und Perspektiven (Lehrerbildung auf dem Prüfstand, Sonderheft). Landau: Empirische Pädagogik, 2011

Frick, Eckhard: Sich heilen lassen. Eine spirituelle und psychoanalytische Reflexion. Würzburg: echter, 2005

Fritzen, Florentine: „Langeweile ist kein schickes Leiden." Psychotherapeut Wolfgang Merkle über das Bore-Out-Syndrom, den kleinen Bruder des Burn-Out. In: Frankfurter Allgemeine Sonntagszeitung 17 (2010) 16, S. 14

Fröhlich, Werner D.: Wörterbuch Psychologie. München: dtv, 26. überarb. u. erw. Aufl. 2008

Füssel, Hans-Peter/Kretschmann Rudolf: Gemeinsamer Unterricht für behinderte und nichtbehinderte Kinder. Witterschlick/Bonn: Wehle, 1993

Gable, Robert A./Tonelson, Stephen W./Sheth, Manasi/Wilson, Corinne/Park, Kristy L.: Importance, Usage, and Preparedness to Implement Evidence-based Practices for Students with Emotional Disabilities: A Comparison of Knowledge and Skills of Special Education and General Education Teachers. In: Education And Treatment Of Children 35 (2012) 4, pp. 499–519

Gehrmann, Petra: Gemeinsamer Unterricht. Fortschritt an Humanität und Demokratie. Literaturanalyse und Gruppendiskussionen mit Lehrerinnen und Lehrern zur Theorie und Praxis der Integration von Menschen mit Behinderungen. Opladen: Leske + Budrich, 2001

Gehrmann, Axel/Hericks, Uwe/Lüders, Manfred (Hrsg.): Bildungsstandards und Kompetenzmodelle. Beiträge zu einer aktuellen Diskussion über Schule, Lehrerbildung und Unterricht. Bad Heilbrunn: Klinkhardt, 2010

Gerbert, Frank: „Es kann auch gut sein, sich zu fügen". Der Sozialpsychologe Dieter Frey hält die Burnout-Epidemie für ein Resultat zunehmender Arbeitsbelastung – aber auch wachsender Ansprüche. In: Focus 17 (2010) 10, S. 102–103

Giordano, James/Kohls, Niko B.: Spirituality, Suffering and the Self. In: Mind & Matter 6 (2008) 2, pp. 179–191

Girg, Ralf: Die integrale Schule des Menschen. Praxis und Horizonte der Integralpädagogik. Regensburg: Roderer, 2007

Gläser, Jochen/Laudel, Grit: Experteninterviews und qualitative Inhaltsanalyse als Instrumente rekonstruierender Untersuchungen. Wiesbaden: VS, 2. Aufl. 2006

Gollnick, Rüdiger: Berufsnotstand: Lehrer – Lehrerin. Berlin: LIT, 2007

Gonzales, Julia/Wagenaar, Robert: Tuning educational structures in Europe. Der Beitrag der Hochschulen zum Bologna-Prozess. Eine Einführung. 2003. URL: http://www. unideusto.org/tuningeu/documents.html (Aufrufdatum: 23.08.2011)

Gottschling, Claudia: Den Stress wegdenken. Meditation ist mehr als Entspannung. Wissenschaftler beweisen: Sie schützt uns vor Burn-out, trainiert das Gehirn und – macht glücklich. In: Focus 18 (2011) 9, S. 88–93

Greving, Heinrich: Heilpädagogische Professionalität. Eine Orientierung. Stuttgart: Kohlhammer, 2011

Grigat, Felix: Erschöpft und ausgebrannt. Die Universität als autistische Leistungsmaschine. In: Forschung und Lehre 18 (2011) 11, S. 848–849

Gruber, Hans: Kompetenzen von Lehrerinnen und Lehrern. Ein Blick aus der Expertiseforschung. Forschungsbericht Nr. 13. Regensburg: Universität Regensburg/Lehrstuhl für Lehr-Lern-Forschung, 2004

Grün, Anselm: Leben und Beruf. Eine spirituelle Herausforderung. Münsterschwarzach: Vier-Türme, 2. Aufl. 2005

Grünke, Matthias: „An ihren Methoden sollt ihr sie erkennen!" Ein Plädoyer für eine bessere Befähigung von sonderpädagogischen Lehramtsstudierenden, Förderansätze auf Basis von Forschungsbefunden zu bewerten. In: Mutzeck, Wolfgang/Popp, Kerstin (Hrsg.): Professionalisierung von Sonderpädagogen. Standards, Kompetenzen und Methoden. Weinheim, Basel: Beltz, 2007, S. 71–86

Habermas, Jürgen: Theorie des kommunikativen Handelns. Band 1. Handlungsrationalität und gesellschaftliche Rationalisierung. Berlin: Suhrkamp, 1995

Haberlin, Urs: Heilpädagogik als wertgeleitete Wissenschaft. Ein propädeutisches Einführungsbuch in Grundfragen einer Pädagogik für Benachteiligte und Ausgegrenzte. Bern u.a.: Haupt, 1996

Hänsgen, Klaus-Dieter: Berliner Verfahren zur Neurosendiagnostik: BVND. Göttingen, Toronto, Zürich: Hogrefe, 2. erw. u. neu bearb. Aufl. 1991

HANS-BÖCKLER-STIFTUNG (Hrsg.): Expertisen für die Hochschule der Zukunft. Demokratische und soziale Hochschule. Bad Heilbrunn: Klinkhardt, 2012

HASCHER, TINA/PAULUS, PETER: Gesundheit im Studium. In: journal für lehrerInnenbildung 7 (2007) 4, S. 4–7

HATTIE, JOHN A. C.: Visible Learning. A synthesis of over 800 meta-analyses relating to achievement. London, New York: Routledge, 2009

HEDDERICH, INGEBORG: Schulische Belastungssitutionen erfolgreich bewältigen. Ein Praxishandbuch für Lehrkräfte. Bad Heilbrunn: Klinkhardt, 2011

HEDDERICH, INGEBORG/HECKER, ANDRÉ: Belastung und Bewältigung in Integrativen Schulen. Eine empirisch-qualitative Pilotstudie bei LehrerInnen für Förderpädagogik. Bad Heilbrunn: Klinkhardt, 2009

HEIMLICH, ULRICH: Integrative Pädagogik. Eine Einführung. Stuttgart: Kohlhammer, 2003

HEIMLICH, ULRICH: Heilpädagogische Kompetenz – eine Antwort auf die Entgrenzung der Heilpädagogik? In: Vierteljahresschrift für Heilpädagogik und ihre Nachbargebiete 73 (2004) 3, S. 256–259

HEIMLICH, ULRICH: Zusammen arbeiten. Qualifikation für integrative Pädagogik. In: MUTZECK, WOLFGANG/POPP, KERSTIN (Hrsg.): Professionalisierung von Sonderpädagogen. Standards, Kompetenzen und Methoden. Weinheim, Basel: Beltz, 2007, S. 158–177

HEIMLICH, ULRICH: Heil- und Sonderpädagogik. In: FAULSTICH-WIELAND, HANNELORE/FAULSTICH, PETER (Hrsg.): Erziehungswissenschaft. Ein Grundkurs. Reinbek bei Hamburg: Rohwohlt, 2008, S. 510–531

HEIMLICH, ULRICH: Lernschwierigkeiten. Bad Heilbrunn: Klinkhardt, 2009

HEIMLICH, ULRICH: Inklusion und Sonderpädagogik. Die Bedeutung der Behindertenrechtskonvention (BRK) für die Modernisierung sonderpädagogischer Förderung. In: Zeitschrift für Heilpädagogik 62 (2011) 2, S. 44–54

HEIMLICH, ULRICH: Einleitung: Inklusion und Sonderpädagogik. In: HEIMLICH, ULRICH/KAHLERT, JOACHIM (Hrsg.): Inklusion in Schule und Unterricht. Wege zur Bildung für alle. Stuttgart: Kohlhammer, 2012a, S. 9–26

HEIMLICH, ULRICH: Kompetenzschwerpunkte in der ersten Phase der sonderpädagogischen Lehrerbildung. In: HEIMLICH, ULRICH/WEMBER, FRANZ B. (Hrsg.): Didaktik des Unterrichts im Förderschwerpunkt Lernen. Ein Handbuch für Studium und Praxis. Stuttgart: Kohlhammer, 2. akt. Aufl. 2012b, S. 383–394

HEIMLICH, ULRICH/KAHLERT, JOACHIM (Hrsg.): Inklusion in Schule und Unterricht. Wege zur Bildung für alle. Stuttgart: Kohlhammer, 2012

HEIMLICH, ULRICH/WEMBER, FRANZ B. (Hrsg.): Didaktik des Unterrichts im Förderschwerpunkt Lernen. Ein Handbuch für Studium und Praxis. Stuttgart: Kohlhammer, 2. akt. Aufl. 2012

HERICKS, UWE: Professionalisierung als Entwicklungsaufgabe. Rekonstruktionen zur Berufseingangsphase von Lehrerinnen und Lehrern. Wiesbaden: VS, 2006

HERKNER, WERNER: Lehrbuch Sozialpsychologie. Bern u.a.: Hans Huber, 5. korr. u. stark erw. Aufl. 1996

HERLT, SUSANNE/SCHAARSCHMIDT, UWE: Fit für den Lehrerberuf?! In: SCHAARSCHMIDT, UWE/KIESCHKE, ULF (Hrsg.): Gerüstet für den Schulalltag. Psychologische Unterstützungsangebote für Lehrerinnen und Lehrer. Weinheim, Basel: Beltz, 2007, S. 157–181 u. S. 221–252

HIGGINS, EDWARD T.: Self-discrepancy: A theory relating self and affect. In: Psychological Review 94 (1987) 3, pp. 319–340

HIGGINS, EDWARD T.: Self-discrepancy Theory: What Patterns of Self-beliefs Cause People to Suffer? In: BERKOWITZ, LEONHARD (Ed.): Advances in Experimental Social Psychology. Vol. 22. San Diego, CA: Academic Press, 1989, pp. 93–136

HILLENBRAND, CLEMENS: Zur Vermittlung sonderpädagogischer Kompetenzen im Rahmen universitärer Lehrerbildung am Beispiel der Metakognition. In: MUTZECK, WOLFGANG/POPP, KERSTIN (Hrsg.): Professionalisierung von Sonderpädagogen. Standards, Kompetenzen und Methoden. Weinheim, Basel: Beltz, 2007, S. 192–215

HILLENBRAND, CLEMENS/MELZER, CONNY/HAGEN, TOBIAS: Gutachten zur Ausbildung und Professionalisierung von Fachkräften für inklusive Bildung in Deutschland (Grundlagen- und Strategiepapier) – Stand der Forschung und Ableitung von Handlungsstrategien. In: DEUTSCHES INSTITUT FÜR INTERNATIONALE PÄDAGOGISCHE FORSCHUNG (DIPF) (Hrsg.): Berlin, Frankfurt a.M.: DIPF, 2013

HILLERT, ANDREAS/KOCH, STEFAN: Entwicklung und Evaluation einer berufsspezifischen Intervention für psychosomatisch erkrankte Lehrerinnen und Lehrer im stationären Setting. Abschlussbericht. Prien a. Ch.: Medizinisch-psychosomatische Klinik Roseneck, 2007

HILLERT, ANDREAS/KOCH, STEFAN/HEDLUND, SUSANNE: Stressbewältigung am Arbeitsplatz. Ein stationäres berufsbezogenes Gruppenprogramm. Trainerhandbuch mit 55 Abbildungen und 7 Tabellen. Göttingen: Vandenhoeck & Ruprecht, 2007

HILLERT, ANDREAS/LEHR, DIRK/SOSNOWSKY, NADIA/BAUER, JOACHIM: Gesundheitstage zur Prävention psychosomatischer Erkrankungen im Lehrerberuf? Eine empirische Untersuchung zur gesundheitsbezogeen Veränderungsmotivation von Teilnehmern an acht bayerischen Lehrergesundheitstagen. URL: http://www.springermedizin.de/gesundheitstage-zur-praevention-psychosomatischer-erkrankungen-im-lehrerberuf/857910.html (Aufrufdatum: 10.04.2012)

Hillert, Andreas/Marwitz, Michael: Die Burnout Epidemie oder Brennt die Leistungsgesellschaft aus? München: Beck, 2006

Hillert, Andreas/Schmitz, Edgar (Hrsg.): Psychosomatische Erkrankungen bei Lehrerinnen und Lehrern. Stuttgart, New York: Schattauer, 2004

Hillert, Andreas u.a.: Lehrergesundheit. AGIL – das Präventionsprogramm für Arbeit und Gesundheit im Lehrerberuf. Stuttgart: Schattauer, 2012

Hobson, Allan J.: Das optimierte Gehirn. Wie wir unser Bewusstsein reparieren, manipulieren, ruinieren. Stuttgart: Klett-Cotta, 2010

Hofsäss, Thomas: Anforderungen an eine veränderte Lehrerbildung aus Sicht der Lernbehindertenpädagogik. In: Mutzeck, Wolfgang/Popp, Kerstin (Hrsg.): Professionalisierung von Sonderpädagogen. Standards, Kompetenzen und Methoden. Weinheim, Basel: Beltz, 2007, S. 118–128

Holler, Petra: Das Studentenwerk berät in psychischen Krisen. Prüfungsangst und Liebeskummer. In: Münchner Uni Magazin. Zeitschrift der Ludwig-Maximilians-Universität München 11 (2011) 4, S. 14–15

Houben, Angelika-Christa: Arbeit in der Sonderschule: Belastung, Belastungsfolgen und Bewältigung. Dissertation. Köln: Heilpädagogische Fakultät der Universität zu Köln, 1999

Huber, Andreas: „Wer keine Anerkennung sät, wird auch keine Leistung ernten!“ Der Arbeitssoziologe Stephan Voswinkel über den Strukturwandel der Anerkennung, den wichtigen Unterschied zwischen Würdigung und Bewunderung und eine neue Anerkennungskultur in den Unternehmen. In: Psychologie Heute 38 (2011a) 7, S. 60–64

Huber, Maria: Selbst- und Fremdwahrnehmung in Hinblick auf die berufliche Eignung und Gesundheit am Beispiel von Studierenden der Lernbehindertenpädagogik an der Ludwig-Maximilians-Universität in München. Unveröffentlichte Staatsexamenszulassungsarbeit an der Ludwig-Maximilians-Universität München, 2011b

Huberman, Michael: Der berufliche Lebenszyklus von Lehrern: Ergebnisse einer empirischen Untersuchung. In: Terhart, Ewald (Hrsg.): Unterrichten als Beruf. Neuere amerikanische und englische Arbeiten zur Berufskultur und Berufsbiografie von Lehrerinnen und Lehrern. Köln, Wien: Böhlau, 1991, S. 249–267

Hüfner, Gerhard: ABRIS: Ausmaß und Bereiche von Belastungen – Möglichkeiten der Entlastung. In: BLLV – Bayerische Schule 56 (2003a) 5, S. 16–19

Hüfner, Gerhard: ABRIS: Belastungsprofile und Entlastungspräferenzen an Grund-, Haupt- und Förderschulen. In: BLLV – Bayerische Schule 56 (2003b) 7/8, S. 29–32

Humboldt Gesellschaft für Wissenschaft, Kunst und Bildung (Hrsg.): Positionspapier zum Bologna-Prozess 2009. URL: http://www.humboldt-gesellschaft.org/publikationen/positionspapiere-bologna-prozess (Aufrufdatum: 05.04.2012)

Intasc (Hrsg.): Model standards for beginning teacher licensing and development: A resource for state dialogue. Washington, D.C.: Council of Chief State Officer, 1992

Jansen, Stephan A.: Das Neue als Anti-Depressivum. Psychische Gesundheit an Hochschulen – Ein Interview. In: Forschung & Lehre 18 (2011) 11, S. 836–837

Jerich, Lisbeth: Burnout. Ausdruck der Entfremdung. Graz: Leykam, 2008

John, Oliver P./Robins, Richard W./Pervin, Lawrence A. (Eds.): Handbook of personality. New York: Guilford Press, 2008

John, Daniela/Stein, Roland: Lehrergesundheit: Forschungsstand und Schlussfolgerungen – unter besonderer Berücksichtigung von Lehrerinnen und Lehrern in Kontexten der Erziehungshilfe. In: Zeitschrift für Heilpädagogik 59 (2008) 11, S. 402–411

Jones, Edward E./Davis, Keith E.: From Acts to Dispositions: The Attribution Process in Person Perception. In: Berkowitz, Leonhard (Ed.): Advances in Experimental Social Psychology. Vol. 2. London, New York: Academic Press, 1965, pp. 219–266

Jones, Edward E./Nisbett, Richard E.: The Actor and the Observer: Divergent Perceptions of the Causes of Behavior. In: Journal of Personality and Social Psychology 63 (1971) 10, pp. 596–612

Käser, Udo/Wasch Jennifer: Burnout bei Lehrerinnen und Lehrern. Eine Bedingungsanalyse im Schulformvergleich. Berlin: Logos, 2009

Kahlert, Joachim: Leitbildorientierte Lehrerbildung. Eine Perspektive für den Umgang mit der Fächervielfalt. In: Forschung & Lehre 16 (2009) 11, S. 822–824

Kahlert, Joachim/Heimlich, Ulrich (Hrsg.): Inklusion in Schule und Gesellschaft. Wege zur Bildung für alle. Stuttgart: Kohlhammer 2012a

Kahlert, Joachim/Heimlich, Ulrich: Inklusionsdidaktische Netze – Konturen eines Unterrichts für alle (dargestellt am Beispiel des Sachunterrichts). In: Kahlert, Joachim/Heimlich, Ulrich (Hrsg.): Inklusion in Schule und Gesellschaft. Wege zur Bildung für alle. Stuttgart: Kohlhammer 2012b, S. 153–190

KAISER, ASTRID/SCHMETZ, DIETMAR/WACHTEL, PETER/WERNER, BIRGIT (Hrsg.): Enzyklopädisches Handbuch der Behindertenpädagogik, Bd. 3: Bildung und Erziehung. Stuttgart: Kohlhammer, 2010

KANNING, UWE P./HERRMANN, CHRISTOPH/BÖTTCHER, WOLFGANG: FIBEL. Feedback-Inventar zur berufsbezogenen Erstorientierung für Lehramtsstudiernde. Göttingen u.a.: Hogrefe, 2011

KEUPP, HEINER u.a.: Identitätskonstruktionen. Das Patchwork der Spätmoderne. Tübingen: DGVT, 2001

KIEL, EWALD: Epistemologie pädagogischen Handelns. In: REINMANN, GABI/KAHLERT, JOACHIM (Hrsg.): Der Nutzen wird vertagt... Bildungswissenschaften im Spannungsfeld zwischen wissenschaftlicher Profilbildung und praktischem Mehrwert. Lengerich u.a.: Pabst, 2007, S. 46–63

KIEL, EWALD/WEISS, SABINE/BRAUNE, AGNES: Sonderpädagogische Professionalität und Inklusion: Welchen Beitrag leistet das Studium der Sonderpädagogik? In: HEIMLICH, ULRICH/KAHLERT, JOACHIM (Hrsg.): Inklusion in Schule und Unterricht. Wege zur Bildung für alle. Stuttgart: Kohlhammer (2012), S. 191–199

KLIEME, ECKHARD u.a.: Zur Entwicklung nationaler Bildungsstandards. Eine Expertise. Bonn: Bundesministerium für Bildung und Forschung, 2003

KLOTTER, CHRISTOPH: Warum wir es schaffen, nicht gesund zu bleiben. Eine Streitschrift zur Gesundheitsförderung. München: Ernst Reinhardt, 2009

KLUSMANN, UTA/KÖLLER, MICHAELA/KUNTER, MAREIKE: Anmerkungen zur Validität eignungsdiagnostischer Verfahren bei angehenden Lehrkräften. In: Zeitschrift für Pädagogik 57 (2011) 5, S. 711–721

KLUSMANN, UTA/KUNTER, MAREIKE/TRAUTWEIN, ULRICH/BAUMERT, JÜRGEN.: Lehrerbelastung und Unterrichtsqualität aus der Perspektive von Lehrenden und Lernenden. In: Zeitschrift für Pädagogische Psychologie/ German Journal of Educational Psychology, 20 (2006) 3, S. 161–173

KOCH, KATJA: Handlungsorientierter Unterricht. In: HEIMLICH, ULRICH/WEMBER, FRANZ B. (Hrsg.): Didaktik des Unterrichts im Förderschwerpunkt Lernen. Ein Handbuch für Studium und Praxis. Stuttgart: Kohlhammer, 2. akt. Aufl. 2012, S. 99–111

KÖNIG, KARL: Arbeit und Persönlichkeit. Individuelle und interpersonelle Aspekte. Frankfurt a.M.: Brandes & Apsel, 2011

KOHONEN, VILJO: Auswahlverfahren für Lehramtsstudierende in Finnland: Aufbau einer „transformativen" Professionalität. In: journal für lehrerInnenbildung 7 (2007) 2, S. 26–32

KONFERENZ DER KULTUSMINISTER DER LÄNDER DER BUNDESREPUBLIK DEUTSCHLAND, SEKRETARIAT DER STÄNDIGEN (KMK) (Hrsg.): Standards für die Lehrerbildung: Bildungswissenschaften. Beschluss der Kultusministerkonferenz vom 16.12.2004. Bonn: KMK, 2004

KRAUS, STEFAN/KUNTER, MAREIKE/BRUNNER, MARTIN/BAUMERT, JÜRGEN/BLUM, WERNER/NEUBRAND, MICHAEL/JORDAN, ALEXANDER/LÖWEN, KATRIN: COACTIV: Professionswissen von Lehrkräften, kognitiv aktivierender Mathematikunterricht und die Entwicklung von mathematischer Kompetenz. In: DOLL, JÖRG/PRENZEL, MANFRED (Hrsg.): Die Bildungsqualität von Schule: Lehrerprofessionalisierung, Unterrichtsentwicklung und Schülerförderung als Strategien der Qualitätsverbesserung. Münster: Waxmann, 2004, S. 31–53

KRAUSE, ANDREAS/DORSEMAGEN, COSIMA/ALEXANDER, TATJANA: Belastung und Beanspruchung im Lehrerberuf – Arbeitsplatz- und bedingungsbezogene Forschung. In: TERHART, EWALD/BENNEWITZ, HEDDA/ROTHLAND, MARTIN (Hrsg.): Handbuch der Forschung zum Lehrerberuf. Münster: Waxmann, 2011, S. 788–795

KRAUTZ, JOCHEN: „Sanfte Steuerung" der Bildungsreformen. Zu den Durchsetzungsstrategien von PISA, Bologna & Co. In: Forschung und Lehre 18 (2011) 11, S. 850–852

KROATH, FRANZ/TRAFFORD, VERNON: Auswahlverfahren im englischen Lehrerbildungssystem. In: journal für lehrerInnenbildung 7 (2007) 2, S. 41–47

KUHLEE, DINA/BUER, JÜRGEN VAN: Professionalisierung in der neuen gestuften Lehrerbildung. Zwischen traditionellen Berufsbildern der Studierenden und professionsorientierter Kompetenzentwicklung. In: ZLATKIN-TROITSCHANSKAIA, OLGA/BECK, KLAUS/SEMBILL, DETLEF/NICKOLAUS, REINHOLD/MULDER, REGINA (Hrsg.): Lehrprofessionalität. Bedingungen, Genese, Wirkungen und ihre Messung. Weinheim, Basel: Beltz, 2009, S. 489–499

LAMNEK, SIEGFRIED: Qualitative Sozialforschung. Lehrbuch. Weinheim, Basel: Beltz, 4. vollst. überarb. Aufl. 2005

LAZARUS, RICHARD S.: Stress and Emotion: A New Synthesis. New York, NY: Springer, 1999

LAZARUS, RICHARD S./FOLKMAN, SUSAN: Transactional theory and research on emotions and coping. In: European Journal of Personality 1 (1987) 3, S. 141–169

LEHR, DIRK: Belastung und Beanspruchung im Lehrerberuf in der personenbezogenen Forschung. Gesundheitliche Situation und Evidenz für Risikofaktoren. In: TERHART, EWALD/BENNEWITZ, HEDDA/ROTHLAND, MARTIN (Hrsg.): Handbuch der Forschung zum Lehrerberuf. Münster: Waxmann, 2011a, S. 693–709

LEHR, DIRK: Prävention und Intervention in der personenbezogenen Forschung zur Belastung und Beanspruchung im Lehrerberuf. In: TERHART, EWALD/BENNEWITZ, HEDDA/ROTHLAND, MARTIN (Hrsg.): Handbuch der Forschung zum Lehrerberuf. Münster: Waxmann, 2011b, S. 710–723

Lehr, Dirk/Schmitz, Edgar/Hillert Andreas: Bewältigungsmuster und psychische Gesundheit. Eine clusteranalytische Untersuchung zu Bewältigungsmustern im Lehrerberuf. In: Zeitschrift für Arbeits- und Organisationspsychologie 52 (2008) 1, S. 3–16

Lehr, Dirk/Sosnowsky, Nadia/Hillert, Andreas: Stressbezogene Interventionen zur Prävention von psychischen Störungen im Lehrerberuf. AGIL „Arbeit und Gesundheit im Lehrerberuf" als Beispiel einer Intervention zur Verhaltensprävention. In: Rothland, Martin (Hrsg.): Belastung und Beanspruchung im Lehrerberuf. Modelle – Befunde – Interventionen. Wiesbaden: VS, 2007, S. 267–289

Lenzen, Dieter: Auf Gedeih und Verderb. In: Forschung & Lehre 18 (2011) 11, S. 831

Leonhard, Tobias/Nagel, Norbert/Rihm, Thomas/Strittmatter-Haubold, Veronika/Wengert-Richter, Petra: Zur Entwicklung von Reflexionskompetenz bei Lehramtsstudierenden. In: Gehrmann, Axel/Hericks, Uwe/Lüders, Manfred (Hrsg.): Bildungsstandards und Kompetenzmodelle. Beiträge zu einer aktuellen Diskussion über Schule, Lehrerbildung und Unterricht. Bad Heilbrunn: Klinkhardt, 2010, S. 111–127

Leutwyler, Bruno/Ettlin, erich: Standards in der Weiterbildung – Perspektiven eines integralen Steuerungskonzeptes. In: Beiträge zur Lehrerbildung 26 (2008) 1, S. 11–22

Levinson, Daniel J.: The Season of a Man's Life. New York, NY: Knopf, 1978

Levinson, Daniel J.: The Season of a Woman's Life. New York, NY: Knopf, 1996

Lieb, Klaus: Hirndoping. Warum wir nicht alles schlucken sollten. Mannheim: Artemis & Winkler, 2010

Lindmeier, Christian: Kultusministerkonferenz ordnet sonderpädagogische Lehrerbildung neu – ein Kommentar. In: Sonderpädagogische Förderung 54 (2009a) 3, S. 322–328

Lindmeier, Christian: Sonderpädagogische Lehrerbildung für ein inklusives Schulsystem?. In: Zeitschrift für Heilpädagogik 60 (2009b) 10, S. 416–427

Lindmeier, Christian: Welche Pädagogik braucht eine inklusive Schule? In: Ellger-Rüttgardt, Sieglind L./Wachtel, Grit (Hrsg.): Pädagogische Professionalität und Behinderung. Herausforderungen aus historischer, nationaler und internationaler Perspektive. Stuttgart: Kohlhammer, 2010, S. 193–202

Lindmeier, Christian: Aktuelle Empfehlungen für eine inklusionsorientierte Lehrerbildung – ein Kommentar. In: Zeitschrift für Heilpädagogik 64 (2013) 5, S. 180–193

Lindmeier, Bettina/Lindmeier, Christian: Professionstheorie und -forschung in der Heilpädagogik. In: Bundschuh, Konrad/Heimlich, Ulrich/Krawitz, Rudi (Hrsg.): Wörterbuch Heilpädagogik. Bad Heilbrunn: Klinkhardt, 3. überarb. Aufl. 2007, S. 214–218

Ludwig-Maximilians-Universität München (LMU): Auswahlkriterien und Grenzwerte bei örtlicher Zulassungsbeschränkung. 2012. URL: http://www.uni-muenchen.de/studium/beratung/vor/studienplatz/studienplatz/zulassungsbeschr/zulas_oertl/index.html (Aufrufdatum: 16.03.2012)

Lüders, Manfred/Wissinger, Jochen (Hrsg.): Forschung zur Lehrerbildung. Kompetenzentwicklung und Programmevaluation. Münster: Waxmann, 2007

Lynch, Siobhan/Gander, Marie-Louise/Kohls, Niko/Kudielka, Brigitte/Walach, Harald: Mindfulness-based Coping with University Life: A Non-randomized Wait-list-controlled Pilot Evaluation. In: Stress and Health 27 (2011) 5, pp. 365–375

Mayr, Johannes: Selektieren oder qualifizieren? Empirische Befunde zu guten Lehrpersonen. In: Abel, Jürgen/Faust, Gabriele (Hrsg.): Wirkt Lehrerbildung? Antworten aus der empirischen Forschung. Münster: Waxmann, 2010, S. 73–89

Mayring, Philipp: Einführung in die qualitative Sozialforschung. Eine Anleitung zu qualitativem Denken. Weinheim, Basel: Beltz, 5. überarb. u. neu ausgest. Aufl. 2002

McCrae, Robert R./Costa, Paul T.: The Five-factor Theory of Personality. In: John, Oliver P./Robins, Richard W./Pervin, Lawrence A. (Eds.): Handbook of Personality. New York, NY: Guilford Press, 2008, pp. 159–181

Meck, Georg: Erschöpft, ausgebrannt, arbeitsmüde. In: Frankfurter Allgemeine Sonntagszeitung 17 (2010) 9, S. 35

Meibert, Petra/Lehrhaupt, Linda: Stress bewältigen mit Achtsamkeit. Zu innerer Ruhe kommen mit MBSR. München: Kösel, 2010

Melzer, Conny/Hillenbrand, Clemens: Aufgaben sonderpädagogischer Lehrkräfte für inklusive Bildung: empirische Befunde internationaler Studien. In: Zeitschrift für Heilpädagogik 64 (2013) 5, S. 194–202

Mertens, Anne/Röbken, Heinke/Schneider, Kerstin: Ist der Lehrerberuf in Deutschland finanziell attraktiv? Bildungsrenditen von Lehrern und anderen Akademikern im Vergleich. In: Beiträge zur Hochschulforschung 33 (2011) 3, S. 82–105

Messner, Regina/Hascher, Tina: Gesundheitsverhalten von Studierenden des Lehramts. In: journal für lehrerInnenbildung 7 (2007) 4, S. 40–47

Meyer, Barbara E.: Zur Professionalisierung durch Schulpraktika. Wie Lehramtsstudenten Anforderungen in ihren ersten Praxiskontakten begegnen. Schul- und Unterrichtsforschung Band 13. Hohengehren: Schneider, 2010

Meyer, Hilbert: Leitfaden Unterrichtsvorbereitung. Berlin: Cornelsen Scriptor, 2007

Mogk, Carolin/Otte, Sebastian/Reinhold-Hurley, Bettina/Kröner-Herwig, Birgit: Die Wirkung expressiven Schreibens über belastende Erfahrungen auf die Gesundheit – eine Metaanalyse. URL: http://www.egms.de/static/en/journals/psm/2006-3/psm000026.shtml

Moser Opitz, Elisabeth: Förderschwerpunkt Lernen: Kritische Anmerkungen zu curriculum- und förderplanorientierten Standards und ein Plädoyer für Kompetenzmodelle. In: Wember, Franz B./Prändl, Stephan (Hrsg.): Standards der sonderpädagogischen Förderung. München, Basel: Ernst Reinhardt, 2009, S. 203–217

Moser, Vera: Heterogenität als bildungspolitische Orientierung sonderpädagogischer Professionsentwicklung. Historischer Hypotheken und aktuelle Ambivalenzen. In: Ellger-Rüttgardt, Sieglind L./Wachtel, Grit (Hrsg.): Pädagogische Professionalität und Behinderung. Herausforderungen aus historischer, nationaler und internationaler Perspektive. Stuttgart: Kohlhammer, 2010, S. 105–114

Moser, Vera (Hrsg.): Die inklusive Schule. Standards für die Umsetzung. Stuttgart: Kohlhammer, 2012

Moser, Vera/Demmer-Dieckmann, Irene: Professionalisierung und Ausbildung von Lehrkräften für inklusive Schulen. In: Moser, Vera (Hrsg.): Die inklusive Schule. Standards für die Umsetzung. Stuttgart: Kohlhammer, 2012, S. 153–174

Moser, Vera/Sasse, Ada: Theorien der Behindertenpädagogik. München: Reinhardt, 2008

Müller, Florian H./Eichenberger, Astrid/Lüders, Manfred/Mayr, Johannes (Hrsg.): Lehrerinnen und Lehrer lernen. Konzepte und Befunde zur Lehrerfortbildung. Münster u.a.: Waxmann, 2010

Müller, Katharina: Das Praxisjahr in der Lehrerbildung. Empirische Befunde zur Wirksamkeit studienintegrierter Langzeitpraktika. Bad Heilbrunn: Klinkhardt, 2010

Müller, Walter/Pollack, Reinhard: Weshalb gibt es so wenige Arbeiterkinder in Deutschlands Universitäten? In: Becker, Rolf/Lauterbach, Wolfgang (Hrsg.): Bildung als Privileg. Wiesbaden: VS, 2010, S. 307–346

Mutzeck, Wolfgang: Kooperative Beratung. Grundlagen, Methoden, Training, Effektivität. Weinheim, Basel: Beltz, 2008

Mutzeck, Wolfgang/Popp, Kerstin (Hrsg.): Professionalisierung von Sonderpädagogen. Standards, Kompetenzen und Methoden. Weinheim, Basel: Beltz, 2007

Nbpts (Hrsg.): What Teachers Should Know and be Able to Do. 2002. URL: http://www.nbpts.org/UserFiles/File/what_teachers.pdf (Aufrufdatum: 24.08.2011)

Nieskens, Birgit: Wer interessiert sich für den Lehrberuf – und wer nicht? Berufswahl im Spannungsfeld subjektiver und objektiver Passung. Göttingen: Cuvillier, 2009

Nieskens, Birgit/Müller, Florian H.: Soll ich LehrerIn werden? Web-basierte Selbsterkundung persönlicher Voraussetzungen und Interessen. In: Erziehung und Unterricht 159 (2009) 1–2, S. 41–49

Noack, Rick: „Ich brauch doch gute Noten". Ist das Bildungssystem daran schuld, dass viele Studenten unter dem Druck des gesteigerten Leistungstempos leiden? Sie haben Schlafstörungen, werden psychisch krank, schlucken Antidepressiva. In: Der Spiegel Wissen 4 (2012) 1, S. 54–57

OECD (Organisation for Economic Co-operation and Development) (Hrsg.): Bildung auf einen Blick. Paris: OECD, 2012

Oevermann, Ulrich: Theoretische Skizze einer revidierten Theorie professionalisierten Handelns. In: Combe, Arno/Helsper, Werner (Hrsg.): Pädagogische Professionalität. Untersuchungen zum Typus pädagogischen Handelns. Frankfurt a.M.: Suhrkamp, 2. Aufl. 1997, S. 70–182

Opp, Günther: Machtlos oder hilflos? Provokante Gedanken zur Professionalität von Lehrerinnen und Lehrern im Arbeitsfeld schulischer Erziehungshilfe. In: Mutzeck, Wolfgang/Popp, Kerstin (Hrsg.): Professionalisierung von Sonderpädagogen. Standards, Kompetenzen und Methoden. Weinheim, Basel: Beltz, 2007, S. 180–191

Oser, Fritz: Standards: Kompetenzen von Lehrpersonen. In: Oser, Fritz/Oelkers, Jürgen (Hrsg.): Die Wirksamkeit der Lehrerbildungssysteme. Von der Allrounderbildung zur Ausbildung professioneller Standards. Zürich: Rüegger, 2001, S. 215–342

Oser, Fritz: Zugänge ermöglichen, Zugänge verwehren: Entwurf eines Ausleseverfahrens in der Lehrerbildung (ein Essay). In: Beiträge zur Lehrerbildung 24 (2006) 1, S. 30–42

Oser, Fritz/Oelkers, Jürgen (Hrsg.): Die Wirksamkeit der Lehrerbildungssysteme. Von der Allrounderbildung zur Ausbildung professioneller Standards. Zürich: Rüegger, 2001

Pässler, Katja/Hell, Benedikt/Schuler, Heinz: Grundlagen der Berufseignungsdiagnostik und ihre Anwendung auf den Lehrerberuf. In: Zeitschrift für Pädagogik 57 (2011) 5, S. 639–654

Paulus, Peter/Schumacher, Lutz: Personen-in-Situationen-Ansatz – neuer Weg zur Lehrergesundheit und guten gesunden Schule. In: journal für lehrerInnenbildung 7 (2007) 4, S. 24–30

Perrewé, Pamela/Ganster, Daniel C. (Hrsg.): Research in Occupational Stress and Well Being. Vol. 2: Historical and Current Perspectives on Stress and Health. New York, NY: JAI Elsevier, 2002

PHZ (Pädagogische Hochschule Zentralschweiz) (Hrsg.): Professionsstandards. Beobachtungsinstrument für die berufspraktische Ausbildung, 2007. URL: http://www.schwyz. phz.ch/fileadmin/media/schwyz.phz.ch/Professionsstandards_Beobachtungsinstrument. pdf (Aufrufdatum: 24.08.2011)

Poschkamp, Thomjas: Lehrergesundheit. Belastungsmuster, Burnout und Social Support bei dienstunfähigen Lehrkräften. Berlin: Logos, 2008

Prengel, Annedore: Pädagogik der Vielfalt: Verschiedenheit und Gleichberechtigung in Interkultureller, Feministischer und Integrativer Pädagogik. Wiesbaden: VS, 3. Aufl. 2006

Rauch, Franz/Steiner, Regina/Streissler, Anna: Kompetenzen der Bildung für nachhaltige Entwicklung von Lehrpersonen: Entwurf für ein Rahmenkonzept. In: bormann, Inka/de Hahn, Gerhard (Hrsg.): Kompetenzen der Bildung für nachhaltige Entwicklung. Wiesbaden: Verlag für Sozialwissenschaften, 2008, S. 141–158

Reicher, Hannelore: Inklusive Schule denken – LehrerInnen-Survey auf der Sekundarstufe I. In: Journal für Lehrerinnen- und Lehrerbildung 29 (2011) 4, S. 34–39

Reinmann, Gabi: Innovationskrise in der Bildungsforschung: Von Interessenkämpfen und ungenutzten Chancen einer Hard-to-do-Science. In: Reinmann, Gabi/Kahlert, Joachim (Hrsg.): Der Nutzen wird vertagt... Bildungswissenschaften im Spannungsfeld zwischen wissenschaftlicher Profilbildung und praktischem Mehrwert. Lengerich u.a.: Pabst, 2007, S. 198–220

Reinmann, Gabi/Kahlert, Joachim (Hrsg.): Der Nutzen wird vertagt... Bildungswissenschaften im Spannungsfeld zwischen wissenschaftlicher Profilbildung und praktischem Mehrwert. Lengerich u.a.: Pabst, 2007

Reiser, Helmut: Konsekutive Studiengänge der Sonderpädagogik in ihren Auswirkungen auf die Profession. Die niedersächsische Lösung. In: Mutzeck, Wolfgang/Popp, Kerstin (Hrsg.): Professionalisierung von Sonderpädagogen. Standards, Kompetenzen und Methoden. Weinheim, Basel: Beltz, 2007, S. 87–101

Rindermann, Heiner/Oubaid, Viktor: Auswahl von Studienanfängern durch Universitäten – Kriterien, Verfahren und Prognostizierbarkeit des Studienerfolgs. In: Zeitschrift für Differentielle und Diagnostische Psychologie 20 (1999) 3, S. 172–191

Rittmeyer, Christel: Zum Stellenwert der Sonderpädagogik und den zukünftigen Aufgaben von Sonderpädagogen in inklusiven Settings nach den Forderungen der UN-Behindertenrechtskonvention. In: Breyer, Cornelius/Fohrer, Günther/Goschler, Walter/Heger, Manuela/Kiessling, Christina/Ratz, Christoph (Hrsg.): Sonderpädagogik und Inklusion. Oberhausen: Athena, 2012, S. 43–58

Rosemann, Bernhard/Kerres, Michael: Interpersonales Wahrnehmen und Verstehen. Bern: Hans Huber, 1986

Rothland, Martin (Hrsg.): Belastung und Beanspruchung im Lehrerberuf. Modelle – Befunde – Interventionen. Wiesbaden: VS, 2007

Rothland, Martin/Terhart, Ewald: Eignungsabklärung angehender Lehrerinnen und Lehrer. In: Zeitschrift für Pädagogik 57 (2011) 5, S. 635–638

Rothland, Martin/Tirre, Sandra: Selbsterkundung für angehende Lehrkräfte: Was erfassen ausgewählte Verfahren der Eignungsabklärung? In: Zeitschrift für Pädagogik 57 (2011) 5, S. 655–673

Rothlin, Philippe/Werder, Peter R.: Die Boreout-Falle: Wie Unternehmen Langeweile und Leerlauf vermeiden. München: Redline, 2009

Rubinstein, Robert L./Moss, Miriam (Eds.): The Many Dimensions of Aging. New York, NY: Springer, 2000

Rückert, Hans-Werner: Besorgniserregend. Zur psychischen Stabilität der heutigen Studentengeneration. In: Forschung & Lehre 17 (2010) 7, S. 488–489

Rückert, Hans-Werner: Beschleunigungsdruck. Wie fühlen sich Studierende heute? In: Forschung & Lehre 18 (2011) 11, S. 840–841

Samu, Zoltán: Gesundheit im Lehrerberuf und psychosoziale Kompetenzen – bereits im Studium! In: Thüringer Schule 23 (2013) 9, S. 7–9

Sander, Alfred: Prävention. In: Bundschuh, Konrad/Heimlich, Ulrich/Krawitz, Rudi (Hrsg.): Wörterbuch Heilpädagogik. Bad Heilbrunn: Klinkhardt, 3. überarb. Aufl. 2007, S. 209–212

Schaarschmidt, Uwe (Hrsg.): Halbtagsjobber? Psychische Gesundheit im Lehrerberuf – Analyse eines veränderungsbedürftigen Zustandes. Weinheim, Basel: Beltz, 2. Aufl. 2005

Schaarschmidt, Uwe: AVEM: Ein Instrument zur interventionsbezogenen Diagnostik beruflichen Bewältigungsverhaltens. In: Arbeitskreis klinische psychologie in der rehabilitation bdp (Hrsg.): Psychologische Diagnostik – Weichenstellung für den Reha-Verlauf. Bonn: Deutscher Psychologen Verlag, 2006, S. 59–82

Schaarschmidt, Uwe: Psychische Gesundheit als Eignungsvoraussetzung für den Lehrerberuf. In: journal für lehrerInnenbildung 7 (2007) 4, S. 15–23

Schaarschmidt, Uwe: Beanspruchung und Gesundheit im Lehrberuf. In: Zlatkin-Troitschanskaia, Olga/Beck, Klaus/Sembill, Detlef/Nickolaus, Reinhold/Mulder, Regina (Hrsg.): Lehrprofessionalität. Bedingungen, Genese, Wirkungen und ihre Messung. Weinheim, Basel: Beltz, 2009, S. 605–616

SCHAARSCHMIDT, UWE: Beanspruchungsmuster im Lehrerberuf – Indikatoren einer problematischen Gesundheitssituation. Ergebnisse und Schlussfolgerungen aus der Potsdamer Lehrerstudie zur psychischen Gesundheit von Lehrerinnen und Lehrern. URL: http://www.kbbakademie.de/fileadmin/dokumente/Tagungen/schaarschmidt_beanspruchungsmuster_1_.pdf (Aufrufdatum: 09.08.2010a)

SCHAARSCHMIDT, UWE: Gesundheitsförderung. Eine dringliche Aufgabe der Lehrerfortbildung. In: MÜLLER, FLORIAN H./EICHENBERGER, ASTRID/LÜDERS, MANFRED/MAYR, JOHANNES (Hrsg.): Lehrerinnen und Lehrer lernen. Konzepte und Befunde zur Lehrerfortbildung. Münster u.a.: Waxmann, 2010b, S. 297–309

SCHAARSCHMIDT, UWE/FISCHER, ANDREAS: Arbeitsbezogene Verhaltens- und Erlebensmuster: AVEM. Manual. Frankfurt/M.: Harcourt Testservices, 3. Aufl. 2006

SCHAARSCHMIDT, UWE/KIESCHKE, ULF (Hrsg.): Gerüstet für den Schulalltag. Psychologische Unterstützungsangebote für Lehrerinnen und Lehrer. Weinheim, Basel: Beltz, 2007

SCHAIE, K. WARNER/WILLIS, SHERRY L.: A stage theory model of adult cognitive development revisited. In: RUBINSTEIN, ROBERT L./MOSS, MIRIAM (Eds.): The many dimensions of aging. New York: Springer, 2000, pp. 175–193

SCHLEE, JÖRG: Glaubwürdigkeit und Einsicht als Gelingensbedingungen in der Lehrerbildung. Überlegungen zum leidigen Thema des Theorie-Praxis-Bezugs. In: MUTZECK, WOLFGANG/POPP, KERSTIN (Hrsg.): Professionalisierung von Sonderpädagogen. Standards, Kompetenzen und Methoden. Weinheim, Basel: Beltz, 2007, S. 30–48

SCHMID, ANDREA C.: Stress, Burnout und Coping. Eine empirische Studie an Schulen zur Erziehungshilfe. Bad Heilbrunn: Klinkhardt, 2003

SCHMID, ANDREA C./HÖFLER, MARIA: Bericht über das Projekt „Bewältigungsmuster von Lehrkräften an Schulen mit dem Förderschwerpunkt Lernen". In: Heilpädagogische Forschung 36 (2010) 4, S. 186–192

SCHMID, ANDREA/GARUFO, ANDREA: Kollegiale Praxisberatung. In: HEIMLICH, ULRICH/WEMBER, FRANZ B. (Hrsg.): Didaktik des Unterrichts im Förderschwerpunkt Lernen. Ein Handbuch für Studium und Praxis. Stuttgart: Kohlhammer, 2. akt. Aufl. 2012, S. 368–379 u. S. 414–417

SCHMIDBAUER, WOLFGANG: Das Helfersyndrom. Hilfe für Helfer. Reinbek bei Hamburg: Rowohlt, 2007

SCHMIDT, AXEL: Profession, Professionalität, Professionalisierung. In: WILLEMS, HERBERT (Hrsg.): Lehr(er)buch Soziologie. Für die pädagogischen und soziologischen Studiengänge. Band 2. Wiesbaden: Verlag für Sozialwissenschaften, 2008, S. 835–864

SCHMITZ, EDGAR/LEIDL, JOSEF: Brennt wirklich aus, wer entflammt war? Studie 2: Eine LISREL-Analyse zum Burnout-Prozeß bei Lehrpersonen. In: Psychologie in Erziehung und Unterricht 46 (1999) 4, S. 302–310

SCHNEIDER, WOLFGANG/GRUBER, HANS/GOLD, ANDREAS/OPWIS, KLAUS: Chess expertise and memory for chess positions in children and adults. In: Journal of Experimental Child Psychology 56 (1993) 3, pp. 328–349

SCHNELL, IRMTRAUD: Klassenführung, guter Unterricht und adaptive Lehrkompetenz. In: MOSER, VERA (Hrsg.): Die inklusive Schule. Standards für die Umsetzung. Stuttgart: Kohlhammer, 2012, S. 214–217

SCHOR, BRUNO: Inklusive Schule. Das neue bayerische Schulgesetz fordert zum Aufbruch, aber auch zum Diskurs heraus. In: Spuren – Sonderpädagogik in Bayern 55 (2012) 2, S. 11–23

SCHRADER, WOLFGANG/HEIMLICH, ULRICH: Analyse der Lernausgangslage. In: HEIMLICH, ULRICH/WEMBER, FRANZ B. (Hrsg.): Didaktik des Unterrichts im Förderschwerpunkt Lernen. Ein Handbuch für Studium und Praxis. Stuttgart: Kohlhammer, 2. akt. Aufl. 2012, S. 339–350

SCHRAMM, SIMONE/WEISS, SABINE/LERCHE, THOMAS/KIEL, EWALD: Die Wahrnehmung von Integration von Seiten angehender Sonderpädagogen. In: Vierteljahresschrift für Heilpädagogik und ihre Nachbargebiete 81 (2012) 3, S. 210–220

SCHRÖDER, MANFRED: Burnout unvermeidlich? Ein Kompendium zur Lehrerbelastungsforschung unter Berücksichtigung des Persönlichkeitsaspekts und eine empirische Untersuchung zur Passungsproblematik im Lehrerberuf. Potsdam: Universitätsverlag, 2006

SCHUBARTH, WILFRIED/SPECK, KARSTEN/SEIDEL, ANDREAS: Endlich Praxis! Die zweite Phase der Lehrerbildung. Potsdamer Studien zum Referendariat. Frankfurt a.M. u.a.: Peter Lang, 2007

SCHULZ VON THUN, FRIEDEMANN: Die Balance der Werte. Interview. In: Psychologie heute 39 (2012) 2, S. 60–64

SCHUMANN, GABRIELE/BURGHARDT, MANFRED/STÖPPLER, THOMAS: Zur Qualität professionellen Handelns von Sonderpädagoginnen und Sonderpädagogen. In: WEMBER, FRANZ B./PRÄNDL, STEPHAN (Hrsg.): Standards der sonderpädagogischen Förderung. München, Basel: Ernst Reinhardt, 2009, S. 109–121

SCHWAGER, MICHAEL: Gemeinsames Unterrichten im Gemeinsamen Unterricht. In: Zeitschrift für Heilpädagogik 62 (2011) 3, S. 92–98

SEITZ, SIMONE: Was Inklusion für die Qualifizierung von Lehrkräften bedeutet. Gewinn für Lehrerinnen und Schülerinnen. In: Journal für Lehrerinnen- und Lehrerbildung 29 (2011) 4, S. 50–54

SELYE, HANS: Stress. Reinbek: Rowohlt, 2. Aufl. 1977

SIEGRIST, JOHANNES: Effort-reward Imbalance at Work and Health. In: PERREWÉ, PAMELA/GANSTER, DANIEL C. (Hrsg.): Research in Occupational Stress and Well Being. Vol. 2: Historical and Current Perspectives on Stress and Health. New York, NY: JAI Elsevier, 2002, pp. 261–291

Sieland, Bernhard: Lehrerbiografien zwischen Anforderungen und Ressourcen im System Schule. In: Hillert, Andreas/Schmitz, Edgar (Hrsg.): Psychosomatische Erkrankungen bei Lehrerinnen und Lehrern. Stuttgart, New York: Schattauer, 2004, S. 143–161

Sosnowsky, Nadia: Burnout – Kritische Diskussion eines vielseitigen Phänomens. In: Rothland, Martin (Hrsg.): Belastung und Beanspruchung im Lehrerberuf. Modelle – Befunde – Interventionen. Wiesbaden: VS, 2007, S. 119–139

Speck, Otto: Schulische Inklusion aus heilpädagogischer Sicht. Rhetorik und Realität. München, Basel: Ernst Reinhardt, 2. Aufl. 2011

Spiewak, Martin: Prof. Dr. Depressiv. Lehrende an deutschen Hochschulen sind so produktiv wie nie – gleichzeitig häufen sich psychische Probleme. In: Die Zeit 65 (2011) 45, S. 39–40

Steffens, Ulrich/Höfer, Dieter: Zentrale Befunde aus der Schul- und Unterrichtsforschung. Eine Bilanz aus über 50.000 Studien. In: Schulverwaltung Bayern 35 (2012a) 2, S. 38–42

Steffens, Ulrich/Höfer, Dieter: Was ist das Wichtigste beim Lernen? Die pädagogisch-konzeptionellen Grundlinien der Hattieschen Forschungsbilanz aus über 50.000 Studien. In: Schulverwaltung Bayern 35 (2012b) 2, S. 66–70

Stein, Roland: Berufsbezogene „Diskrepanzen“ bei Lehrern für Sonderpädagogik. Empirische Ergebnisse und Reflexion. In: Zeitschrift für Heilpädagogik 55 (2004) 10, S. 430–439

Stein, Roland: Burnout und berufliches Selbstverständnis bei Lehrern für Sonderpädagogik. In: Zeitschrift für Heilpädagogik 58 (2007) 9, S. 345–357

Steinmann, Ralph M.: Spiritualität – Die vierte Dimension der Gesundheit. Eine Einführung aus der Sicht von Gesundheitsförderung und Prävention. Berlin: LIT, 2008

Sternberg, Robert J./Horvath, Joseph A.: A Prototype View of Expert Teaching. In: Educational Researcher 24 (1995) 6, pp. 9–17

Stinkes, Ursula: „Gute Bildung“ in „guten Schulen“? Kritische Reflexionen zu „Standards der sonderpädagogischen Förderung“. In: Sonderpädagogische Förderung heute 53 (2008) 3, S. 257–276

Stock-Homburg, Ruth: Work-Life-Balance als Herausforderung. Burnout im Topmanagement. In: Forschung & Lehre 18 (2011) 11, S. 842–843

Stöppler, Thomas: Inklusive Bildungslandschaften benötigen Professionalität. In: journal für lehrerInnenbildung 11 (2011) 4, S. 19–26

Storch, Maja/Krause, Frank/Küttel, Yvonne: Ressourcenorientiertes Selbstmanagement für Lehrkräfte. In: Rothland, Martin (Hrsg.): Belastung und Beanspruchung im Lehrerberuf. Modelle – Befunde – Interventionen. Wiesbaden: VS, 2007, S. 290–309

Stough, Laura M./Palmer, Douglas J.: Special Thinking in Special Settings: A Qualitative Study of Expert Special Educators. In: The Journal of Special Education 36 (2003) 4, pp. 206–222

Streidl, Martina: Lehrerbildung in den Ländern. In: B & E. Das bildungspolitische Magazin des VBE-Bundesverbandes 20 (2010) 1, S. 10–11

Stross, Anette M.: Reflexive Gesundheitspädagogik. Interdisziplinäre Zugänge – Erziehungswissenschaftliche Perspektiven. Berlin: LIT, 2009

Studentenwerk München (Hrsg.): Jahresbericht 2010. München: Studentenwerk, 2011

Studentenwerk München (Hrsg.): Jahresbericht 2012. München: Studentenwerk, 2013

Tausch, Reinhard: Lernförderliches Lehrerverhalten. Zwischenmenschliche Haltungen beeinflussen das fachliche und persönliche Lernen der Schüler. In: Mutzeck, Wolfgang/Popp, Kerstin (Hrsg.): Professionalisierung von Sonderpädagogen. Standards, Kompetenzen und Methoden. Weinheim, Basel: Beltz, 2007, S. 14–29

Terhart, Ewald (Hrsg.): Unterrichten als Beruf. Neuere amerikanische und englische Arbeiten zur Berufskultur und Berufsbiografie von Lehrerinnen und Lehrern. Köln, Wien: Böhlau, 1991

Terhart, Ewald: Standards für die Lehrerbildung. Eine Expertise für die Kultusministerkonferenz. Münster: Universität Münster, 2002

Terhart, Ewald: Pädagogische Qualität, Professionalisierung und Lehrerarbeit. In: Vierteljahresschrift für wissenschaftliche Pädagogik 81 (2005) 1, S. 79–97

Terhart, Ewald: Was wissen wir über gute Lehrer? In: Pädagogik 58 (2006) 5, S. 42–47

Terhart, Ewald: Erfassung und Beurteilung der beruflichen Kompetenz von Lehrkräften. In: Lüders, Manfred/Wissinger, Jochen: Forschung zur Lehrerbildung. Kompetenzentwicklung und Programmevaluation. Münster: Waxmann, 2007, S. 37–62

Terhart, Ewald: Erste Phase: Lehrerbildung an der Universität. In: Zlatkin-Troitschanskaia, Olga/Beck, Klaus/Sembill, Detlef/Nickolaus, Reinhold/Mulder, Regina (Hrsg.): Lehrprofessionalität. Bedingungen, Genese, Wirkungen und ihre Messung. Weinheim, Basel: Beltz, 2009, S. 425–437

Terhart, Ewald: Der Bildung neue Formen geben – Ein Rückblick auf zehn Jahre Lehrerbildungsreform. In: B & E. Das bildungspolitische Magazin des VBE-Bundesverbandes 20 (2010) 1, S. 4–8

Terhart, Ewald/Bennewitz, Hedda/Rothland, Martin (Hrsg.): Handbuch der Forschung zum Lehrerberuf. Münster: Waxmann, 2011

Tesser, Abraham: Toward a Self-evaluation Maintenance Model of Social Behavior. In: Berkowitz, Leonhard (Ed.): Advances in Experimental Social Psychology. Vol. 21. San Diego, CA: Academic Press, 1988, pp. 181–227

Tietz, Walter: Kompetenzschwerpunkte in der zweiten und dritten Phase der Lehrerbildung. In: Heimlich, Ulrich/Wember, Franz B. (Hrsg.): Didaktik des Unterrichts im Förderschwerpunkt Lernen. Ein Handbuch für Studium und Praxis. Stuttgart: Kohlhammer, 2. akt. Aufl. 2012, S. 395–408

Trope, Yaacov: Identification and Inferential Processes in Dispositional Attribution. In: Psychological Review 93 (1986) 3, pp. 239–257

Universität Erfurt (Hrsg.): Ergänzungsstudiengang für das Lehramt an Förderschulen vom 12.02.2009. URL: http://www.uni-erfurt.de/uni/hochschulrecht/satzungrecht/studium/lehramt/lfoe-erg/#c10334 (Aufrufdatum: 01.09.2011)

Vazire, Simine/Carlson, Erika N.: Others Sometimes Know Us Better Than We Know Ourselves. In: Psychological Science 20 (2011) 2, pp. 104–108

Verband Sonderpädagogik e.V. (Hrsg.): Standards der sonderpädagogischen Förderung – verabschiedet auf der Hauptversammlung 2007 in Potsdam. In: Wember, Franz B./Prändl, Stephan (Hrsg.): Standards der sonderpädagogischen Förderung. München, Basel: Ernst Reinhardt, 2009, S. 41–88

Vereinte Nationen (VN) (Hrsg.): Übereinkommen über die Rechte von Menschen mit Behinderungen (zwischen Deutschland, Liechtenstein, Österreich und der Schweiz abgestimmte Übersetzung) (VN-BRK) vom 21.12.2010. URL: http://www.institut-fuer-menschenrechte.de/fileadmin/user_upload/PDFDateien/Pakete_Konventionen/CRPD_ behindertenrechtskonvention/crpd_de. Pdf (Aufrufdatum: 26.03.2012)

Vetter, Anke/vetter, Karl F.: Die Klassengröße als Risikofaktor für die Lehrergesundheit. Ein literaturbezogener Diskurs über ein Forschungsdesiderat. In: Zeitschrift für Heilpädagogik 59 (2008) 11, S. 412–418

Voltmer, Edgar/Kieschke, Ulf/Spahn, Claudia: Studienbezogenes psychosoziales Verhalten und Erleben von Medizinstudenten im ersten und fünften Studienjahr. In: Gesundheitswesen 70 (2008) 2, S. 98–104

Vygotskij, Lev S.: Denken und Sprechen. Psychologische Untersuchungen. Weinheim, Basel: Beltz, 2002 (russische Originalausgabe: 1934)

Wahl, Diethelm: Kompetentes Handeln in Gang bringen! Ein erfolgreicher Weg vom Wissen zum sonderpädagogischen Handeln. In: Mutzeck, Wolfgang/Popp, Kerstin (Hrsg.): Professionalisierung von Sonderpädagogen. Standards, Kompetenzen und Methoden. Weinheim, Basel: Beltz, 2007, S. 49–70

Walach, Harald/Reich, Helmut K.: Reconnecting Science and Spirituality: Towards Overcoming a Taboo. In: Zygon 40 (2005) 2, pp. 423–441

Waller, Heiko: Gesundheitswissenschaft. Eine Einführung in Grundlagen und Praxis. Stuttgart: Kohlhammer, 4. überarb. u. erw. Aufl. 2006

Weindl, Josef: Erstellung eines geeigneten Interventionsprogramms zur Verbesserung der Studierendengesundheit im Förderschwerpunkt Lernen. Unveröffentlichte Staatsexamenszulassungsarbeit an der Ludwig-Maximilians-Universität München, 2010

Weinert, Franz E. (Hrsg.): Enzyklopädie der Psychologie. Pädagogische Psychologie. Bd. 3: Psychologie des Unterrichts und der Schule. Göttingen: Hogrefe, 1997

Weinert, Franz E.: Leistungsmessungen in Schulen. Weinheim: Beltz, 2. Aufl. 2002

Weiss, Halko/Harrer, Michael E./Dietz, Thomas: Das Achtsamkeits-Buch. Stuttgart: Klett-Cotta, 2011

Weiss, Sabine/Lerche, Thomas/Kiel, Ewald: Der Lehrberuf: Attraktiv für die Falschen? In: Lehrerbildung auf dem Prüfstand 4 (2011) 2, S. 349–367

Wember, Franz B.: Qualitätsanalyse und Standards der sonderpädagogischen Förderung. In: Wember, Franz B./ Prändl, Stephan (Hrsg.): Standards der sonderpädagogischen Förderung. München, Basel: Ernst Reinhardt, 2009a, S. 23–39

Wember, Franz B.: Standardisierung oder Entwicklung der sonderpädagogischen Förderung. In: Wember, Franz B./Prändl, Stephan (Hrsg.): Standards der sonderpädagogischen Förderung. München, Basel: Ernst Reinhardt, 2009b, S. 11–21

Wember, Franz B.: Didaktische Prinzipien und Qualitätssicherung im Förderunterricht. In: Heimlich, Ulrich/ Wember, Franz B. (Hrsg.): Didaktik des Unterrichts im Förderschwerpunkt Lernen. Ein Handbuch für Studium und Praxis. Stuttgart: Kohlhammer, 2. akt. Aufl. 2012, S. 81–96

Wember, Franz B./Prändl, Stephan (Hrsg.): Standards der sonderpädagogischen Förderung. München, Basel: Ernst Reinhardt, 2009

Werner, Birgit: Stellungnahme zum Kommentar von Christian Lindmeier: „Kultusministerkonferenz ordnet sonderpädagogische Lehrerbildung neu..." In: Sonderpädagogische Förderung heute 55 (2010) 1, S. 98–102

Wilber, Ken: Das Wahre, Schöne, Gute. Geist und Kultur im 3. Jahrtausend. Frankfurt a.M.: Krüger, 1999

Wilber, Ken: Integrale Spiritualität. München: Kösel, 2007

Wilbers, Gregor: Sinnfindung im Beruf. Bielefeld: Kamphausen, 2005

Wilbers, Karl: Standards für die Bildung von Lehrkräften. 2006. URL: http://www.sowi-online.de/reader/lehrerausbildung/wilbers_standards.htm (Aufrufdatum: 24.08.2011)

Willems, Herbert (Hrsg.): Lehr(er)buch Soziologie. Für die pädagogischen und soziologischen Studiengänge. Band 2. Wiesbaden: Verlag für Sozialwissenschaften, 2008

Wollersheim, Heinz-Werner: Kompetenzerziehung: Befähigung zur Bewältigung. Frankfurt a.M., Berlin u.a.: Peter Lang, 1993

Zeltner, Felix: „Wir brauchen Inspiratoren". Der Neurobiologe Gerald Hüther über das Geheimnis gehirngerechter Führung. In: Spiegel Wissen 4 (2012) 1, S. 118–119

Zierer, Klaus: Eklektik in der Pädagogik. Grundzüge einer gängigen Methode. In: Zeitschrift für Pädagogik 55 (2009) 6, S. 928–944

Zlatkin-Troitschanskaia, Olga/Beck, Klaus/Sembill, Detlef/Nickolaus, Reinhold/Mulder, Regina (Hrsg.): Lehrprofessionalität. Bedingungen, Genese, Wirkungen und ihre Messung. Weinheim, Basel: Beltz, 2009

11 Verzeichnis der Tabellen und Abbildungen

Tabellenverzeichnis

Abbildungsverzeichnis

12 Anhang

A Deskriptive Analyse

Altersverteilung

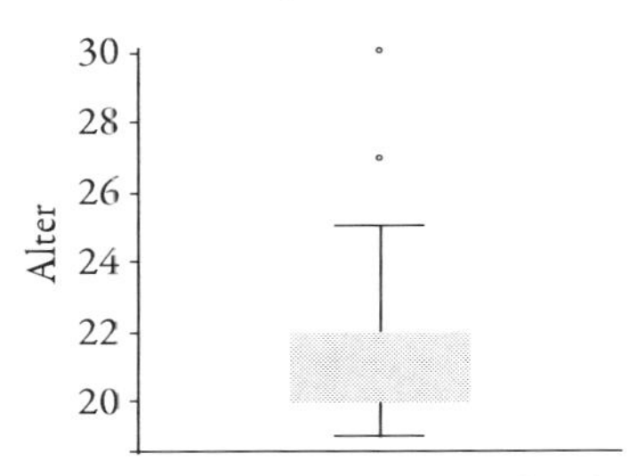

Abb. 37: Altersverteilung der Stichprobe (Maximum: 30; Median: 20; Minimum: 19)

Kreuztabellen für die Prognose der eigenen körperlichen bzw. psychischen Gesundheit

Tab. 18: Kreuztabelle für die körperliche Prognose im 1. Semester nach körperlicher Prognose im 6. Semester (absolute Anzahl an Studierenden)

	Verbesserung (6. Semester)	keine wesentliche Veränderung (6. Semester)	Verschlechterung (6. Semester)
Verbesserung (1. Semester)	4	13	1
keine wesentliche Veränderung (1. Semester)	8	21	1
Verschlechterung (1. Semester)	0	1	0

Tab. 19: Kreuztabelle für die psychische Prognose im 1. Semester nach psychischer Prognose im 6. Semester (absolute Anzahl an Studierenden)

	Verbesserung (6. Semester)	keine wesentliche Veränderung (6. Semester)	Verschlechterung (6. Semester)
Verbesserung (1. Semester)	8	14	1
keine wesentliche Veränderung (1. Semester)	2	23	1
Verschlechterung (1. Semester)	0	0	0

Kreuztabellen der Mosaikplots

Tab. 20: Muster (6. Semester) versus Muster (1. Semester) (absolute Anzahl an Studierenden)

	Muster G	Muster S	Risikomuster A	Risikomuster B
Muster G	10	4	1	1
Muster S	4	6	1	9
Risikomuster A	1	0	4	2
Risikomuster B	0	4	1	1

Tab. 21: Grübelei (1. Semester) versus Muster (1. Semester) (absolute Anzahl an Studierenden)

	Muster G	Muster S	Risikomuster A	Risikomuster B
gelegentlich	5	4	2	4
häufig	2	5	3	7
nie	2	1	1	0
selten	5	3	1	1
ständig	3	1	2	1

Tab. 22: Grübelei (6. Semester) versus Muster (6. Semester) (absolute Anzahl an Studierenden)

	Muster G	Muster S	Risikomuster A	Risikomuster B
gelegentlich	2	7	2	0
häufig	4	4	2	4
nie	5	3	0	0
selten	5	6	1	1
ständig	0	0	2	1

Tab. 23: Psychische Stabilität (1. Semester) versus psychsiche Stabilität (6. Semester) (absolute Anzahl an Studierenden)

	unterdurchschnittlich (1. Semester)	durchschnittlich (1. Semester)	überdurchschnittlich (1. Semester)
unterdurchschnittlich (6. Semester)	3	6	0
durchschnittlich (6. Semester)	4	20	2
überdurchschnittlich (1. Semester)	2	7	4

Tab. 24: Psychische Stabilität (Selbsteinschätzung, 6. Semester) versus psychische Stabilität (Fremdeinschätzung: Dozent, 6. Semester) (absolute Anzahl an Studierenden)

	unterdurchschnittlich (Selbsteinschätzung)	durchschnittlich (Selbsteinschätzung)	überdurchschnittlich (Selbsteinschätzung)
unterdurchschnittlich (Fremdeinschätzung: Dozent)	3	6	2
durchschnittlich (Fremdeinschätzung: Dozent)	4	11	7
überdurchschnittlich (Fremdeinschätzung: Dozent)	0	1	2

Tab. 25: Psychische Stabilität (Selbsteinschätzung, 6. Semester) versus psychische Stabilität (Fremdeinschätzung: Praktikumslehrkraft, 6. Semester) (absolute Anzahl an Studierenden)

	unterdurchschnittlich (Selbsteinschätzung)	durchschnittlich (Selbsteinschätzung)	überdurchschnittlich (Selbsteinschätzung)
unterdurchschnittlich (Fremdeinschätzung: Praktikumslehrkraft)	1	0	0
durchschnittlich (Fremdeinschätzung: Praktikumslehrkraft)	3	15	7
überdurchschnittlich (Fremdeinschätzung: Praktikumslehrkraft)	3	4	5

Tab. 26: Psychische Stabilität (Fremdeinschätzung: Dozent) versus psychische Stabilität (Fremdeinschätzung: Praktikumslehrkraft) (absolute Anzahl an Studierenden)

	unterdurchschnittlich (Fremdeinschätzung: Dozent)	durchschnittlich (Fremdeinschätzung: Dozent)	überdurchschnittlich (Fremdeinschätzung: Dozent)
unterdurchschnittlich (Fremdeinschätzung: Praktikumslehrkraft)	0	1	0
durchschnittlich (Fremdeinschätzung: Praktikumslehrkraft)	5	18	2
überdurchschnittlich (Fremdeinschätzung: Praktikumslehrkraft)	2	6	1

Tab. 27: Interventionsgruppe/Kontrollgruppe (6. Semester) versus Muster (6. Semester) (absolute Anzahl an Studierenden)

	Interventionsgruppe	Kontrollgruppe
Muster G	5	11
Muster S	7	13
Risikomuster A	1	6
Risikomuster B	1	5

Tab. 28: Interventionsgruppe/Kontollgruppe versus Grundfähigkeiten nach Dozent (absolute Anzahl an Studierenden)

	Interventionsgruppe	Kontrollgruppe
unterdurchschnittlich	5	7
durchschnittlich	4	8
überdurchschnittlich	5	8

Tab. 29: Interventionsgruppe/Kontrollgruppe versus soziale Kompetenz nach Praktikumslehrkraft (absolute Anzahl an Studierenden)

	Interventionsgruppe	Kontrollgruppe
unterdurchschnittlich	4	0
durchschnittlich	4	13
überdurchschnittlich	5	15

Parallelplot

Tab. 30: Abgespanntheit versus Muster (1. Semester) (absolute Anzahl an Studierenden)

	Muster G	Muster S	Risikomuster A	Risikomuster B
nie	0	0	0	0
selten	11	9	2	5
gelegentlich	5	3	6	6
häufig	1	2	0	2
ständig	0	0	0	0

Tab. 31: Lustlosigkeit versus Muster (1. Semester) (absolute Anzahl an Studierenden)

	Muster G	Muster S	Risikomuster A	Risikomuster B
nie	4	1	0	1
selten	9	4	5	4
gelegentlich	3	6	2	5
häufig	1	3	2	3
ständig	0	0	0	0

Tab. 32: Nervösität versus Muster (1. Semester) (absolute Anzahl an Studierenden)

	Muster G	Muster S	Risikomuster A	Risikomuster B
nie	5	2	3	0
selten	3	3	2	2
gelegentlich	6	5	1	6
häufig	3	4	2	5
ständig	0	0	1	0

Tab. 33: Zerstreutheit versus Muster (1. Semester) (absolute Anzahl an Studierenden)

	Muster G	Muster S	Risikomuster A	Risikomuster B
nie	5	4	2	0
selten	9	5	4	5
gelegentlich	3	1	1	6
häufig	0	2	2	2
ständig	0	2	0	0

Tab. 34: Stimmungsschwankungen versus Muster (1. Semester) (absolute Anzahl an Studierenden)

	Muster G	Muster S	Risikomuster A	Risikomuster B
nie	1	2	1	0
selten	11	4	1	4
gelegentlich	5	3	4	6
häufig	0	3	1	2
ständig	0	2	2	1

Tab. 35: Einschlafprobleme versus Muster (1. Semester) (absolute Anzahl an Studierenden)

	Muster G	Muster S	Risikomuster A	Risikomuster B
nie	8	8	1	0
selten	2	2	4	11
gelegentlich	4	3	3	1
häufig	3	1	0	1
ständig	0	0	1	0

Tab. 36: Müdigkeit versus Muster (1. Semester) (absolute Anzahl an Studierenden)

	Muster G	Muster S	Risikomuster A	Risikomuster B
nie	1	1	0	0
selten	7	0	1	3
gelegentlich	8	7	3	3
häufig	1	6	2	7
ständig	0	0	3	0

Tab. 37: Abgespanntheit versus Muster (6. Semester) (absolute Anzahl an Studierenden)

	Muster G	Muster S	Risikomuster A	Risikomuster B
nie	5	1	1	0
selten	6	9	1	3
gelegentlich	5	10	3	2
häufig	0	0	1	1
ständig	0	0	1	0

Tab. 38: Lustlosigkeit versus Muster (6. Semester) (absolute Anzahl an Studierenden)

	Muster G	Muster S	Risikomuster A	Risikomuster B
nie	3	2	0	0
selten	9	7	1	1
gelegentlich	4	10	6	3
häufig	0	1	0	2
ständig	0	0	0	0

Tab. 39: Nervösität versus Muster (6. Semester) (absolute Anzahl an Studierenden)

	Muster G	Muster S	Risikomuster A	Risikomuster B
nie	2	3	0	2
selten	9	8	6	1
gelegentlich	4	5	0	1
häufig	1	4	1	1
ständig	0	0	0	1
nie	7	3	1	1

Tab. 40: Zerstreutheit versus Muster (6. Semester) (absolute Anzahl an Studierenden)

selten	6	11	2	2
gelegentlich	2	4	3	3
häufig	1	2	1	0
ständig	0	0	0	0

Tab. 41: Stimmungsschwankungen versus Muster (6. Semester) (absolute Anzahl an Studierenden)

	Muster G	Muster S	Risikomuster A	Risikomuster B
nie	4	5	0	0
selten	9	8	2	2
gelegentlich	2	5	2	1
häufig	1	2	3	3
ständig	0	0	0	0

Tab. 42: Einschlafprobleme versus Muster (6. Semester) (absolute Anzahl an Studierenden)

	Muster G	Muster S	Risikomuster A	Risikomuster B
nie	6	8	1	3
selten	2	9	4	3
gelegentlich	5	2	1	0
häufig	3	1	1	0
ständig	0	0	0	0

Tab. 43: Müdigkeit versus Muster (6. Semester) (absolute Anzahl an Studierenden)

	Muster G	Muster S	Risikomuster A	Risikomuster B
nie	2	1	0	0
selten	5	5	1	1
gelegentlich	5	9	4	3
häufig	4	4	0	2
ständig	0	0	2	0

Tab. 44: Vergleich Musterverteilung der Kontrollgruppe im 1. und 6. Semester (absolute Anzahl an Studierenden)

	Muster G (6. Semester)	Muster S (6. Semester)	Risikomuster A (6. Semester)	Risikomuster B (6. Semester)
Muster G (1. Semester)	8	2	1	0
Muster S (1. Semester)	2	4	0	4
Risikomuster A (1. Semester)	1	1	3	0
Risikomuster B (1. Semester)	0	6	2	1

Tab. 45: Vergleich Musterverteilung der Interventionsgruppe im 1. und 6. Semester (absolute Anzahl an Studierenden)

	Muster G (6. Semester)	Muster S (6. Semester)	Risikomuster A (6. Semester)	Risikomuster B (6. Semester)
Muster G (1. Semester)	2	2	0	0
Muster S (1. Semester)	2	2	0	0
Risikomuster A (1. Semester)	0	0	1	1
Risikomuster B (1. Semester)	1	3	0	0

Musterverteilung nach Geschlechtern (Mosaikplots)

Tab. 46: Kreuztabelle mit Musterverteilung der Geschlechter (1. Semester) (exakter Unabhängigkeitstest nach Fisher)

	Muster G	Muster S	Risikomuster A	Risikomuster B
Weiblich	13	9	9	9
Männlich	4	5	0	4

Tab. 47: Kreuztabelle mit Musterverteilung der Geschlechter (6. Semester) (exakter Unabhängigkeitstest nach Fisher)

	Muster G	Muster S	Risikomuster A	Risikomuster B
Weiblich	12	13	6	5
Männlich	4	7	1	1

Musterverteilung der Geschlechter	p
1. Semester	0.2285
6. Semester	0.766

Musterzusammenhänge mit ausgewählten bzw. aussagekräftigsten Merkmalen

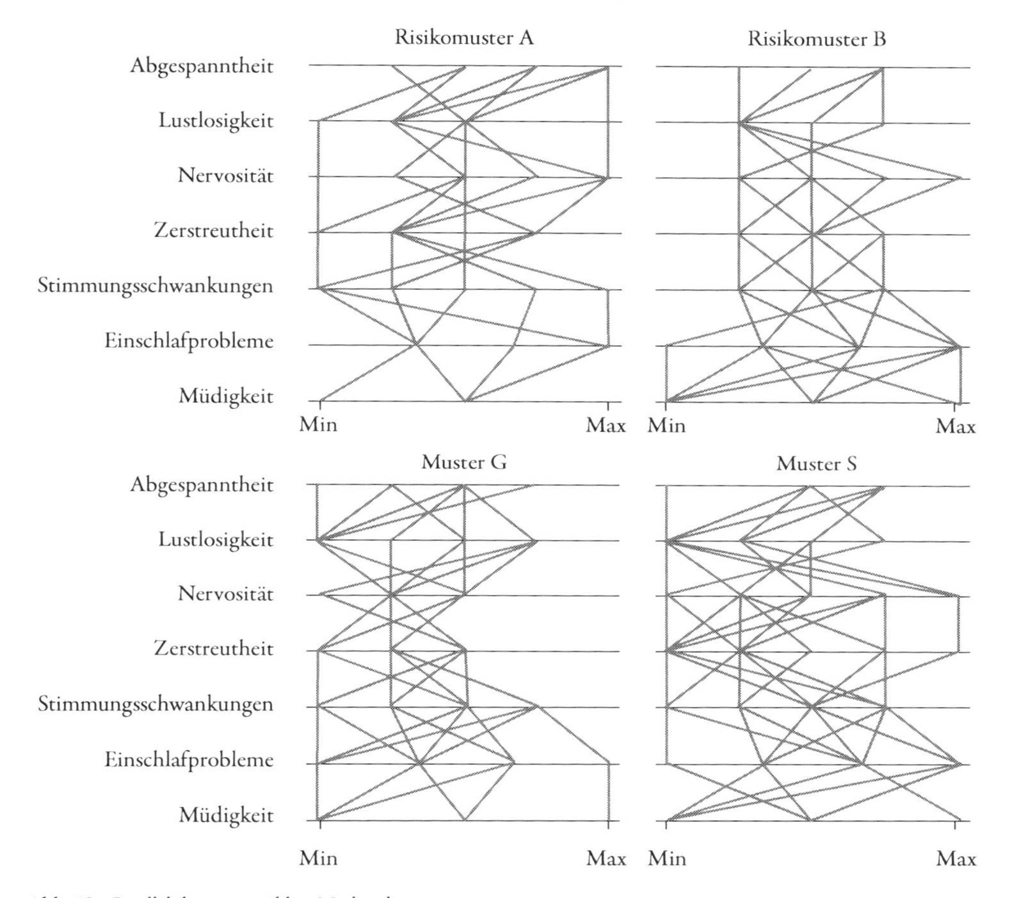

Abb. 38: Parallelplot ausgewählter Merkmale

Je gesünder das Bewältigungsprofil ist, desto weiter links befinden sich die Linien in dieser Darstellungsform (d.h. desto eher wird „nie" und „selten" im Fragebogen angekreuzt). Erwartungsgemäß sind die Linien beim Risikomuster B am weitesten auf der rechten Seite.

Krankheitstage und Freizeitstunden

Tab. 48: Vergleich der Krankheitstage der Interventionsgruppe im 1. und 6. Semester (Wilcoxon-Vorzeichen-Rang-Test)

	W	p
Krankheitstage der Interventionsgruppe	26	0.7305
Freizeitstunden pro Woche der Interventionsgruppe	271.5	0.3492

Tab. 49: Fremdeinschätzung der Interventions- bzw. Kontrollgruppe durch die Dozentinnen bzw. Intensivpraktikumslehrkräfte im Vergleich (exakter Unabhängigkeitstest nach Fisher, $\alpha = 0.05$)

Einschätzung der Dozentinnen	p
Kategorie 1: Psychische Stabilität	0.5177
Kategorie 2: Aktivität/Motivierung	0.6063
Kategorie 3: Soziale Kompetenz	0.2302
Kategorie 4: Grundfähigkeiten	0.8406

Einschätzung der Intensivpraktikumslehrkräfte	p
Kategorie 1: Psychische Stabilität	0.1325
Kategorie 2: Aktivität/Motivierung	0.3673
Kategorie 3: Soziale Kompetenz	0.01013*
Kategorie 4: Grundfähigkeiten	0.1633

B Interviewleitfaden für Studierende

Vorbemerkung

- Thema ist eine Studie zur Gesundheit und zu vorhandenen Bewältigungsstrategien von Studierenden.
- Diese Kohorte hat spezielle Begleitung vom Lehrstuhl.
- Es geht um ein Zwischenfeedback.
- Die Antworten werden vertraulich behandelt, sind anonymisiert, die Teilnahme ist freiwillig.
- Bitte ehrlich antworten, im Zweifelsfall lieber gar nichts sagen!

Lebensereignisse

- Wie ist dein Leben als Studentin/Student seit Beginn des Studiums verlaufen?
- Was waren besondere Abschnitte/Höhepunkte/Tiefpunkte?
- Was ist an diesem Punkt/an diesen Punkten geschehen?

Berufswahl

- Welche Motive/Gründe waren ausschlaggebend für deinen Berufsentscheid Lehrerin/Lehrer?
- Wie hast du dich über den Beruf informiert?
- Welcher Beruf hätte dich noch interessiert, wenn du dich nicht für den Lehrberuf entschieden hättest? Warum?
- Hat sich dein Berufswunsch Lehrerin/Lehrer zu werden seit Beginn des Studiums verändert (verstärkt, schwächer geworden) oder ist er ebenso stark wie damals?
- Was hat zu der Veränderung geführt?

Erfahrungen

- Hast du im Praktikum besondere Erfahrungen mit Schülern, Eltern, Lehrern, dem Schulsystem gemacht? Welche?
- Gab es Situationen, in denen du deine Fähigkeiten für den Lehrerberuf erkannt hast?
- Was hat dich am meisten im Praktikum überrascht?

Schwierige Situationen und Bewältigungsstrategien

- In welchen universitären/schulischen Situationen entwickelst du Unsicherheiten? Hast du in bestimmten Situationen das Gefühl zu versagen? In welchen?
- Wie reagierst du auf Stress und Belastung?
- Wie gehst du mit Situationen um, die dir nicht gelingen?

Ressourcen (Personen, Institutionen, Anschauungen)

- Was gibt dir Selbstsicherheit? Wie kannst du selbst zu deiner Selbstsicherheit beitragen?
- Auf welche Ressourcen kannst du darüber hinaus zurückgreifen?
- Was tust du, um für dich selbst zu sorgen und es dir gut gehen zu lassen?
- Bist du in einem Verband, der Fachschaft oder engagiertst du dich politisch? Würdest du das als Ressource bezeichnen?
- Spielt für dich Religiosität/eine bestimmte Weltanschauung eine Rolle? Gibt es für dich den Sinn des Lebens? Wenn ja, inwiefern wirst du von ihr/ihm beeinflusst? Hilft es dir in manchen Situationen?

Berufsbild

- Wie denkst du, ist das Berufsbild des Lehrers in der Öffentlichkeit? Beeinflusst dich das? Machst du dir darüber öfter Gedanken?
- Was sagen deine Familie, Freunde, Bekannte,... zu deinem Berufswunsch? Wie reagierst du darauf?

Studium

- Hast du das Gefühl bisher im Studium etwas gelernt zu haben, was dir für deinen späteren Beruf hilft? Was wäre das? Ist es nur Wissen oder sind es auch Methoden, Techniken,...?
- Würdest du es begrüßen, wenn die Lehramtsstudenten von Dozenten Feedback bzw. Empfehlungen über die Eignung des Lehrerberufs erhalten?
- Ist dir aufgefallen, dass sich eine oder mehrere Eigenschaften an dir im Studium auffällig verändert haben (z.B. Ungeduld, Selbstständigkeit, Perfektionismus, ...)?
- Was gelingt dir gut bezüglich des Studiums und/oder der Praktika? Wo siehst du Schwächen (z.B. Prüfungsangst)?
- Wie sieht deine Zeiteinteilung aus? Hält sich der zeitliche Aufwand im Rahmen? Kommst du damit klar? (Nicht unbedingt als spezielle Frage: Pillen/Psychopharmaka z.B. vor Prüfungen?)
- Siehst du dich mit Anforderungen, Aufgaben oder Schwierigkeiten im Studium oder auch in Hinblick auf den späteren Beruf konfrontiert, mit denen du vorher nicht gerechnet hast?

Angaben zur Person

- Hast du bereits Vorerfahrungen zu diesem Thema? Hast du dich zuvor schon einmal mit diesem Thema beschäftigt?
- Wie alt bist du?
- Wie ist dein Familienstand: ledig, verheiratet, geschieden/getrennt lebend, verwitwet,...?
- Hast du bereits ein Kind/Kinder? Wenn ja, wie viele?
- Wie ist deine Wohnsituation: bei Eltern, allein, mit Partner zusammen, in Wohngemeinschaft lebend?
- Religionszugehörigkeit?

- Angaben zum Studium: Semesteranzahl, Fachrichtung, Erweiterung?
- Hast du in diesem Studium schon einmal das Fach gewechselt? Wenn ja: Fach, Semesteranzahl.
- Wie viele Krankheitstage (= zu Hause, krankgeschrieben, auch Wochenende) hattest du im letzten Jahr (ein Jahr zurück ab jetzt)?
- Wie häufig tust du etwas am Tag, was dir Freude macht? (immer, häufig, gelegentlich, selten, nie)
- Gibt es einen Migrationshintergrund in deiner Familie?
- Studiengebühren: Musst du sie bezahlen? Musst du dafür arbeiten?

Fragen bezogen auf den AVEM:

Subjektive Bedeutsamkeit der Arbeit
- Wie wichtig ist dir dein Studium?
- In Voraussicht auf den Beruf: Wie wichtig ist dir die Arbeit? Wäre es ein Verlust für dich, wenn du deinen Beruf nicht mehr ausüben würdest oder kämst du gut damit zurecht?
- Beruflicher Ehrgeiz
- Wie ehrgeizig bist du?
- Als Sonderschullehrerin bzw. -lehrer sind die Aufstiegschancen bekanntlich ziemlich begrenzt/gering. Stört dich das? Würdest du dir wünschen, beruflich höher hinauszukommen?

Verausgabungsbereitschaft
- Wie stark verausgabst du dich im Studium? Verausgabst du dich in anderen Dingen mehr?
- Bist du zufrieden damit, inwieweit du dich im Studium verausgabst? Wenn nein, würdest du gerne mehr oder weniger Zeit, Energie, Anstrengung,... ins Studium legen?

Perfektionsstreben
- Siehst du dich als perfektionistischen Menschen an?
- Wenn ja, war dein Streben nach Perfektionismus früher geringer oder so wie jetzt?
- Wenn nein, war dein Streben nach Perfektionismus früher höher oder so wie jetzt?

Distanzierungsfähigkeit
- Wie gut kannst du dich vom Studium distanzieren? Beschäftigen dich Dinge bzw. Probleme aus dem Studium oft noch zuhause? Wenn ja, wie zeigt sich das?
- Kommst du persönlich gut klar damit, wie weit du dich zuhause von universitären Problemen distanzierst?

Resignationstendenz (bei Misserfolg)
- Resignierst du schnell bei Misserfolgserlebnissen?
- Stell dir vor, du hast die letzten Tage viel Zeit und Arbeit in die Vorbereitung eines Referates gesteckt. Heute lief aber nichts so wie geplant und das Referat war ein Misserfolg. Wie fühlst du dich? Was denkst du?

Innere Ruhe/Ausgeglichenheit
- Würdest du dich mehr als hektischen Typ oder eher als ruhenden Pol beschreiben?
- Wie reagieren deine Mitmenschen auf deine Art?
- Erfolgserleben im Beruf
- Hast du in deinem momentanen Leben Erfolgserlebnisse? Ist dir Erfolgserleben wichtig? Bist du mit der Anzahl/Häufigkeit zufrieden?

Lebenszufriedenheit
- Würdest du dich als zufriedenen (und glücklichen) Menschen bezeichnen? Bist du in und mit deinem Studium zufrieden (Wie sieht es im Privatleben mit der Zufriedenheit aus?)?

Erleben sozialer Unterstützung
- Wie wichtig ist bzw. wäre eine Person in deinem privaten Umfeld, mit der du über Probleme, Schwierigkeiten oder das Studium allgemein, aber auch über Schönes im Studium sprechen kannst bzw. könntest und die dich versteht? Gibt es eine solche Person für dich?
- Wie viel Freizeit (genau erklären), die du ausschließlich für Entspannung und Erholung nutzt, hast du wöchentlich (Wochenende und unter der Woche)? Was ist das?

Fragen zum Beschwerdekatalog:
- Psychische und körperliche Beschwerden
- Auf einer Skala von 1 (sehr gut) bis 7 (sehr schlecht): wie würdest du deine derzeitige psychische und körperliche Verfassung festlegen?
- Fallen dir eine oder mehrere psychische und/oder körperliche Beschwerden ein, die auffällig häufig bei dir auftreten?
- Sind seit dem letzten Fragebogen neue Beschwerden hinzugekommen?
- Wie denkst du, wird sich deine körperliche Verfassung in den nächsten Jahren entwickeln (schlechter, gleich, besser)? Warum?
- Wie, denkst du, wird sich deine psychische Verfassung in den nächsten Jahren entwickeln? (schlechter, gleich, besser) Warum?

Zukunftsperspektiven
- Hast du schon Pläne, wie es nach dem Studium weitergeht?
- Was sind deine persönlichen beruflichen Ziele? Wo siehst du dich in 5–10 Jahren?

Schlussbemerkung
- Ergebnismitteilung (AVEM): Meinung/Reaktion festhalten!
- Kontaktadressen für Hilfe (Studentenwerk: Olympiazentrum, KHG, ESG) werden weitergegeben.
- Wie war dieses Interview für dich? Was war das Schwierigste/Positivste?
- Gibt es noch Fragen? Möchtest du noch etwas dazu sagen (Stabile Ergebnisse)?